教育概論

增訂三版

張鈿富 ——— 著

三民書局

國家圖書館出版品預行編目資料

教育概論／張鈿富著.－－增訂三版四刷.－－臺北市:
三民, 2019
面；　公分

ISBN 978–957–14–5749–9　（平裝）

1.教育

520　　　　　　　　　　　　　　　　　　101024657

©　教育概論

著 作 人	張鈿富
發 行 人	劉振強
著作財產權人	三民書局股份有限公司
發 行 所	三民書局股份有限公司
	地址　臺北市復興北路386號
	電話　(02)25006600
	郵撥帳號　0009998–5
門 市 部	（復北店）臺北市復興北路386號
	（重南店）臺北市重慶南路一段61號
出版日期	初版一刷　1996年4月
	增訂三版一刷　2013年1月
	增訂三版四刷　2019年10月
編 　 號	S 520850

行政院新聞局登記證局版臺業字第○二○○號

有著作權・不准侵害

ISBN　978–957–14–5749–9　（平裝）

http://www.sanmin.com.tw　三民網路書店
※本書如有缺頁、破損或裝訂錯誤，請寄回本公司更換。

增訂三版序

　　多年的教育改革仍持續不斷，當教育改革的聲浪一波一波衝向傳統的束縛，我們能不認真地去檢視傳統的教育出了什麼問題嗎？面對全球化的競爭，當社會批判教育學界躲在象牙塔內閉門造車，我們能不去思考我們用什麼教材培育未來的師資嗎？有感於此，乃著手撰寫有別於一般傳統的教育入門書籍。多年來雖有增訂改版，但近年來的變化實在太快了，新的教育議題也不斷地湧現出來。

　　本書以「概論」為主，目的在作為教育入門的教材，提供想初步瞭解教育或是師資培育的一入門課程。書中除了提供教育基本的認識之外，也特別提出當前主要的教育問題，供有志於探究教育問題的讀者進一步去思考。

　　由於個人的時間以及能力限制，原有論著的企圖心也相對地被打了一些折扣；多年來想配合現況的發展來增訂，無奈工作的繁忙與時間的割裂，仍不易做全盤的編修。然而近年來隨著臺灣教育界激烈地變遷，許多論點與教育現象確實有必要做全面的檢視。在三民書局的催促下，終於展開全書的增訂工作。

　　本書的完成首先要感謝三民書局的大力支持，新的版本得以再度與讀者見面。而淡江大學提供一個全新的教學與研究環境，讓我很快地融入新環境，也一併致謝。

張鈿富　謹識

2012.12 於淡江大學

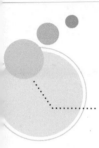

教育概論

目次

C O N T E N T

第一篇
緒　論

　　本篇包含兩章，第一章探討如何重新塑造教育學風貌，主要內容在探討國內教育學的現況與未來的發展、教育學的內容建構，以及教育學知識的轉化等問題。第二章以實證的調查為主，就國內教育概論內容進行剖析。探討在師資培育多元化轉型之際，教育概論的學術定位與理想內容。其中分別調查就師範生、教授教育概論的教師以及教育學者，歸納其中的意見，作為思考教育概論的發展方向。

　　大學的教學應有其自主性，但是教育學程的設計卻充分仰賴教育部門的指示，如何才能走出傳統的框框?並有效建立新一代教育工作者的教育理念?第二章所提的意見，可以作為發展教育入門科目的參考。

第一章 重塑教育學風貌

本章從理論的構面探討教育學的屬性、形貌，並以教育學的教材、內容、方法等面向，探討教育學與教育概論之間的關係。

▎第一節 教育學的型貌

國內有關教育的學系並沒有開設「教育學」這門課。教育學的定位對主修教育的「教育人」來說，仍然是模糊而抓不著邊際。我們如果從學界對教育學的定義來看，大概可以理解這種迷惑的存在。

廣義的教育學門包含教育科學所轄的學術領域，根據有關的歸類，教育科學的分支學科可能包括：

1. 教育學
2. 教育哲學
3. 教育心理學
4. 教育管理學
5. 中外教育史
6. 比較教育
7. 教育社會學
8. 教育經濟學
9. 教育統計學
10. 學校衛生學
11. 教育工藝學
12. 教育未來學
13. 分科教學法
14. 教育科學研究方法等等。

這些內容已經涵蓋了與教育有關的學術分支，這樣的一個廣度，已經不是一個簡單的兩個學分或是四個學分的「概論」所能探討得了的。因此，想要讓有志於瞭解教育、有志於從事教育的工作者，能深入淺出的掌握教育的入門知識，如何選取適當的教材是一廣受關注的課題。過去學者在介紹「教育」時，有採取宏觀的角度，以教育學體系的發展為主要的探討對象，也有以教育問題探討為主體，從主要教育問題統整有關的教育知識。

相對於海峽對岸的中國大陸，也有廣義教育科學與狹義教育學的說法。

所謂「狹義教育學」的說法。根據《中國大百科全書》的定義,「狹義的教育學」可以分成五個領域,這五個領域分別是:

1. 學前教育學
2. 普通教育學
3. 高等教育學
4. 業餘教育學
5. 特殊兒童教育學

由於目前中國大陸一般對教育學研究或服務的對象不限於青少年,也包括幼兒、特殊兒童及成人。因此,教育學可就學前教育、普通教育、高等教育、業餘教育和特殊兒童教育加以區分。不過,一般的教育學是指普通教育學。普通教育學的主要內容則包括:教育基本理論、教學論、德育論、體育、美育、學校管理等部分(《中國大百科全書・教育篇》,1985,p. 182)。

睢文龍、馮忠漢與廖時人 (1988) 曾在所編定的《教育學》一書中,嘗試給目前大陸發展的教育學門做一比較完整的描述。他們認為,除了作為基礎理論學科的普通教育學和以研究教育的演變與發展為對象的教育史之外,如果按教育對象的不同可分為:學前教育學、普通中小學教育學、高等教育學、成人教育學、特殊兒童(盲、聾、啞、智能不足)教育學;如果按研究方面的不同可分為:家庭教育學、學校教育學、社會教育學、專業(職業)學校教育學;如果按研究內容的不同可分為:教育概論(教育基本理論)、教學論、教育論、教材與教法、學校管理學、教育行政學等等。同時,隨著現代科學與知識的分化與綜合,各個學科之間相互滲透、相互聯繫的加強,出現了一些新興的邊緣學科,例如,教育哲學、教育經濟學、教育心理學、教育統計學、比較教育學,以及運用控制論、系統論、訊息論等科學認識方法研究教育現象,剛剛興起的教育控制論、教育結構學、教育工藝學等學科,這些學科形成了目前主體的教育科學體系。

近年來國內師資培育多元化制度的實施,已在原有的師範體系之外開設許多教育學程(其後培養單位改為師資培育中心)。教育學程的課程是由

教育部訂定的，1995 年公布的教育學程科目，已經將原來四個學分的「教育概論」改為兩個學分。原本已嫌廣博而繁雜的教育概論，在學分數的縮水之下，更顯得以教育概論作為教育學門招牌課程的寒酸。當然，教育學的發展不能太過仰賴教育學程，但是身負教育學發展重任的教育系，也看不出有何因應的對策。國內大學教育學系原本培養教育行政人才的壯志，在就業市場的壓力下，已經顯露出發展的迷惑。現階段國內教育學系存在的曖昧性，對教育學未來的發展更充滿著許多的變數。

▌第二節　教育學之理論構面

康德曾說，人是唯一須接受教育的動物，其他動物得恃其本能以為用，唯人須受教育方足以成人 (Imm. Kant, 1968)。教育概論是探討教育學的入門課程，為所有預備進入教育專業的人士，必須修讀的基礎課程（高強華，民 84）。而適切的教育學理論，必須要兼顧經驗、詮釋與批判三個角度，才能一探教育的全貌（楊深坑，民 77）。理想的教學內容應包括認知、情意、技能三部分，並建立於「符號互動論」社會學以及「社會建構」心理學基礎之上（方德隆，民 82）。以下就理論—課程—教學三者，分別探索教育學的理論構面。

過去對於教育學是屬於科學的領域？或是屬於哲學的領域？一直有所爭議。持科學教育學看法的人是偏向採取經驗科學的觀點來看問題；持哲學教育學看法的人則是偏向於以詮釋學的觀點來看問題。然而教育學究竟是屬於哪個領域呢？從亞里斯多德時代以至今日，仍不斷地引起學界廣泛的討論 (Bollnow, 1967)。

從教育學的歷史發展來看，「過去由於各學門紛紛從哲學中解放出來而獨立……，教育學也急於建立獨立的學門，無反省地借重科學來解決教育上的一切問題。」（何清欽，民 69）。「但是科學不是萬能，科學有其範圍，超過這個界限就無能為力。」在另一方面，也從詮釋學來探索教育學：「詮釋的教育學不只是要解釋教育現實，而是要解釋使教育現實成為可能之所

在。質言之，是要解釋既有的教育之理解，以及與教育有關的生命現象之理解。……而指向教育行為與教育的可能性之明確化。」

從以上各項對教育學的探究可得到一個概念：「欲解決一些學術上的爭端，不應侷限在誰對誰錯的問題……經驗的研究不但要對所面對的問題給予解答，進而會影響到根本基礎之奠定……詮釋學的思維結果，不斷的要依賴新的經驗研究結果，同時要接受其刺激，這樣才能進行豐收的運動。」但「教育學在詮釋的時候不能只限制在部分領域上，而必須將個人部分與人類存在全體連結起來，要考慮到教育上重要的人類現象，這是不能完全站在經驗科學的意義上來探討的。雖然，個別的經驗研究只能在詮釋學所規範的問題範圍內，才有研究的可能性。同樣的，經驗的研究經常要不斷地質問、解釋其研究結果的意義，而必須把有意義的研究結果，帶回到詮釋學、理解的教育學來。如欲調解兩者的對立是徒勞無功的。因為教育學的生機是建立在這兩者之間的對立，如果這兩者互不關心對方，則教育學會失去其活生生的原動力」(Bollnow, 1967)。

從以上的討論得知，「知識的起源包括其感覺經驗及理性論證的成份，然過度堅持經驗檢證與邏輯一貫為唯一的知識合法性基礎，則有流於『物化』的意識型態之危險。宜從主體、主動的意義建構，經驗的歷史與社會條件等觀點，對經驗知識作深度的詮釋與批判的反省，才能使知識更有開放性，更扣緊社會的實質。因此，對於教育過程的探討，亦宜經驗、詮釋與批判三面並進，強化主體意識的自省，洞視動態『教育場』背後意識型態的控制，才能建構合宜的教育理論，使教育理論能適切落實於教育實踐，促進個人成熟與社會實質正義的實現。」（楊深坑，民 75，76，77）

為了考慮教育學門發展的特殊性，將一般學門獨立知識領域的條件加以彙整，形成五個評估教育學的準則，這五個準則分別是：開放的科際性、創造批判的理性、理論的系統性、領域的獨特性、內在的自主性。此五個準則可以作為教育學內容。

一、開放的科際性

　　教育學門是否為一開放的知識系統？具有此一開放系統的特性，知識的交互作用才更有可能。教育學領域與其他領域的科際整合，基本上即反映此一交互作用。到底教育學門的科際整合是怎樣的一個整合法？我們可以就科際發展的幾個型態加以判斷：

　　第一型：不對稱應用。只把某一個領域的觀念應用到另一領域去解決問題。

　　第二型：科際的對話。交換觀念、彼此學習、相互詮釋。

　　第三型：領域的統整。創造一個大理論來貫通幾個原屬不同領域的小領域，或發展一個新理論來統整幾個既有的領域。

　　第四型：化約的統合。某一領域的知識可以被化約為更基本的領域，上一層的知識可以逐一化約為下一層更基礎的知識，最後成為統一科學。

二、創造批判的理性

　　從知識演化的觀點來看，變異與選擇是知識成長的主要歷程。變異指的是科學理論，是一種全新的創造；選擇指的是批判，是一種淘汰錯誤的機制。基本上，理性包含了創造性與批判性的相乘效果，有理性，才有知識的發生、演化、成長與進步，理性愈強，形成領域的可能性愈大。我們可以用此一原則來看待教育學門的領域知識，知識的發生、演化有沒有淘汰錯誤的機制。

三、理論的系統性

　　領域或是學門的產生，需要靠一些理論的提出，將一些比較零碎的事實串連在一起，形成一個系統。科學理論學家提出一種說法，把理論看成是吸子 (attractor)，可以將不同的現象吸納、同化在一起，形成一個系統。教育的現象，過去應用了許多其他學門的知識來加以解釋。目前教育學門的有關理論是否成熟，我們可以利用「理論的系統性」來加以檢視。檢視

是否有一個令人滿意的理論來統攝、說明、解釋、與聯結有關的教育現象。也可以檢視有關教育學中的共享背景知識，以及比較不為此一領域群人士質疑的一些「信念」。

四、領域的獨特性

　　一個獨立的領域，總要有一些獨特的地方是其他領域所沒有的，通常一些獨特的現象或獨特的問題是必要的，而為了研究這些獨特的現象與問題，會發展出一些獨特的研究方法。教育現象雖然是人類的獨特現象，只在人類身上才有這麼明顯的發現，後天習得的成果可以傳給下一代。但是這種人類社會互動與文化演化的通性，似乎不完全只在教育學門才發生。因此，可能需要從教育的歷程去界定其獨特性。獨立性與教育學門知識呈現許多複合、爭議、多樣態的概念相左。

五、內在的自主性

　　一個愈獨立的學門，其知識的自主性愈強，連帶的此一領域研究社群的專業自主性亦愈強。學門的發展方向愈自主，其內在生命力愈強，則內容愈可能超越常識層次。如此一來，一般領域外的人愈難瞭解它，而知識傳播也愈形重要。有關研究的結果，可以發揮洞察常識當中的許多錯誤觀念。一個學門的內在自主性，我們可以從其知識系統的自主性、社群的專業自主來加以判斷。

┃ 第三節　教育學的教材定位

一、教科書的定位

1.教育之專業與價值問題

　　「教育是個高層次複合的概念，有其明確的內涵、意義和規準。但是人人均受過教育、關心教育，喜歡從自己的教育經驗出發，或勇於評論，

或勇於批判辯難」（高強華，民84）。國內許多學者對於教育學的發展，也憂心忡忡。高強華（民84）即認為，教育學導論之專業價值已不受重視，再加上「教育概論在成為核定的教育學分班必修學分之後，其實用的工具價值突顯，實質的理論性或本質性價值相對減少。」在這種環境之下，如果關係教育學門發展的主要科目，仍是抱持隨世沉浮的心態，可以想見的，這個學術市場將日趨商業化，而使教育學門失去原來的理想與堅持。

2.法規的層面

　　「依據教育部教育學程師資及設立標準草案，教育學程應含教育基礎課程、教育方法與教育實習課程。質言之，教育專業課程以『教育理念與實踐』、『教學原理與方法』為主軸。

　　就『教育理念與實踐』方面，舉凡闡明教育意義、目的、功能、學理基礎、教師個人合理教育觀之培養、校園倫理、及至世界潮流之理解與反省等面向皆屬之。另一方面，就『教學原理與方法』而論，如班級經營、輔導知能、如何教人知識、技能乃至於教人為人、相關法令、體制與權責、教學評量與課程研究、理解與設計。

　　理論上，教育概論應涵蓋上述層面，但是在實際上，區區四學分如何能面面俱到、疏而不漏，則非對教育理論與實踐有深刻之掌握者不易為之」（溫明麗，民84）。

3.教科書屬性

　　在中文教科書方面，「教育之意義、目的、功能與理論基礎均列入章節中，且教育的理論基礎列有哲學、社會學、心理學與生物學基礎，有的甚至加入人類學、政治學、經濟學基礎。另外，課程內容與教學，雖然簡繁不一，但亦都列為章節。對於教育行政、學校組織、制度亦有之。至於教育人員、教師權利義務、學生、研究法等雖不一定有專章，但亦多少有論及。」

　　「……國內『教育概論』用書中，就章節與科目而言，大抵稱得上具邏輯性，多數『教育概論』用書之內容，多非以幫助學生建立合理教育觀為目的」（溫明麗，民84）。

在教科書屬性方面，「目前國內對『教育概論』一科之教學目標尚未建立共識。故當務之急要廣納各方意見，確立『教育概論』一科在教育學程或學分中之地位，而後重新撰述『教育概論』一科之參考用書。因『教育概論』一科涵蓋內容甚廣，非一人之力所能勝任，故結合各方面學者共同撰寫之。欲避免合著所產生之過於艱深、重複與撰寫理念之不同，而流於累積專門知識之弊。『教育概論』一科參考用書之撰寫，不宜未經討論該章節之主旨，即由該領域之專家學者依其專業判斷與專業知識撰寫之。易言之，『教育概論』一科各章節之撰寫需扣緊整個大目標，而非一些支離破碎之專門領域知識之拼湊。此外應同時鼓勵各專家學者撰寫其教育觀，包括理論與實踐問題與對策」（溫明麗，民 83）。

今後如何藉由本學科之教科書的引導落實於教學活動的學習中，來提升學生的教育理想與教育專業，才是目前急切、且應重視的課題。故在教科書的編寫內容上若太多、太艱深，這對一個剛入門的學生來說，是非常不適當的。導論性質以誘發學生的興趣為主，重點應放在讓學生能主動地學習與涉入，並由參與中培養興趣、掌握本學科的重點。瞭解自己所學的不足，而有再進一步探究的欲望，這才是導論性質的教科書所應達到的目的。故揚棄舊日的包袱，重新審思教科書的定位及功用，發揮教師的專業自主權，才能在課程中合理的使用教科書。

二、教育學的內容問題

教育學導論的內容或可分為知識、情意、技能等領域，目前的教育學導論多偏重於學生知識體系的建立，而忽略了情意的培養與技能學習。我們知道，教育在培養一個完整的人，「雖然我們的社會傾向於注重讀、寫和算術方面所表現出來的技能，但除了這些或許有更重要的事值得我們去教給孩子們，那就是如何與人溝通、愛人、欣賞、接納人我之間的差異和如何為自己提出問題。

也許在教育歷程中，我們所學到最重要的技能便是如何與人和平地生活，沒有任何爭鬥或戰爭」，故任何一門學科都不應該偏廢其中的任一部分。

1. 在知識目標方面

　　探討一學門的概況，基本上可以從廣義的教育學門來著手，也可以選定以普通教育為範圍，側重於一般的教育基本理論、教學論、德育論、體育論、美育、學校管理等內容以及所進行的有關研究活動，來加以探討。不論廣義或狹義的教育學，皆以探究產生「教育科學知識」為主的單位和人員為對象。教育學向來是吸納了許多其他學門的知識，企圖形成科際整合的一門學科。對於發展在一個特定社會的某一學術而言，經過多年的努力，此一學術的發展條件如何？是否已經成熟到具備獨特的學術風貌？我們可以從一般形成獨立知識領域的一些條件來加以判定。

2. 在情意目標方面

　　在情意目標方面，Krathwohl 等人研究指出情意的學習應包括知覺 (awareness)、反應 (responding)、評價 (valuing)、價值組織或體系的建立，以及品格的形成等。教學的規劃與設計，必須要能激發為人師表者的興趣、態度與價值觀，經由潛移默化來培養其自我觀念、語言表達、人際溝通以建立學生的價值選擇和道德判斷，從而發展出教師的專業判斷或決定能力（高強華，民 84）。可見教育學導論在學生第一次接觸教育的領域時，不但扮演著引出學生對教育的高昂興趣，且要激發並維持學生對教育的熱忱。最後，讓學生建立正確的教育觀，成為一位既專業又有正確教育理念的優秀教育工作者。

3. 在技能目標方面

　　在技能目標方面包括知覺 (perception)、心向 (set)、模仿 (imitation)、機械化 (mechanism)、複雜反應 (complex response)、調適 (adaptation)、創造 (origination)。教師可讓學生在蒐集資料、思考或發問的技巧、有策略的學習、語言文字發表能力之精進，建立習慣的複雜反應，進而調適、表現創造以建立風格（高強華，民 84）。因此在學科的內容上教育學有其獨特的價值性。

▌第四節　教育學的教學方式

　　教育學可視為教學的科學，或謂教育學是教育實際與理論的科學基礎。透過有關教學與課程的實證研究及其主要的研究趨勢發現：適切的教學理論主要建立在「符號互動論」社會學及「社會建構」心理學基礎上（方德隆，民 82）。新教學的研究典範強調「過程－過程」(Shulman, 1986) 而非「過程－產出」(Dunkin & Biddle, 1974)。

　　教師的教學風格 (Bennett, 1976; Galten, Simon & Croll, 1980)、教師的思考 (Clark & Peterson, 1986; Calderhead, 1987) 等等，是真正影響學生最深的部分，甚至所謂的教師期望、學校教室環境等「潛在課程」(hidden curriculum) 影響學生要較正式課程為深 (Banks, 1982; Rowland, 1987)。另外，Esland(1972) 認為「教育即自我的呈現」。學習是自我建構、再建構的一段歷程。學生必須要用後設的方式，主動學習所要學的一切。時時反思下列三個問題：

　　1. 何謂「教師」?
　　2. 何謂「學生」?
　　3.「互動歷程」為何?

　　「教師」有面對面互動的，也有遠距離或隱而不見的。「教師」的意義與「學生」的意義是相對的，完全看互動歷程當中教育內容的傳遞方向而定。師生互動可視為：

　　1. 知識轉譯歷程
　　2. 態度轉化歷程
　　3. 技能轉化歷程

　　換句話說，學習者必須主動詮釋訊息、形成主動態度、或主動模擬技能，學習才有可能產生。師生雙方都必須是主動的，教育才有可能產生。所以教育歷程是一個平等而不對稱的互動歷程，其目的在使學習者產生一些較長久的改變，以增進學習者及社會的福祉（詹志禹，民 84）。

　　最後，教學並沒有所謂的理想模式，因為教學是一個機會的教育過程 (Jackson, 1968)。理想教育學導論的教學必須配合前述的知識、情意、技能 的教學目標。透過整合途徑，先將目前各分散之理論統整，成為有系統的 學問。再將理論與實務整合，並配合師生互動的知識建構活動歷程，驗證、 修正、與實踐學生的教育理念，才有可能達到理想的教學目標。

問題與討論

1. 教育學的基本內涵為何？
2. 您認為應如何著手比較有可能建立教育學？
3. 教育概論是否能代表教育學？為什麼？請說明您的理由。
4. 試進一步蒐集資料，比較海峽兩岸教育概論內容的發展概況。

第二章　教育概論內容剖析

本章重點在剖析教育概論內容，以分析教育概論的教科書內容為主，並探討學生及教授意見調查的主要結果。針對該課程的相關教科書所呈現的風貌進行分析，並輔以相關學生與教授的主觀意見或期望，來探討教育概論的未來發展趨向。

第一節　教育概論主要教科書內容分析

在師資培育多元化之前，臺灣市面上有關「教育概論」的教科書約有23本。根據這23本教育概論教科書內容做分析發現，各主題內容在這些書本中出現的次數，如表2.1。

表 2.1　各書章節中主題項目的出現次數

1 教育的意義、目的(19)	26 特殊教育 (1)	51 聯課活動 (2)
2 教育的功能 (6)	27 健康教育 (1)	52 教育效果評鑑 (5)
3 教育型態 (1)	28 五育教育 (3)	53 教育人員 (13)
4 中國教育史 (13)	29 童子軍教育 (1)	54 教師權利與義務 (4)
5 西洋教育史 (10)	30 邊疆教育 (1)	55 教師專業修養 (6)
6 教育與科學 (2)	31 僑民教育 (1)	56 師資培育 (3)
7 教育心理學基礎 (13)	32 三民主義教育 (3)	57 教育人員在職進修(5)
8 教育社會學基礎 (12)	33 自由、民主、教育 (1)	58 學生的發展與教育(6)
9 教育生物基礎 (7)	34 民生本位教育 (1)	59 教育研究 (18)
10 教育哲學基礎 (11)	35 人文主義教育 (1)	60 世界各國教育 (9)
11 教育人類學基礎 (1)	36 教育機會均等 (1)	61 教育趨勢 (10)
12 教育與生活 (1)	37 各級學校制度 (18)	62 教育改革 (4)
13 學校與校區 (1)	38 高等教育 (2)	63 教育後設理論 (1)
14 家庭教育 (7)	39 中等教育 (1)	64 教育問題 (1)
15 學校教育 (3)	40 國民教育 (2)	65 其他 (2)
16 技職教育 (3)	41 教育政策 (2)	

17	社會教育 (9)	42	教育制度 (3)		
18	成人教育 (2)	43	教育設施 (5)		
19	教育與國家社會 (4)	44	教育行政 (18)		
20	政治與教育 (2)	45	如何建立一所好學校(1)		
21	經濟與教育 (2)	46	教學 (18)		
22	補習教育 (1)	47	訓導 (18)		
23	電化教育 (1)	48	輔導 (11)		
24	藝術教育 (1)	49	教材 (8)		
25	國語教育 (1)	50	班級經營 (1)		

註：表中（　　）內的數字表示出現的次數。

　　由表 2.1 可看出，其中「教育的意義、目的 (19)」、「中國教育史 (13)」、「西洋教育史 (10)」是大部分教科書所必須談的部分。「教育心理學基礎 (13)」、「教育社會學基礎 (12)」、「教育哲學基礎 (11)」則是各學科基礎中較常論及的部分。在培養教師的相關主題中，「教學 (18)」、「訓導 (18)」及「各級學校制度 (18)」是較偏重的部分。在制度與行政方面以「教育行政 (18)」次數最多，再加上「教育研究 (18)」的比率的偏重可看出，以往「教育概論」教科書在內容上，是以培養研究高深學問為導向的內容作設計。理論部分占了很大的篇幅，只有極少數教育概論教科書談到實務問題或是與教師切身有關的內容。

　　整體而言，傳統的教育概論教科書其章節大抵稱得上具有特定的邏輯性。在編排上大多將教育的意義、目的、功能、各學科基礎、教育制度等羅列於書中，如同一本教育的小百科全書。坊間除了少數幾本較為不同外（例如：莊懷義的《教育問題研究》是以教育問題為導向），其他各書的內容可以用「大同小異」來形容。另一個發現是凡屬個人獨力完成之作品，其內容較合著或編著者簡潔易懂。舉凡由編著或合著之教育概論，或者出現內容之重複或者若干內容過於艱澀，並不完全適於初學或入門者。

　　就各書之章節內容分析，以教育的意義、目的、功能、制度、教學等主題，占較大的比重。但更深入瞭解會發現，大部分教科書的內容偏重於知識或技能之介紹，較少與教育本身之概念環環相扣。這也可以看出國內對「教育概論」一科之教學目標，尚未建立共識。

▍第二節　學生與學者對教育概論的意見

根據筆者在 1994 年針對國內學生有關教育概論課程所做的調查發現：

一、主題方面

下列主題是否適合納入「教育概論」課程中？學生的反應意見如下：

1. 教育基本概念（包括教育意義、本質、目的、功能、宗旨、對象……）

   (1)適合 (92.5%)。(2)不適合 (4.8%)。(3)上課未涉及此主題 (2.1%)。

2. 中外教育史

   (1)適合 (50.8%)。(2)不適合 (22.9%)。(3)上課未涉及此主題 (25%)。

3. 學科基礎（包括心理學、社會學、哲學、人類學、生物學、政治學、經濟學……）

   (1)適合 (72.1%)。(2)不適合 (11%)。(3)上課未涉及此主題 (16%)。

4. 教育行政與學校制度（教育行政理論與制度、學校管理與評鑑、各級各類教育）

   (1)適合 (73.6%)。(2)不適合 (11.8%)。(3)上課未涉及此主題 (13.6%)。

5. 課程與教學

   (1)適合 (77.2%)。(2)不適合 (7.2%)。(3)上課未涉及此主題 (14.6%)。

6. 教師權利與義務（即教師地位與修養、培養與進修、專業精神、專業組織……）

   (1)適合 (77.5%)。(2)不適合 (4.6%)。(3)上課未涉及此主題 (16.3%)。

7. 師生關係（包括班級經營、學生權利與義務、輔導……）

   (1)適合 (76%)。(2)不適合 (4.3%)。(3)上課未涉及此主題 (19%)。

8. 教育研究

   (1)適合 (44.5%)。(2)不適合 (21.2%)。(3)上課未涉及此主題 (33.9%)。

9. 世界各國教育概況

   (1)適合 (59.9%)。(2)不適合 (14.2%)。(3)上課未涉及此主題 (24.8%)。

10.教育未來趨向、問題與改革

　　(1)適合 (79.6%)。(2)不適合 (2.3%)。(3)上課未涉及此主題 (17.3%)。

二、學生反應的綜合意見

　　從調查學生對「教育概論」的意見中可歸納出以下三個要點:

1.一般修讀教育概論者對此一課程的反應

　　因為目前是規定的必修課而修讀者占多數。不過修課的動機中,男生認為因為必修而修者占 58.5%,其次才是想當老師者占 33.8%;女生則有 42% 認為是因為自己想當老師才是修課的主要動機,其次才是因為必修課而修者占 37.8%。

　　一般上課認真的程度只是普通而已,自認為不認真修讀的比例比認真的比例稍高;男生認為自己認真修課者占 56.8%;女生認為自己認真修課者,只有 43.4%。一般師範生選讀教育概論是因必修之故,但是一般大學非教育科系的學生則是因為準備高普考試才選修,為了當老師的比率只有 31% 左右。

　　一般學生對教師上課的內容滿意的程度比不滿意的來得高,80% 以上都相當能接受,而上了這門課以後對教育的瞭解也有相當的幫助。

2.對教育概論未來的期望

　　維持教育概論為必修 (63%) 並且以開 2 個學分的意見為多 (56%);尤其是選讀教育方面學分數愈多者,認為應列為必修的比率愈高,調查中顯示:選讀教育學分在十個以下者贊成教育概論課程列為必修的比率為 55%,而修過 10 學分以上但是未滿 50 學分者贊成之比率提高到 79.8%。大多數調查時正在修讀教概的學生認為應維持必修的比率是 59.27%;但是已修過該科的學生則有 86% 認為應該維持必修。

　　學生的教育學分修得愈多似乎愈能體會教育概論的重要性。這種現象從調查中也發現,學生對教育概論這門課程的學分數應該為多少? 亦反映部分實況。雖贊同教育概論只修兩學分的人數較多,但是教育學分數修得愈多的學生似乎也愈傾向增加這門課的學分比重。修過 10 個教育學分以上

但是未滿 50 個教育學分者，贊成教育概論維持在 4 學分的比率是 37%，而未修滿 10 個教育學分者贊成教育概論維持 4 個學分的比率只有 19%。

理想的教育概論教學內容為何？一般學生認為應以「教育問題導向為主」進行探討 (48%)；認為應以初任教師專業養成為導向者占 29.2%，而認為應依教育學的主要內容做介紹者則只有 17.3%。大體而言，學生對未來教育概論的立場是：以問題為中心，側重實用取向的教育知識介紹。

3. 哪些主題應納入教育概論中？

一般學生對哪些主題應納入教育概論中，建議主題之高低程度依次是：

(1)教育基本概念 (92.5%)

(2)教育未來趨勢、問題與改革 (79.6%)

(3)教師權利與義務 (77.5%)

(4)課程與教學 (77.2%)

(5)師生關係、學生權利與義務 (76%)

(6)教育行政與學校制度 (73.6%)

(7)學科基礎 (72.1%)

(8)世界各國教育概況 (59.9%)

至於中外教育史、教育研究等主題，一方面可能許多學生在上課中（尚）未涉及此一主題，或是這兩個主題已另由其他課程替代。因此被認為不適合的比率也比較高。

三、大學教授對教育概論的意見

至於大學教授的意見方面，「教育概論」的教學目標應以何者為宜？學者對六個可能的選項所表達的意見如下：

(1)讓學生對教育有初步認識 (93.4%)

(2)引起學生研習教育學的興趣 (88.3%)

(3)為整個教育學程做預習 (64%)

(4)讓學生對教育有深入認識 (34.4%)

(5)教導學生如何當老師 (34.4%)

⑹為學生將來參加教師甄試做準備 (19.7%)

　　學者心目中的教育概論教學，主要仍以讓學生對教育有初步認識和引起學生研習教育學的興趣為主，並能兼顧為整個教育學程做預習，比較傾向理想化的教育學簡介。至於實用導向的目的，例如教導學生如何當老師、為學生將來參加教師甄試做準備，學者的認同程度反而不高。但是超過80% 的教育學者認為「教育概論」這門課對師資養成「很重要」(83.4%)。而且傾向教育概論由資深教授（對教育領域研究較廣泛且著作較多者）擔任為宜 (63.3%)，認為都可以的占 16.7%，而認為可直接由新進教授擔任者只占 3.3%。

▌第三節　教育概論未來發展的方向

　　「教育概論」為接受教育系專業課程或修習教育學程的學生接觸教育學的入門科目，由於日後課程銜接與安排之不同，因此宜針對教育系或修習學程者，分別給予不同的授課內容。國外師資培育的機構都設有類似的入門課程，以介紹教育環境的大概情形，並討論作為一個現代教師所應具備的條件以及可能面對的問題。國內在教育概論這個領域也出現過不少的教科書著作。不過，教科書寫作的體例以及涉及的教育內容在多元化的衝擊之下，也面臨了相當嚴苛的挑戰。

　　在實證的調查方面，可以歸納以下的要點：

1. 教材方面

　　評析教材適切性的主要標準在於：⑴是否考量以學生興趣為中心？教育學導論、教育概論等科目的教材是否能配合學生的知識基礎？是否能引起學生興趣？這可以從教學過程中的形成性評量與總結性評量中獲得有關的訊息；⑵是否兼顧以知識結構為中心？能否配合理論發展與實務經驗，以進行教材的編纂。教育學的知識結構雖然學界仍不斷在探討，但可就已經累積的經驗作為教材，以免誤將信念作為知識，誤導個別學生專業理念的發展。

2.教學方面

　　授課老師應以較有經驗、學有專精的教授為主，教學過程中應加強學生認真研習的態度，以落實學習效果。教學的方法可以採用多元化，避免完全採用傳統的講述法為主。以問卷調查的結果來看，國內「教育概論」的教學仍存在相當的改善空間。亦即教與學之間有相當的落差存在，如何拉近教授理想與學生需求，是改善教學的首要工作。

3.課程未來的發展

　　應維持必修的性質，讓每一位進入教育領域的學生皆有機會廣泛的接觸教育的知識。修習的學分則至少應有二至四學分，在未來學程的規劃上，應積極考慮學者專家的建議，維持四學分的教學型態。

4.課程內容的性質

　　學者專家傾向維持教育學的屬性做比較廣泛的介紹，而一般學生則建議以教育的問題為導向進行課程安排。雖有認知上的差距，不過彼此的目標並不衝突。學者比較傾向發展教育學門的知識屬性，一般學生則比較偏向實用取向的目的，以概略性瞭解教育，準備未來就業為主。

5.偏離教學目的的自我檢驗方法方面

　　歸納有關文獻、學者專家意見作為參考：

　　⑴科目名稱與內容是否相符？「教育概論」不等於「初等教育」，當然「教育概論」也不同於「中等教育」，同理「教育導論」不同於「教育學導論」。

　　⑵教育理念與教育哲學對專業培養是否形成必然的等號？現階段國家社會的發展，何種思想的教育型態對我們最有利？教材的選取是否帶有意識形態？是與否的抉擇也是教學目標的主要堅持。

　　⑶教育理想與教育現實之落差如何取捨，教學過程中教育的理想是否經過充分的討論？在教育問題的探討中，是否誤導了學生對教育現象的認知？教學過程中應以理想改造現實之弊，不能屈就現實而動搖學子對教育理想的堅持。

　　⑷關於教學方法之自我省思方面，大學的教授應重視本身教學方法的

感染性，積非成是的教學方法帶給學生的可能是一種無形的模仿，而這種模仿可能對未來的教學具有潛在的不良影響。

綜合前述分析及討論，有關教育概論未來的發展趨向如下：

一、「教育概論」作為專業知識學科之取向

有關「教育概論」若作為一門學科之內容應包括教育基本概念（即教育意義、本質、目的、功能、宗旨、對象等）、學科基礎（包括心理學、社會學、哲學、人類學、生物學、政治學、經濟學）、中西教育發展史、教育行政與學校制度（教育行政理論與制度、學校管理與評鑑、各級各類）、課程與教學、教師權利與義務（包括地位與修養、培養與進修、專業精神、專業組織）、師生關係（包括班級經營、學生權利與義務、輔導等）、世界各國教育概況、教育研究與革新以及教育未來之趨勢。理論上「教育概論」應能對教育學體系之系統性做一概要的簡介，期使初學者對於教育能有概括的認識。

二、「教育概論」作為教育學程入門學科之取向

有關「教育概論」若作為教育學程的入門學科，內容以「教育問題」為導向，其內容包含教育與國家的關係──教育權問題、教育機構與組織型態──學校教育行政問題、學校教育關係──師生關係問題、教學歷程──課程與教學問題、師資培育──教師專業問題、教育研究──教育學獨立性問題。

問題與討論

1. 您的心目中教育概論應如何定位？與教育學的發展有何關係？
2. 目前教育學程的教育概論學分數，您認為是否妥當？
3. 您心目中的教育概論主要內容為何？試說明之。
4. 找三本有關教育概論的教科書，試比較其中的主要內容以及特色。

第二篇

人師篇

「師者，所以傳道、授業、解惑也」，自古以來教師在文化的傳承上扮演相當關鍵的角色。教師所傳之道為何？當然是自古以來的「人文之道」。人文之道演化出人文教育，人文教育理念可以用「志於道，據於德，依於仁，游於藝」來加以闡揚。身為老師，除了知識的傳授之外，主要角色在開啟青少年的人生智慧。自古以來，沒有只因專門知識傳授而登上名師之列者。目前在資訊化的衝擊下，教師角色已在調整，但是師生之間的互動關係、人性化教育的進行，所需要的教師特質並沒有因此改變。

本篇包括三章，分別探討人師與良師、教師角色與管教觀、以及師資培育與專業發展。尤其是師資培育多元化政策實行之後，如何維持師資培育與學校教師梯隊的基本素質，將是教育界追求的目標。有關教師問題的提出，除了讓準教師有一個概略性的瞭解之外，進而建立教育專業的信心。

第三章　人師與良師

　　為提升教師的素質，近年來教育部持續進行我國現行的幼稚園、國民中小學、高級中學教師的培育與檢定制度的檢討。將來想要擔任中小學教職者必須經過專門學科知識的獲得以及教育學程的研習，然後通過初檢、實習和複檢的程序才能取得教師的甄選資格。依據「高級中等以下學校及幼稚園實習教師教育實習有關辦法」，實習教師實習成績考核之項目包括：語文表達、教學、輔導知能、服務精神、品德操守、人際關係、研習、進修等，這些流程的主要目的是培養並甄選出優良的教師。優良教師需要靠培養，而到底要培養怎樣的良師？以下的探討可以提供有志於投身教育行列者參考。

▌第一節　人師的現代意義

　　劉真教授曾在〈教書匠與教育家〉一文中闡釋經師與人師之別。「經師」係指偏重傳授知識技能的教師；而「人師」則於傳授知識之外，且能對學生循循善誘，實施人格感化教育。如果經師著重於教「書」，人師則著重教「人」。教人是以培養學生的健全人格，發展學生的人性與潛能為教學的主要目的。因此，人師的教育特別著重師生關係與學校倫理，不僅要能以身作則，而且必須具備慈母般的愛心、園丁般的耐性、教士般的熱誠以及聖哲般的懷抱（梁尚勇，民80）。

　　作為一位教師，應以成為人師來自我期許。人師與經師不同，在現代教育的過程中所表現的行為舉止也大為不同。現代的人師在教學方面，應該展現下列的特質：（高強華、郭為藩，民76）

　　首先是「因材施教」。經師往往是以課本為中心，以教師為本位。只重視教材的邏輯次序以及知識的系統性；相形之下，人師則傾向於學生本位

而較能給予學生個別的關切與指導。
教師如能對每位學生的個性、氣質、
優點及弱點有所瞭解，據以循循善
誘，更能獲得學生的敬重，進而達到
品德薰陶的效果。

圖 3.1 優良的教師並非只是「教書」的
教書匠，而是真正「教人」的教育家。
（圖片來源：ShutterStock）

其次是「和而不同」。教師對學生
的想法與意見應有「和而不同」的雅
量，亦即在輔導諮商上所強調的「無
條件的接納」。學生有其個人的想法，
也有不合社會要求的行為，教師在深入瞭解之前，不宜進行批判、當面申
斥。宜先行探求底蘊，並運用說理、暗示或其他適當方式，促其反躬自省。
所以教師對學生的接納，並非苟同其作法。和而不同，是教師成熟人格的
表現。

其三是「通情達理」。教師與學生相處，需要有一種設身處地的「角色
取替」能力，在輔導理論上稱為擬情能力或同理心。這種能力的培養，係
以圓熟的人格為基礎。儒家所稱的恕道，亦為這種體貼與體諒的態度。教
師對學生的恕道，通情達理是一個很重要的原則。教師在面對學生的行為
問題時，若能從「情」的角度來度量，並能以人情味的態度代替說理和教
訓，往往可感動學生的心坎，有助於其改過遷善。通情達理，這是以心理
的支持獲致倫理的效果。

第四是「公正客觀」。師生關係不僅是一對一的個別關係，也是一種一
對多的關係。在眾多學生的面前，教師應維持超然而客觀的形象，不宜對
任何學生有偏愛或厭惡的表示。教師在學生心目中是社會公平的化身，當
學生有爭執時，總認為教師能作公正的裁判。因此，教師不論在排解糾紛
或在評定成績上，應嚴守公正客觀。

國外對教師的研究提供另一個角度的解釋，根據雷因斯 (Ryans) 的研
究，學生心目中所謂的「好老師」和「壞老師」可以分為相互抵觸的三種
類型：

甲　類	型　態	特　質
好老師	賢妻良母型	親切、解人、友善
壞老師	一夫當家型	令人敬畏、自我中心、過分拘謹

乙類		
好老師	洋行經理型	負責、認真、有條不紊
壞老師	懶婆娘型	推諉、散漫、毫無計畫

丙類		
好老師	藝術家型	富有想像力、啟發性、熱誠
壞老師	政客型	不誠懇、言語乏味、呆板

圖 3.2　好老師與壞老師的三種類型

當一切條件相等時，如果教學的目標放在知識的傳授和技能的培養上，則洋行經理型的教師較能勝任；如果目的是培養學生領導能力或是創造力，則藝術家型的教師較有功效；對於一個亟需別人注意的青少年而言，賢妻良母型的教師容易被學生接受。因此，如何完成教學的目標，技術雖然重要，教師的特質與傳統形象的重要性更不可忽視。

第二節　優良教師的期許

究竟優良教師為何？本節就優良教師的型態與社會的期許來詮釋。近代對一位優良教師的培養有三種不同的側重型態，依據時間的發展分別是：專門學科模式 (subject-matter model)，盛行於 1930 年代；特質因素模式 (trait-factor model)，盛行於 1950 年代至 1960 年代，即二次戰後的嬰兒潮時期；教學設計模式 (instructional design model)，與 1980 年代全球經濟不景氣的出現同時發展。

1.專門學科模式

東方或是西方數千年以來，從文化遺產所塑造的教師形象，是要具備奉獻與領袖氣質，這種教師形象也一直受到社會的尊敬與享有相當高的社會地位。在師範教育機構發展之前，公認具有「學術的愛」與「教育的愛」

是成為一位優良教師的必備條件。到了二十世紀，教育開始發展專業的特性，在強調專門學科的時期，教師被視為是一位學問豐富的良師，能奉獻他的一生，激發年輕人對學習的熱愛。所謂學問豐富包括：⑴具備知識、教學及學習的原理原則；⑵掌握目標、做決定的實務及程序；⑶維持奉獻最好的給學生。故專門學科模式強調，教師即是經驗老到的良師 (teachers as mentors)。

2.特質因素模式

1950 年代的嬰兒潮創造了巨大的教師需求，學校除了教導 3R's (reading, writing, arithmetic) 之外，也負起兒童人格及社會成長的責任。教師除了是一位傳授知識的良師外，還是一位兒童人格及社會成長的促進者，能幫助年幼者從兒童發展到成人。在這種觀念之下，於是展開有關「培育兒童完全發展所需具備的教師特質」的探討。教師培養的特質因素模式是以心智健康、及心理治療領域的人格發展原理原則為基礎。特質因素模式之下的教師即是促進者 (teachers as facilitators)。Yans (1960) 及 Ornstein (1990) 曾對教師特質進行研究，將教師歸為 X、Y、Z 三型：

⑴ X 型：友善的、負責任的對冷漠的、自我中心的。

⑵ Y 型：負責任的、認真的、系統的對逃避的、無計畫的、隨便的。

⑶ Z 型：刺激的、想像的對愚鈍的、墨守成規的。

研究教師特質因素的目標，是期望教師能創造教室氣氛，促使兒童人格健全、能思考、探究，免於憂慮和犯罪。教師不只是學科專家，還被期望能幫助兒童為自己的學習負責。

3.教學設計模式

在多元化的社會裡，教師傳統角色的外延亦逐漸擴大。除了建構在傳統良師的基礎上，如何加強教室中兒童的完全成長，亦相對重要。因此，教學設計模式的焦點理論，也從學習心理學轉變到對教學心理學的重視。教師重視的不僅是學生在社會及情感發展的成長，更需要思考如何改善教學，促進學生的學習成效。許多教學設計的研究也引導教學走向程序化，包括設計、執行、評鑑所有的教學及學習過程都有一套方法。教學設計模

式強調教育與訓練合一、真正生活的教育、學生個別的成就，教師是相當關鍵的決定者。優良的教師應該具備這方面的能力。

就優良教師的培養而言，專門學科模式的教師是授業、解惑者；特質因素模式的教師強調的是傳道者、人格促進者、關懷者；教學設計模式的教師注重學生知、情、意的發展，並有系統地促進學生的成就。

就文化層面而言，優良教師承載著不同的期許，他是具有「學術的愛」、「教學的愛」、「學生的愛」和「關懷的愛」。在傳統的中國，優良教師是藝術家；在英國，優良教師是超人；在美國，優良教師是有技巧的表演者；在以色列，優良教師是國家的創造者；在挪威，優良教師是關懷者及教科書的闡述者。各國優良教師的二個指標為：(1)有知識、技能，亦即教科書的知識；(2)良心的、情感的、道德的、人本的特質。良心此人格特質尤為傳統的中國所重視。

無論時代如何演進、教師人力如何的更替，優良教師皆要扮演在仁慈、同情、文化、真理、知識等方面的保護者。為維護「學術的愛」「教學的愛」、「學生的愛」、「關懷的愛」，優良教師的堅持，是一種良心的堅持，古今中外的期許皆然。

▌第三節　教師自我檢核

教育是一種志業，選擇之前需要瞭解自己，選擇之後更要有一種堅持。本節提供人格特質測定的量表之一，以協助教師自我檢核是否屬於 A 型人格的特質。「教學效能的自我檢核表」可以檢核教師的教學效能，並做進一步的改善。對於已進入職場的教師而言，教師工作倦怠的評估，也是一項檢核工作勝任與否的實用工具。

一、人格特質的測定

選擇成為一位教師除了本著社會、教育界的期許之外，也要瞭解自己的身心狀態。您是否屬於 A 型人格的教師？如果是，您應該如何避免在處

理學生問題上的偏差？如何進一步自我調整？以下是檢核問卷的填答說明、問卷題目以及計分說明，提供自我檢核的參考。

1. 說　明

這份問卷的目的在瞭解一般人的生活狀況。請您在每一題中選出最符合您情況的一個選項。如果對問題敘述從未有如此感受，請您選 1；相反的，如果您對問題的敘述總是有這樣的感受，則請選 5，依此類推。每一題都作答，請不要遺漏。

2. 內　容

	從未如此	很少如此	有時如此	經常如此	總是如此
1. 你覺得你在說話前常未經思考嗎？	1	2	3	4	5
2. 你與人談話時，使用「嗯，嗯」希望別人講快一點或很心急的幫人家接話嗎？	1	2	3	4	5
3. 你討厭排隊等候嗎？	1	2	3	4	5
4. 你常感覺沒有充裕的時間去完成每件事嗎？	1	2	3	4	5
5. 你討厭虛度光陰嗎？	1	2	3	4	5
6. 你吃東西常吃得很快嗎？	1	2	3	4	5
7. 你常超速開車嗎？	1	2	3	4	5
8. 你嘗試著在同一時間做幾件事嗎？	1	2	3	4	5
9. 如果別人做事慢吞吞的，你會覺得不耐煩嗎？	1	2	3	4	5
10. 你常覺得在一天中，沒有時間放鬆和享受生活嗎？	1	2	3	4	5
11. 你覺得對工作過度投入嗎？	1	2	3	4	5
12. 你有抖動膝蓋和手指輕敲桌面的習慣嗎？	1	2	3	4	5
13. 你在與人交談時，常一心兩用嗎？	1	2	3	4	5
14. 你常行色匆匆嗎？	1	2	3	4	5
15. 你討厭在飯後無所事事嗎？	1	2	3	4	5
16. 你常在飯後感到焦躁不安嗎？	1	2	3	4	5
17. 你討厭在運動和比賽中失敗嗎？	1	2	3	4	5
18. 你發現自己常緊握拳頭、脖子和臉頰肌肉緊張嗎？	1	2	3	4	5

| 19.當你想到即將發生的事時，常常覺得心不在焉嗎? | 1 | 2 | 3 | 4 | 5 |
| 20.你是一個競爭性強的人嗎? | 1 | 2 | 3 | 4 | 5 |

3.計分方式

　　A型行為特質問卷係修訂自 Truch (1980) 所編製用以測量 A 型行為特質的急躁症指標 (Hurry Sickness Index)。A 型行為特質也有人稱之為急躁症 (hurry sickness)，其特質包括時間急迫感、攻擊、敵意、競爭成就取向、多層面思考、急躁等特質。問卷之填答，由受試者就題目所敘述的內容與自己實際感受情況，在「從未如此」、「很少如此」、「有時如此」、「經常如此」、「總是如此」等五個選項中，圈選一個最符合個人情況的選項。

　　計分方式由「從未如此」至「總是如此」五項，分別給予 1、2、3、4、5 分。填答者在此問卷上的得分愈高，代表個人在行為上愈傾向於 A 型人格特質。得分在 19~54 分者，其行為特質歸入 B 型人格。得分在 55 分以上者，則歸入 A 型人格。測試結果的資料僅提供個人參考，對自身的狀態能有更進一層的瞭解。

二、教學效能的自我檢核

　　北科羅拉多大學四十位獲得碩士學位之教師，共同彙集設計了一個教學效能自我檢核表，可以提供準教師或是教師作為教學的自我檢核之用。

	是	否
1.創造的——能變化使用各種教學法。	☐	☐
2.能維持溫暖且開放之教室氣氛。	☐	☐
3.盡量滿足學生之個別需要。	☐	☐
4.具有自信及良好組織力，熟習所教之科目內容。	☐	☐
5.讓學生參與課程計畫。	☐	☐
6.讓學生家長、同事及教育行政人員充分合作。	☐	☐
7.瞭解學生之家庭背景。	☐	☐
8.具有豐富之教育經驗，並能善加運用。	☐	☐
9.瞭解各種哲學理論。	☐	☐
10.有自己之哲學觀點。	☐	☐

11.能將理論運用至實際。 ☐ ☐
12.情緒之穩定性。 ☐ ☐
13.與學生保持良好溝通，常保心境之年輕。 ☐ ☐
14.具有耐心，瞭解學生個人及學習上之困難。 ☐ ☐
15.瞭解兒童認知、社會、身體及情緒之發展特質。 ☐ ☐
16.瞭解足以影響兒童之其他教師及家長等因素。 ☐ ☐
17.人文主義的，及鼓勵學生獨立，保持敏感的、企求瞭解的態度。 ☐ ☐
18.能運用各種教學資源。 ☐ ☐
19.具有幽默感。 ☐ ☐
20.良好的傾聽者，幫助學生建立信心。 ☐ ☐
21.不斷追求新知識。 ☐ ☐
22.朝向自我不斷之增進。 ☐ ☐

三、誨人倦不倦？

　　叫老師太沉重，別讓工作壓力壓垮您的工作熱忱。但是工作的壓力往往是一種無形的殺手，不論是來自外在或是內在，這種職業的症候，學界稱它為倦怠 (burnout)。想要瞭解自己是否陷入職業壓力的泥淖中？您不妨參考以下的教師工作倦怠評定量表自我評估一番。

1. 說　明

　　下列敘述是各種可能發生在專業工作人員身上的感受，敘述中的當事人指您所服務的對象，例如學生、病人……等，請根據各項敘述與您個人情況相符的程度，在每一題上圈選適當的答案。如果問題的敘述與您目前情況非常不符合，就請選 1；相反的，如果問題的敘述與您目前情況非常符合，則請選擇 7，依此類推。每一題都要作答，請不要遺漏。

2.量表內容

	非常不符合	不符合	有點不符合	無法判斷	有點符合	符合	非常符合
1. 對工作有挫折感	1	2	3	4	5	6	7
2. 覺得自己不被瞭解	1	2	3	4	5	6	7
3. 覺得上班是種負擔	1	2	3	4	5	6	7
4. 工作時感到沮喪	1	2	3	4	5	6	7
5. 有無力感	1	2	3	4	5	6	7
6. 認為「反正我也不能改變什麼」	1	2	3	4	5	6	7
7. 常常情緒低落，悶悶不樂	1	2	3	4	5	6	7
8. 常盼望有假期，可以不用上班	1	2	3	4	5	6	7
9. 常覺得自己好像生病似的	1	2	3	4	5	6	7
10. 有力不從心的感覺	1	2	3	4	5	6	7
11. 感到心灰意冷	1	2	3	4	5	6	7
12. 真希望能夠請假	1	2	3	4	5	6	7
13. 視工作為呆板的例行差事	1	2	3	4	5	6	7
14. 多一事不如少一事，多做多錯	1	2	3	4	5	6	7
15. 想暫時休息一陣子或另換他職	1	2	3	4	5	6	7
16. 無法由工作中獲得心理上的滿足	1	2	3	4	5	6	7
17. 倦於再嘗試新方法	1	2	3	4	5	6	7
18. 不認為努力就可以得到好結果	1	2	3	4	5	6	7
19. 認為這是一分沒有前途沒有發展的工作	1	2	3	4	5	6	7
20. 缺乏耐心	1	2	3	4	5	6	7
21. 不能肯定這分工作的價值	1	2	3	4	5	6	7
22. 對當事人持悲觀的看法	1	2	3	4	5	6	7
23. 工作上沒有方向感	1	2	3	4	5	6	7
24. 覺得自己對待當事人的方式不適當	1	2	3	4	5	6	7
25. 工作不甚積極	1	2	3	4	5	6	7
26. 沒有個人的工作目標與理想	1	2	3	4	5	6	7

3.計分方式

　　本量表採用劉淑慧（民 76）所編製的「教師輔導人員、社工員的職業倦怠量表」。共 26 題包括四個因素：因素一，工作情緒包括 1、2、4、5、7、10、11 等七題；因素二，工作價值包括 6、13、14、16、17、18、19、21 等八題；因素三，工作表現包括 20、22、23、24、25、26 等六題；因素四，工作投入包括 3、8、9、12、15 等五題。量表採用 Likert 7 點量表方式作答，由受試者就題目所敘述的內容與自己實際情形相符程度，在「非常不符合」、「不符合」、「有點不符合」、「無法判斷」、「有點符合」、「符合」、「非常符合」上圈選適當的答案。問卷的計分由「非常不符合」至「非常符合」七項分別給予 1、2、3、4、5、6、7 分。在量表上得分愈高者，代表其在職業倦怠的程度愈嚴重，工作情緒愈低落，工作理想降低，且可能具有較高的離職傾向。

問題與討論

1.人師與經師的要求有何不同？

2.如何才能成為現代的良師？請說明您的看法。

3.教師倦怠的主要徵兆為何？請蒐集資料進一步去瞭解如何防範這種職業病態。

4.針對您的教學自我檢核，做進一步的自我分析。

第四章　教師角色與管教觀

　　在尊師重道的傳統文化薰陶之下，教師的職位對青少年學子一向都有相當的吸引力。但是，在多元的社會裡，「天地君親師」的價值觀受到挑戰，在各種新興行業的競爭之下，為何仍有許多青年學子選擇教師為志願？這項抉擇以及所肩負的責任，在快速變遷的社會裡會有怎樣的變化？

　　在多元社會的衝擊之下，社會價值的分歧是可以理解的。分歧性反映在教育上，也出現不少光怪陸離的教育假設與教學行動。在我們的社會裡，以大家所熟知的「不打不成器」這個口號為例，其中隱含的假設很少人去深究其真偽。西方社會也曾流傳「放下了鞭子，毀壞了孩子」，這些口號為學校體罰提供似是而非的藉口。個人的經驗形成觀念，觀念影響個人的行動，行動與觀念之間又產生遺傳的效果。學校處在這樣一個文化的背景下，如何才能跳脫這種循環？打破惡性循環可能是學校教育首要面對的課題。

　　本章從教師的角色談起並探討管教觀，以及正向管教等議題。

▌第一節　教師的角色知覺

　　「角色」一詞源於希臘的戲劇，係指演員在舞臺上所扮演的人物（郭為藩，民 60）。約在西元 1930 年，經米德 (G. H. Mead)、莫雷若 (J. L. Moreno) 與林頓 (R. Linton) 等人的努力，才將角色的概念引進社會科學成為專門術語，用來解釋人類複雜的行為 (Wilburn, 1989)。

一、角色知覺的意義

　　在探討角色知覺前，先來看看角色的定義。角色的定義，至今仍意見分歧，有從社會系統的角度分析，也有從個人的角度來說明。有關「角色」的定義說明如下：

　　1.從社會系統的角度定義：黃昆輝（民 80）認為角色是指在社會系統機構中的一個職位，同時存在個體內在期望與團體外在期待的行為。Parsons 以社會結構功能的角度解釋「角色」，認為角色是個人在社會組織規範中以適當的角色與他人建立互動關係的結構化歷程（陳奎憙，民 79）。

　　2.從個人的角度定義：Biddle 和 Thomas (1966) 認為「角色」是指個人行為的組型。Biddle (1979) 和 Sarbin (1983) 認為「角色」是指個體在特定場合所扮演的行為。

　　3.綜合個人與社會角度對角色的定義：「角色」是參與社會生活的一種模式。包括個人在團體中的地位、身分，為社會期望個人在團體中所表現的行為模式（郭為藩，民 60；Biddle, 1979；陳奎憙，民 79）。

　　角色雖能凸顯個體在社會組織的各次系統中所占的地位，表現出符合此職位的內外在行為。但是，這種理解仍不足以將角色的內涵清楚的表達。Allport 則將角色細分為四個層面，包括角色期望 (role expectation)、角色概念 (role conception)、角色接受 (role acceptance)、角色表現 (role performance)（郭為藩，民 60）。也有認為角色可分為知、行兩部分，知的部分包括角色概念與角色期望；行的部分則包括角色接受與角色實踐。

　　何謂知覺 (perception)？Eysenek、Arnold 與 Meili (1973) 認為「知覺」與認知有關，是個體能處理環境所傳遞訊息的一種心理功能。Combs、Wass 與 Blume (1974) 認為「知覺」受到個體的經驗、動機、價值與慾望所影響。張春興（民 80）則認為「知覺」是根據感覺所產生的心理反應，以過去經驗為基礎，對環境事物做客觀的反映與主觀解釋。綜合上述可知，知覺是個體根據過去的經驗、價值與慾望對事實做主客觀解釋的心理歷程。

　　由以上的分析可知，角色知覺主要包含兩個層面：⑴本身對角色概念的認識；⑵對角色期望的評價。Lyman、Porter 和 Edward 認為「角色知覺」是個人對自己所扮演角色的領悟力，也就是個人對自己所扮演角色的認識。郭為藩（民 70）認為「角色知覺」是指個人對角色主觀的看法，附帶有感情與評價等意味。

二、教師角色概念

教師角色概念是個體或他人根據過去的認知、經驗、價值對教師角色概念的認識與解釋。教師應該扮演的角色為何？韓愈在〈師說〉一文中提到「古之學者必有師，師者，所以傳道、授業、解惑也」。這句話的意思包括傳授自然的道理與文化的菁華給學生，謂之傳道；教導學生生活的知能，謂之授業；解答學生的問題與疑惑，謂之解惑（賈馥茗，民 73）。然而，現代對教師的看法為何？林清江（民 70）根據教育社會學的觀點，認為現代教師應該扮演的角色有五種：

(1)教師在教室應協助學生社會化，並須為社會及經濟結構選擇人才；

(2)教師在學校中的角色除了傳道授業，尚須從事適當組織、平穩個人情緒；

(3)教師在專業團體中應特別強調研究及價值統合兩種角色；

(4)在社區中扮演社區關係協調者的角色；

(5)在整體社會文化中，扮演促進社會發展的角色。

張春興、林清山（民 80）在《教育心理學》一書中也提到，教師所扮演的角色與責任，包括：

(1)文化價值的代表；

(2)道德與品格的楷模；

(3)引導學習的專家；

(4)兒童的保姆；

(5)教育專業人員；

(6)社區的成員。

根據社會學「結構功能論」的觀點，為維持系統的和諧與穩定，教師角色應表現符合該教師角色的期望與行為。期望即代表具有某種內在標準，有標準似乎就含有評價的意味。教師「角色期待」可以從教師對自己角色的期待，稱為教師的自我形象；又可從公眾對教師角色的期待，稱為教師的公共形象來解釋（林清江，民 70）。

三、教師角色與評價

一個理想的教師，應扮演哪些角色？浦理亞斯 (Earl V. Pullias) 與楊格 (James D. Young) 所提出的教師角色如下：

1. 老師是嚮導：

老師依據學生的需要和能力，來釐定旅程的目標與界限。決定要走的路，使每一段旅程都充滿意義，並評估它的進度。

2. 老師就是教師：

「老師能在無路可走時，尋出路來。」不管教學方法與設計如何改變，基本上老師還是要擔負傳道、授業、解惑的責任。

3. 老師是表率：

老師要以身作則，與學生共同參與生活，分享重要的人生經驗，並促進學生潛能的發展。

圖 4.1　蘇格拉底從不自居為師，其自謙無知、愛好智慧的態度，實為後世教師之典範。（圖片來源：ShutterStock）

4. 老師是追求者：

老師在所知、所信與不知、求知之間建立適當的平衡，對既有的知識確信與擔當，並擁有成長所需的開放心態。

5. 老師是顧問：

老師對人格發展與心理衛生應有確切體認，並保持師生間的信賴與尊重。

6. 老師是創造者：

老師要能破除成見與陳腐觀念，並關切每位學生之各種創造力的開發。

7. 老師是權威：

老師除去學生成長和求知途中的困難，指出通往未知之境和趣味之地的道路。老師他不會嫉妒比他知道得多的人，也不會輕視比他知道得少的人。對每一個人，他都能平等看待。

8. 老師是遠景的鼓舞者:

　　老師為學生提供偉大的遠景，以因材施教的精神，發掘、鼓舞、發展他們的各種潛能。

9. 老師是常規的力行者:

　　老師必需瞭解、接受教學所必要的一套常規，熟練地履行，並使它與重要目標發生適當的關聯。能輕鬆地予以運用，以培養具有秩序與自由特性的學習情境。

10. 老師是窠臼的打破者:

　　老師必需知道每一個學生，究竟有哪些阻礙進步的想法和習慣，並幫助他們脫離舊有困境，以便體驗新的東西。

11. 老師是說書者和演員:

　　老師必需熟練語言與非語言的表達，並知道如何應用學生的經驗和觀念什為起點，帶他們進入過去的冒險、現在的新知、以及未來可能的光景，遊歷於其中。

12. 老師是面對現實者:

　　老師幫助學生認清自己的優點與弱點，並加以接納，使每一個人都能建立值得擁有的價值感。

13. 老師是評量者:

　　老師應不時的自我評量教學過程與身心狀態，並對學生作客觀而正確的評量。同時協助學生建立自我評量或檢核的能力，積極的幫助學生成長與發展。

　　林生傳（民71）曾以社會學的觀點，說明過去教師工作的特性:(1)教師的收入偏低與不足，卻是安全可靠;(2)教師工作一面受到讚譽，一面受到輕視;(3)女性比率偏高，男性逐漸減少;(4)教師的地位在降低中;(5)教師出身較寒微，多來自中下階級;(6)選擇教師為職業被認為較容易，可以到相當遲的時候才做決定。這些對教師比較負面的評價，或多或少將會在多元化之社會中浮現出來，並且影響教師的角色扮演。

至於教師自評的部分，最常被教師提到的滿意之處與壓力來源為何？依據 King 等人的探討，在表 4.1 中列出最常被教師提到的滿意之處與壓力來源。準教師或教師們，可以根據這些結果來調整自己的角色 (Fullan, 1993)。

表 4.1　最常被教師提到的工作滿意項目與壓力來源

滿意項目	壓力來源
1.與年輕人在一起，融洽的關係；	1.課程準備費時以及行政要求多；
2.從學生瞭解得到的快樂中直接回饋；	2.學生紀律差與出席率低等問題；
3.學生的成功與成就；	3.學生缺乏動機、冷漠與態度差；
4.同事的互動與獲得支持；	4.缺乏行政支持、不良行政措施；
5.影響學生人格與態度的成長；	5.同事的負面態度以及不能勝任；
6.參與課外活動；	6.缺乏教學的設施、預算又不足；
7.教材應用與課程發展；	7.工作缺乏安全感、學生數遞減；
8.教學上，課教得很好；	8.班級人數過多、教學負荷過重；
9.協助個別學生的學業問題；	9.上級要求的課程以及教材改變；
10.學期末或是畢業後學生的回饋。	10.缺乏社會大眾以及家長的支持。

▎第二節　控制學生意識

控制學生意識 (pupil control ideology) 則是根據 Gilbert 和 Levinson 的監控與人文的概念加以修正，1967 年 Willower 與其同事 Eidell 與 Hoy 在美國賓州大學提出來的概念。當時 Willower 等人所編製的「控制學生意識」(PCI) 量表廣為研究控制學生意識的學者所採用。PCI 量表是根據相關文獻與學校經驗所加以編製，也將教師對學生控制意識分為兩類，一為監控取向 (custodial orientation)，另一為人文取向 (humanistic orientation)。這兩種取向的控制學生意識，分別在一個連續變化的兩端。當監控意識減弱時，人文意識就會轉強；當人文意識逐漸增強時，監控意識便會減弱。

Willower 和 Jones (1963) 認為控制學生意識是一個整合性的理論，經

由邏輯性的架構，來解釋教師之間以及教師與行政人員之間的行為。本節主要以社會控制、社會化、班級氣氛、教學領導以及教師權威等五方面，來探討有關控制學生意識的理論與研究。

一、控制學生意識與社會控制

　　社會行為的維繫與互動須賴規範，才能維繫社會組織的發展。規範係指個體在團體中所「應該」遵循的標準。規範的目的在使社會產生制度化的功能，一方面引導個體符合社會的期許，另一方面抑制個體形成偏差行為。人與人的互動必須依靠社會規範作為基礎，才能互相溝通。為了使成員能夠依賴社會所期許的方式來行事，所以持這種觀點的人認為，施以社會控制是必要的手段。

　　馬丁達 (Don Martindate) 認為「社會控制是研究如何維持社會秩序的社會學」(謝高橋，民 80)。學校也是一種社會體制，基本上社會控制與學生控制有相當的關係。Landis (1956) 即認為學生控制是社會控制的一種型態，也是為了維持社會秩序的過程 (Willower & Jones, 1963)。因此，不論在班級或學校，要積極的控制促使學生行為符合規範的要求，消極的控制在預防偏差行為的產生，目的都在維持社會運作的有效性。

　　至於如何才能在學校內達到社會控制的目的? 可依下列兩種途徑:

　　1.建立內部社會控制: 經由社會化的方式促使學生遵守社會規範，達到社會要求，也就是將規則「內化」到學生的人格中，使人格達成社會化的目的。

　　2.強化外部社會控制: 可分為正式與非正式的手段，正式手段是用外顯方式達到教師控制學生的目的，包括體罰、處分等方式。但是這種方式在學理上、在法律上已被節制，實施上也容易引起學生反感。非正式手段包含言談表情的互動，可分為正面刺激與負面刺激。正面的刺激包括鼓勵、微笑、讚美等方式，目的在增強學生的行為，達到控制的目的。負面刺激包括瞪眼、皺眉等方式，以避免不良行為的出現，兩者均可達到控制學生的目的（謝高橋，民 80）。

　　從社會控制的正反功能來分析，Willower 和 Jones (1963) 認為學生控制有正功能也有反功能，正反功能的界定端視個別的情境而定。假如「控制」能夠促使學校在困境中做最佳的改善，則具有控制的正功能。如果控制不能促進學校的改進反而導致更惡劣的結果，則造成控制的反功能。Willower 與 Jones 以衝突理論來討論環境內部的變遷，從表面上看來，社會組織呈現一種不和諧的情況。實質上，在衝突與不和諧的背後，才有助於產生組織改進與創新的契機。不過，衝突與不和諧也有可能產生相反的效果而導致組織的毀滅。因此，適當的控制才能發揮組織的正功能，避免反功能的產生。

　　華勒 (Waller) 以衝突學派的觀點，於 1932 年出版《教學社會學》(*The Sociology of Teaching*)，書中主要探討學校內部的社會關係，他認為學校是一個暫處平衡狀態的專制組織 (despotism)，也是一個強制性機構。教師是授予權威者，學生是順從權威者。這是一個制度化的「支配與從屬」的關係，彼此間有對立的情感。教師代表成人的價值觀念，學生代表同輩的觀念，反對外來的約束。教師為了維持紀律、增進學習，必須採用適當的控制方法，包括命令、處罰、管理。某些學生與教師之間可能長期對立，教室秩序有時失去控制，不過教師仍居於優勢的地位，才能達成教育上的管理。因此，長期存在於教育界的「教師控制學生」，不僅是一種事實，而且還是一種相當根深蒂固的觀念。

　　雖然華勒的衝突觀認為，班級社會體系是由於對立與強制的關係，而非和諧的意識所構成的。雖有衝突的可能也可恢復平衡，只是教師權威必須在學生之上。相對的，符號互動理論 (symbolic interactionism) 卻認為人的互動並非固定，而是一種不斷發展的過程。社會接觸並非被安排的，而是互動雙方創造出來的。因此，符號互動論應用在教育上，特別注意班級情境的界定乃是透過師生共同協商而來的結果。此種角色關係是師生共同的體認，符號互動理論重視師生角色，尤其是學生角色的主動性，而非被動的對情境產生反應（陳奎憙，民 82）。

二、控制學生意識與社會化

帕森思 (Parsons) 以社會學的結構功能論發表「班級是一種社會體系」，討論班級教學的社會化功能。社會化是指社會成員的角色行為能夠符合社會要求，目的在塑造個人能符合社會與文化期望的形式（謝高橋，民 80）。Etzioni (1961) 則認為組織社會化在瞭解參與組織者的信念、規範融入組織的過程 (Hoy, 1967)。Hoy (1967) 的研究發現，準教師與有經驗的教師主要的差異在於，準教師在學校經歷一次社會化歷程。師資培育機構內傳授的知識，是一種理想的教育理論，等到進入實際的教學環境中將進行第二次社會化歷程。面對來自不同師資培育機構所教導的理論、價值、態度，將使理想形象與現實環境的角色有所衝突。相反的，有經驗的教師在角色認同上不同於準教師。因為有經驗的教師在專業化的態度、價值與意識上已漸漸被現實教學環境修正，甚至被同化，導致有經驗的教師在控制學生意識的轉換方面已有充分的調整。

Willower 與 Jones (1963) 在他們的教學理論上也提到學生控制，剛畢業的準教師帶有社會期許與個人理念進入學校組織。社會期許代表他們在師資培育機構中所學到的教育理論，具有較理想的形式。一旦進入實際的教學環境，這種理想加上個人的一些創新想法，自然會與任教學校的傳統價值有所衝突。衝突的結果可能是離開學校、順從學校的規定、堅持自我理想或對抗學校，學生在這種情境下如同待罪羔羊一般。

Blau 與 Scott (1962) 也指出，理念的衝突使教師產生直接、間接傷害學生的行為而不自知。或者教師為紓解其罪惡感，增加社會支持而順應學校的現實，這種作法對教師工作的效能卻毫無助益。

三、控制學生意識與班級氣氛

Willower 與 Jones (1963) 認為學校組織氣氛會影響班級學生的控制。Lunenberg 與 O'Reilly (1974) 進一步研究發現，具有人文取向的學校，組織氣氛是開放的。具有監控取向的學校，學校組織氣氛則是封閉的，教師的

道德感較低、工作滿意度低、學生的自我概念較低、學生在班級上的成就動機也低、學生產生負面的學習態度。許多研究指出，人文取向的教師所帶來的班級問題較少，而且有助於促進學生的學習興趣 (Kounin & Gump, 1961; Lunenberg & O'Reilly, 1974)。人文取向的教師較不專斷、較能接受他人，教師也較具有創造力 (Brenneman, 1974; Halpin, Goldenberg & Halpin, 1974; Victor, 1976)。由此可見，教師的控制學生意識會影響班級氣氛，學校如何避免走向監控取向而導向人文取向，將是未來學校教育改革的重點。

四、控制學生意識與教學領導

Jones 與 Blankenship (1970) 指出教師的態度與意識關係到教師一般的教學技巧。學界過去對教師教學領導的研究甚多，在此列舉幾個代表性的研究結果來說明。

Lippitt 與 White (1943) 在愛荷華大學的研究，將教師的領導方式分為：

1. 權威型：領導者控制一切，相關的團體決策由領導者決定，類似於監控取向；

2. 放任型：領導者對於團體決策完全不加以控制，任由成員自行決定；

3. 民主型：團體決策是由領導者與成員共同決定，領導者也被視為團體的一員，類似於人文取向。

研究結果發現，放任型領導的學生，各方面表現最差；權威型領導的工作效率高於民主型，但學生會因為相互競爭產生侵略性的行為。民主型的領導，學生的感情較為融洽，並表現團結合作、自動自發的精神。和 Lippitt 與 White 同一時期的安德生 (Anderson) 將師生交互行為分為控制型與統合型，其研究結果與 Lippitt 與 White 的研究結果相同，統合型的領導對學生有較好的影響。當然，這種簡單的劃分法，被後來的權變理論所修正。教師教學領導功能的發揮，領導形式固然重要，領導的情境也要兼顧，如此才能在領導技巧與情境的交互作用下，產生相乘的效果。

Flander (1960) 研究教室中師生語言的交互作用，將教師影響學生的方式分為直接影響與間接影響兩種，前者是命令、指示、批評，類似於監控

取向；後者是接納、鼓勵、讚賞方式類似於人文取向。Ashley (1969) 將師生班級教學的型態分為三類：

1. 教師中心型：此種教師以強制性的訓導方式來管教學生，強調獎懲方式的運用，培養學生守法守分，類似於監控取向；

2. 學生中心型：此種類型教師以引起學生動機，重視學習歷程為主，類似於人文取向；

3. 教材中心型：此種類型教師採用實用的觀點，重視教室權威與系統知識（朱敬先，民 76）。這些研究的結果，無非是要提醒教師，要注重自身的影響力，而且要正確運用這些影響力，以發揮真正的教育功效。

五、控制學生意識與教師權威

傳統的教師權威代表道德的權威，教師是社會道德與社會文化的促進者，對於學生具有絕對的影響力。教師角色在所有的社會角色中，對於道德品格的涵養最為敏感（歐陽教，民 81）。監控取向的教師，在道德品格的要求上，可能以外在的「行為」來判斷學生是否符合道德規範；人文取向的教師，會以心理學與社會學的角度來瞭解學生的「動機」，判斷是否符合道德規範。

以韋伯所劃分的權威類型來看，現代教師權威須同時具備人格感召與法理權威與傳統權威。歐陽教曾以哲學的角度詮釋教師權威，並以現實考量提出五種權威型態，有助於從權威的角度來探討控制學生意識。歐陽教（民 81）認為教師權威的運用，應根據合法、合認知、合道德、合心理建設等原則，這樣的權威才是具有價值的權威。

教師可以運用下列幾種權威來配合角色的扮演：

1. 教師的行政權威：教師在行政法理的範圍內完成權力的運用，如教學、訓導、輔導等，此種權威是一種形式權威。在學校內教師要根據學校規定，要求或控制學生遵守規範的型態。

2. 教師學術權威：教師需嚴守知識與信念的差異，有一分證據說一分話，因為教師在知識的傳達上具有控制學生的影響權力，需符合認知意義。

3.教師神化權威：將教師化為個人神聖化的崇拜，正面的意義在使學生能夠認同教師，負面而言過於狂熱，將會失去教育意義。

4.教師傳統習俗權威：中西方對教師地位的界定有所差異，中國傳統上認為教師與天地君親並列，西方則以「教僕」相稱。但是現代教師應該有自覺，視教師一職與其他行業為相同的社會地位來看待。

▌ 第三節　正向管教觀

瞭解學生各種偏差行為的成因，以及如何管理情緒，並採用正向管教方式，以杜絕體罰及其他違法與不當管教所造成的負面影響，這是教育人員應有的認知。隨著人權思想的發展與對體罰不利學生身心發展後果的瞭解，各國政府開始立法禁止體罰。民國 95 年 12 月 27 日修正公布「教育基本法」，其中第 8 條第 2 項明定：「學生之學習權、受教育權、身體自主權及人格發展權，國家應予保障，並使學生不受任何體罰，造成身心之侵害。」足以顯現我國已明令禁止體罰。

為此，學校應推動三級預防工作，以執行並定期檢討。學校執行的初級預防、二級預防、三級預防如下：

1.初級預防

透過專業成長教育，增加教育人員對體罰影響之認知與對學生偏差行為之類型、成因及合理有效處置措施之知能，並加強教育人員班級經營及情緒管理之能力。

2.二級預防

確實瞭解各教育人員輔導與管教學生之現況，針對使用違法或不當管教方式之教育人員，提供繼續教育與輔導，協助其採取正向管教方法。

3.三級預防

要求學校在教育人員違法處罰學生之事件發生後，進行通報與處置，以預防體罰再次發生。

「管教」，不只是消極「管理」好學生，讓他們循規蹈矩、不犯法，更

是積極「教育」，幫助學生獲得良好的學習和人生方向，可見老師的責任何等重要。如何做好正向管教？張德聰、高惠琳 (2011) 曾用「正向」(positive) 來做說明，令人印象深刻：

p (plan)：有計畫、有準備的教學。

o (observe、open)：能觀察學生的特性，並依照不同的特質，提供適合的教法，因材施教；並用開放的心胸包容接納學生，提升良好的師生關係。

s (sensitivity)：對學生的狀況保持高敏感度。像是遇到學生上課打瞌睡，能夠主動關心並瞭解背後的原因，而不是主觀地認定對方就是偷懶而直接責罰。

i (improve)：任何管教的方式都應該有調整、改善的空間，進而找出一套合情合理合法的管教方法。

t (training)：良好的管教是經過訓練的。以上課吵鬧為例，新手老師可能會拿著鐵條用力敲打黑板，希望可以制止學生的吵鬧。但是有經驗、訓練過的老師，就會安靜地面帶微笑，等吵鬧過後，淡淡一句：「我就對你們有信心，相信大家會慢慢遵守秩序……」。

i (issue)：從事件中、錯誤中學習、修正。

v (value)：學生的學習成就，往往和良好的師生關係息息相關。

e (environment)：建構友善的、好的學習環境，吸引學生們願意學習。

問題與討論

1. 教師應扮演什麼樣的角色？
2. 當教師面對角色衝突時，應如何去調適？您能進一步去蒐集有關的資訊來說明嗎？
3. 哪些主要理論能詮釋教師的管教觀？
4. 教師的控制學生意識與班級氣氛有何關係？
5. 何謂正向管教？您認為哪些方法有效？

第五章　師資培育與專業發展

　　師資培育關係著社會的發展，也關係著教師個人的生涯發展。教師的培養一般分為職前教育與在職教育兩個階段，這兩階段的教育關係著教師個人的發展與教師群體的發展。個人在進入師資培育機構的專業課程後，仍須經過三個主要的關卡。首先是，如何進入教師這個專業領域？其次是，如何規劃個人的專業成長？最後，要瞭解如何參與專業社群？如何享有專業團體的權利與履行應盡的義務？

▌第一節　師資培育制度變革

　　我國辦理師範教育已有近百年歷史，在師資培育的領域中，學制、課程、實習、進修等方面，雖不斷的革新，然而仍難完全符合社會的需求。為順應世界教育改革的潮流，近年來各方對如何改進師資培育有著高度的期望。政府順應此一變革的趨勢，乃積極從事原「師範教育法」之修訂工作。立法院在審議過程中，將「師範教育法」改名為「師資培育法」，並於1994 年 1 月 18 日三讀通過。師資培育制度從此進入另一個發展階段，多元而開放的培育政策，使師資的供需發生了嚴重的失衡。2005 年 8 月 1 日，六所師範院校核准改制為「教育大學」，教育部要求它們與臨近學校合併及增加學校非師資培育的比重。師資培育發展至此，已然聽到熄燈號！近年來師資培育制度的主要變革如下：

一、師資培育法通過之後

　　「師資培育法」於民國 83 年 2 月 7 日由總統公布。其立法的主要特色有三：

　　第一、師資培育管道多元化，以適應開放社會之需求；

第二、師資培育以自費為主，兼採公費與助學金等方式實施；

第三、教師資格檢定採初檢與複檢制度，以維持師資水準。

民國 83 年間，第 7 次全國教育會議分區座談，有關「改進師資培育」議題共分五個場次進行，從 3 月中旬至 4 月中旬分別在臺北（國立臺灣師大）舉行兩場，在臺中（國立臺中師院）、高雄（國立高雄師大）、與花蓮（國立花蓮師院）各舉行一場。各界出席代表建言頗為踴躍。

全國教育會議第二階段大會於 83 年 6 月 22 日至 25 日在臺北國際會議中心舉行。第四組議題「改進師資培育」的討論重點如下：

1.建立師資培育多元化制度

⑴加強師範院校師資培育任務之調整與多元發展之規劃，以發揮師範院校特色。

⑵規劃成立「師資培育審議委員會」，負責審議師範院校各系設立、變更及一般大學設置教育院、系、所或教育學程以及辦理評鑑、輔導等事項。

⑶審慎規劃一般大學院校設立教育院、系、所或教育學程，以培育優秀之中、小學師資。

⑷加強師資培育機構之調整與評鑑工作，以確保師資素質。

⑸公費生名額減少，剩餘經費應移作自費生助學金，以鼓勵優秀學生就讀師資培育機構。

⑹研究成立「師資培育司」，專責規劃師資培育政策、計畫、課程、實習、教師檢定與在職進修等業務，以因應師資培育多元發展之需要。

⑺師資培育多元化以後，對不同培育管道之師資，應作追蹤分析比較，以取信於社會，作為未來規劃師資培育之參考。

⑻多元師資培育，應重視師資培育學校文化及我國整體政治文化之間的關係。

⑼師資培育之學校應使學生瞭解與認識教學專業資訊，並應協助其對本身能力、性向之充分瞭解，使其成為敬業而勝任之良師。

2.研究發展師資培育課程

⑴訂定大學院校教育學程師資及設立標準，據以審核各校申請設立教

育系所或教育學程案件。

　　⑵一般大學學生欲進入教育系所或修習教育學程，應有條件上的限制（如成績及性向方面的規定）。

　　⑶師資培育課程，除重視教師必備之知識與技能外，尤應培養其專業精神，以及獨立研究、反省思考與解決問題之能力。

　　⑷師資培育課程應兼顧一般科目、專門科目與教育專業科目，並加以系統的組合。

　　⑸是否應訂定專業科目與教育專業科目名稱及學分數，以維持師資之基本素養？

　　⑹師資培育課程內容應配合中小學教學需要，力求理論與實際的結合，並應研究改進教學方式與策略，增進教學效果。

　　⑺為增進未來教師的語文能力，師資培育機構應規定學生國語文成績之最低標準。

　　⑻小學師資培育課程，應注重基本教學能力，例如琴法、說故事、板書、及班級事務處理能力。

　　⑼職業學校教師之培育，應注重從事實務及技能教學能力之養成。

　　⑽應重視「潛在課程」在師資培育課程中的影響力；師資培育機構應塑造良好的教學環境，以「境教」薰陶學生，孕育良師的氣質。

3.建立資格檢核證照制度

　　⑴落實教師資格檢定，初檢與複檢應有效管制，以確保師資專業水準，並建立教師證照制度。

　　⑵建議初檢採全國性標準測驗，「實習一年」與「複檢」應該結合為形成性評量，兼具實習輔導與資格檢定之功能。

　　⑶教師資格檢定之方式應包括筆試、口試與教學演示，筆試科目應包括專業科目與教育專業科目。

　　⑷研究實施中小學教師定期換證制度之可行性，以提高師資水準與鼓勵教師在職進修。

　　⑸配合教師資格檢定，規劃建立中小學教師分級制度，以提高教師生

涯規劃能力。

　　(6)師資培育課程之設計建議「以學生需求為中心」，著重專門知能之提升及敬業精神之培養。

4. 強化教師實習制度

　　(1)在校期間之實習及初檢合格後一年之實習須妥善規劃，以發揮其應有之功效。

　　(2)師資培育機構應附屬實驗中小學或特約實習學校，並為學生安排見習及實習課程。

　　(3)實習教師不占缺、不支全薪，以配合中小學之雙導師制。

　　(4)教育實習課程應著重理論與實際之配合，師資培育機構之輔導教授應有中小學教學之實務經驗。

5. 強化教師在職進修制度

　　(1)師資培育機構應設教師進修課程，並置專任教師員額編制，以充分提供教師進修之機會。

　　(2)教師進修之課程，盡量以有助於改進教學之內容為主；教師進修活動，應以不妨礙正常上課為原則。

　　(3)鼓勵教師在職進修，實施教師分級制或定期換證，以激發教師進修動機。

　　(4)建立國內或國外校際教師交換或互訪制度，以增加交流觀摩之機會。

　　(5)鼓勵教師修習第二專長，以提升其教學能力。

二、教育學程的設立

　　師資培育法通過之後，想要開設教育學程的一般大學，已經有了法源的依據。民國 84 年教育部開放各校提出申請，9 月份審查結果已有臺大等十五所學校獲准設立教育學程。其他大學如有意申請開設教育學程也依此程序核定。其後教育學程的設立更形普遍，但是修完教育學程的大學生，還須通過初檢、實習、複檢及格之後，才能取得任教的基本資格。

　　教育部表示，依「師資培育法施行細則」草案規定，各大學院校可以

依學校特色及師資規劃開設教育學程,師範院校可以依校際互選課程規定,為當地其他大學院校學生開設教育學程，但是必需報備教育部核定後才能實施。

根據最新完成的「大學院校教育學程師資及設立標準」，各級教育學程學科領域及學分數如下：國中及高中、高職師資的學程是 26 學分，國小師資學程是 40 個學分，幼稚園師資學程是 26 個學分，特殊教育師資學程是 40 個學分。按教育部的解釋，由於國小教師是包班教學，而特殊教育的教師必需針對不同身心障礙生提供不同的修習科目，所以要修習的學分比較多。不過，這些選修教育學程的學生修滿學分之後，仍須通過初檢、實習、複檢及格之後，才能取得正式的教師任教資格。短短幾年的發展，臺灣的師資培育型態已經產生巨大的轉變，教育學程的設立提供教師專業培育的普遍化與多樣化。

其後教育部門又主導修法，將「教育學程中心」 一律改為「師資培育中心」，並將該中心的功能窄化為只專門培育師資。2005 年間，師範院校與師資培育中心加上各種學分班大量培育師資的情況下，師資供需失衡，造成嚴重的供過於求。流浪的「準教師」走上街頭，抗議學校工作機會急遽減縮的問題。於是政府又祭出減量培育的政策，凍結已提出的新設機構案、師範院校逐年減量招收師資培育班、降低各師資培育中心的培育名額等等。

三、教師資格檢定制度

教育部於 1995 年 7 月公布「高級中等以下學校及幼稚園教師檢定辦法」，現職國民中學、高級中學或職業學校同科合格教師可以互相轉任，無需重新申請資格檢定及教育實習;辦法中規定教師資格檢定分初檢和複檢，初檢合格者，取得實習教師資格;實習教師應經教育實習一年，成績及格，並經教師資格複檢合格者，始能取得合格教師資格。

1.初檢採學歷證件審查方式，對於具有師資培育法第七條第一項規定師資職前教育資格者，應繳交學歷證件申請辦理高級中等以下學校及幼稚

園實習教師資格，由省市政府教育廳局辦理審查，審查通過者，發給實習教師證書。

2.複檢由主管教育行政機關、師資培育機構及省市政府教育廳局協調安排實習教師至學校實習，實習期間發給津貼，由教育部編列預算支應。實習教師於實習期間由實習輔導機構及實習學校負責輔導，並評定其實習成績，成績合格者，由各該主管教育行政機關造冊函報教育廳（局）核發合格證書。

其後，這種資格審查制度修正為實質的考試，2004 年試行。預計在過渡時期結束後，所有進入師資培育機構的準教師，需經過教師檢定合格才能進一步去參與各縣市的教師甄試，取得任教機會。

四、師資培育發展動向與面臨的問題

近年來教育改革師資培育部分，最明顯的是以法制終結了「師範」，讓教師從傳統「天地君親師」的神格化屬性走回紛擾的人間。對有心推動教師職業化的人士而言，目的是達到了。近年來許多衛道之士或許不諳民主運作方式，所爭取的「師道尊嚴」、「保障菁英型的師資培育」，在政治掛帥的臺灣，這些專業的堅持，也就不了了之。師資培育依然推動，但是也留下許多問題，例如：

1.多元開放的泛濫

過去臺灣師資的來源也是多元化，只是未制度化。「師資培育法」實施之後，落實了制度。「師資培育法」規定師範院校、設有教育系所的普通大學、以及設有教育學程的普通大學，皆可以培育中小學甚至幼稚園的教師。然教育部於執行時，未善盡把關的責任，過度的開放，造成 2004 年、2005年乃至其後的多年將面臨嚴重供需失衡。以 2005 年為例，5 萬多人爭取2,000 多名的教師機會，許多準教師的怨言不絕於耳。

2.未能落實「教師證書」

根據「師資培育法」第七條和第八條規定，欲擔任教職者，須通過檢定以取得專業資格，而且資格取得與任用分開。按規定欲成為教師應分為

兩部分，第一部分為大學生若修完規定的教育學程和專門課程，即算通過教師的初檢。第二部分為尋找學校實習，實習一年及格，2005 年已改為實習半年後，即可參與複檢考試，通過後即取得教師證書。取得了教師資格，並不等於分發。如欲進入學校正式任職，可以參加由各縣市政府或各校舉辦的教師甄選。其間的設計，從實習制度的落實、複檢的把關，仍有許多討論的空間。

圖 5.1 在僧多粥少的情況下，「準老師」們莫不搬出壓箱寶以爭取教職。(圖片來源：聯合報)

3.非計畫性培育機制衍生的爭議

師資培育多元化之後，隨著教育學程設立的開放。在學生、家長要求下，各大學紛紛設立教育學程，以增加畢業生就業的競爭力。教育部對於國立大學雖可以控制教育學程的名額，但是私立學校比照辦理的部分，處理上頗為棘手。在開放多元的體制下，導致師資來源比需求多，亦造成「人人有機會」，但是「個個沒把握」的一種競爭態勢。這種非計畫性的培育設計，初期提倡者大力推銷，認為可以發揮自然的調節功能。行之數年後，事實證明，負責師資培育的政府是抵擋不了政治洪流的衝擊。近年來藉著評鑑、減量培育、退場機制等等，仍然造成了師資培育機構良莠不齊、供需失衡等問題。

▍第二節 教師生涯進階

理論上教師在生涯發展中，需要不同的專業知識和技能。但是我國中小學教師的教學生涯，並沒有因不同的發展階段、專業需求而予以規劃。教育學界倡議的「教師分級制度」，源於美國的教師「生涯進階」(career ladder) 制度。所謂教師生涯進階是一種規劃教師生涯的主要方式，旨在提供教師一個專業晉升的管道，使其在教學生涯中，依其能力、特殊貢獻或

服務而獲得相當的升遷或回饋機會（蔡培村、陳伯璋、蔡清華、蘇進財、孫國華，民 83b）。

全美卓越教育委員會 (National Commission, 1983) 在其《國家在危機中》(*A Nation at Risk*) 一書，主張改進全美各級學校教師的品質，必須建立教師生涯進階制度，學校可以依照教師所屬階級的高低，賦予教師不同的責任及薪資待遇。當「初任教師」的經驗和表現受到肯定時，將可逐步晉升到「資深教師」和「師傅教師」(master teacher)，師傅教師負有規劃教師在職訓練課程、視導實習教師及初任教師的任務。

卡內基教育經濟論壇 (Carnegie Forum, 1986) 在《國家準備：21 世紀的教師》(*A Nation Prepared: Teachers for 21st Century*) 報告中，亦主張教師可以透過證照的取得，經由一般教師，拾級而上，登上教師分級的最高層次——督導教師 (lead teacher)。至於決定教師晉升的標準，主要考量仍為資歷、能力和教學的實際表現。

美國研究師資改革的何姆斯小組 (Holmes Group, 1990) 在其發表的《明日的教師》(*Tomorrow's Teacher*) 報告中，建議教師的角色和證書類別，應隨著專業生涯的發展有所變化。教師應先由「教導者」(instructor) 做起，在經過適當的專業訓練並經證實具備高度的專業知識之後，方能升等為「專業教師」(professional teacher)。專業教師中的佼佼者，將可申請獲頒「生涯專家」(Career Professional) 的榮銜。這些名稱未必能完全移植，但是教師生涯發展的規劃精神則值得我們參考。

我國教育學者倡議，建立中小學教師「分級制」，尤其是在第七次全國教育會議「改進師資培育」分組研討中，在教師資格檢覆、證照制度部分，獲得十一點結論。其中配合教師資格檢定，規劃建立中小學教師分級或進階制度，以提高教師生涯規劃的能力，是努力的方向（教育部，民 83）。

在教師生涯歷程中，如何透過證照制度，建立生涯進階？應根據哪些標準？或是由誰來擔任審核的工作？對教師的教學生涯的發展將有相當深遠的影響。

一、教師生涯進階制度規劃的爭議

從蔡培村（民 83a）針對 32 位現職中小學教師的訪問與 40 位專家學者、行政人員的座談結果發現，教師能接受教師生涯進階的規劃設計，而有關教師生涯進階規劃的可行性、合理性、公平性，是教師能不能接納的重點，如表 5.1。換言之，教師職級制度規劃是否完美，是否合乎教師的意願和需求，是教師生涯進階制度成功與否的最重要關鍵。

表 5.1　我國實施教師職級制度的爭議點

支持的理由	反對的理由
1. 提供教師專業導向的晉升管道，以別於學校行政科層導向的晉升管道。 2. 鼓勵教師進修與成長。 3. 提升教師專業知能。 4. 建立中小學教師的專業形象與地位。 5. 有助於對不適任教師的處理。 6. 建立公平、公正的晉升制度。 7. 有助於教師的良性競爭。	1. 現行考績晉級制度已經足夠。 2. 擔心自己的權利受損。 3. 造成教師彼此的過度競爭。 4. 職級制度的規劃構想難度太高。 5. 對職級制度的相關理念，精神與制度沒有深刻的瞭解。 6. 即使制度規劃得非常完善，仍擔心實施不夠落實。

資料來源：蔡培村，民 83b，《中小學教師生涯進階與等級劃分可行性之研究》，教育部中教司委託研究專案。

二、教師生涯進階的構想

對於我國教師生涯進階制度劃分級數的相關問題，依據蔡培村（民 82；民 83a；民 83c）針對我國高級中學、國民中學與國民小學教師的教師生涯發展現況，所從事的實證調查顯示，教師生涯進階適合劃分為四個階段（不包含實習教師在內）。此外蔡培村在教育部（民 83a）的委託專案研究〈中小學教師生涯進階與等級劃分可行性之研究〉中，取四級制的教師職級規劃進行全省中小學教師的實證調查，探討中小學教師對於教師生涯進階制度相關問題的看法。研究建議將教師職級劃分為四個階段，以切合我國中

小學教師生涯發展的需求，如表 5.2 和圖 5.2。

表 5.2　教師生涯發展系統對照表

階段	實習教師	初任教師	中堅教師	專業教師	資深教師
建議年資	1～2 年	2～6 年	7～12 年	13～18 年	19 年以上
職務	教學實習輔導	執行教學輔導	執行教學教學觀摩示範研究	教育研究教學與輔導諮詢教材設計專案輔導	指導實習教師學校與社區關係的建立

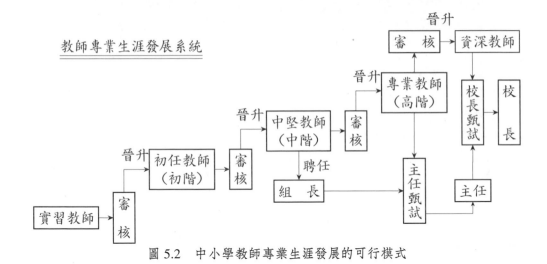

圖 5.2　中小學教師專業生涯發展的可行模式

1.「初任教師」階段：當實習教師通過甄選就任為合格教師時，可稱為「初任教師」，此階段的教師其主要的工作是執行班級教學工作。初任教師可以獨立進行教學活動、決定班級事務、進行學校輔導工作，但仍須接受校長、主任或資深教師的指導。

2.「中堅教師」階段：當初任教師的服務年資達到六年以上，可以申請為中堅教師，通過審核之後，可晉升為中堅教師階段。中堅教師的主要任務除了執行班級教學，或由學校聘用兼行政職，還必須指導校內的學生

輔導工作，並協助推展學校公共關係。中堅教師可以受聘為各處室組長之職位，同時發展學校行政生涯。

3.「專業教師」階段：任中堅教師六年以上，可成為專業教師。專業教師除了執行班級的教學任務外，同時必須擔負部分課程規劃、教材設計、教學觀摩與教學研究的責任，並享有減少教學時數的優待。在學校行政系統方面，專業教師可以參加學校的主任甄試，邁向另一階段的學校行政生涯。

4.「資深教師」階段：擔任專業教師滿五年以上（合計全部服務年資達十八年），可以申請專業教師，通過審查後，可晉升為資深教師。資深教師的主要任務除了執行教學工作外，還必須擔任指導實習教師的工作，並擔任教學、行政、輔導的諮詢與顧問的任務，並得以減少教學時數四到六小時。在規劃上，資深教師應具有參加校長甄試的資格，換言之，教師職級制度除了發展教師的專業生涯外，亦兼顧行政生涯的發展。

中小學教師生涯進階制度與學校行政體系的結合，可以朝雙軌並進的方向去構想。即中小學教師一方面可以選擇教學專業的職級晉升管道，也可以選擇學校行政的職級晉升管道（如組長、主任等）。教師生涯進階制度使學校教師的教學專業發展有更具體的方向，如能配合學校行政體系的運作，將可培養出專業人才，有助於學校教學與行政的運作。

教育部於 2005 年公布的教師分級制度將教師分為：初任教師、專業教師、資深教師、主任教師四級。未來任教於中小學者，應有心理準備，要定期接受專業成長與專業表現的檢驗。

┃ 第三節　教師的權利

教育以學生為對象，學生相對於教師是處於較弱勢的一群。因此，一般對學生的權益保障較多，教師的權力往往被刻意的壓制。這種現象不代表教師的權益不必主張，對於想投身教育界的人而言，應搞清楚享有哪些權利。

一、教師權利種類

教師的權利可以區分為三大類（瞿立鶴，民 82）：

1. 生存權：所謂生存權也就是謀生權，教師經由法定程序取得法定身分，以進行傳道、授業與解惑。此一權利涉及的範圍，包括教師之培育、進修、資格檢覈、專業組織及權利救濟等。

2. 工作權：所謂工作權，是教師經由法定程序取得職位，進行教學有關的工作。工作權包括教師之工作機會、任用、遷調、學術或教學自由、研究發展、服務社會、考績晉級和升遷、保險、休假、公假、事假、病假、停職及復職等。

3. 財產權：所謂財產權，是教師在取得法定職位後，藉傳道、授業和解惑之歷程，作育人才、服務社會，而經由法定程序獲得有關的報酬。此一權利包括俸給、退休金、撫卹金、資遣費、獎金、福利互助，以及出差旅費等。

一般而言，教師的權利也包括集會權、結社權、罷教權。國內的學界及政府的教育部門對教師的罷教權一直持質疑的態度，做消極的抵制。以美國而言，並非所有的州都允許教師有罷教權。一般對教師罷教權的行使趨向謹慎。

二、教師權利救濟

依據我國訴願法的規定，訴願之主體為人民，不限於一般之自然人，亦包括法人或非法人團體或商號。公務員其身分不同於「人民」，「公務員」與國家的關係是「特別權利關係」、是「公法上之勤務關係」；與政府機關則是「公法上之特別監督關係」。

學校教師的法定身分究竟是「公務員」、「教育人員」或是「教育專業人員」？依據我國現行有關法令的規定，以及司法機關的解釋，我國公私立學校教師的法定身分與法律地位，顯得模稜兩可、相當含糊。綜合各種法令規定及解釋，教師的身分大概可歸納為七種（瞿立鶴，民 82）：

第一類教師是具有「公務員」身分者，但此類「公務員」亦因確定身分指標不同又分為三種：

1.是支領國家「俸給」者為「公務員」。如「公務員服務法」第二十四條規定：「本法於受有俸給之文武職公務員，均適用之」。

2.是受國家「委任」並支領「俸給」者為公務員。

3.是「執行公務」者為公務員。

第二類教師是具有「公務人員」身分者，如「公務人員保險法」第二條規定：「本法所稱公務人員為法定機關編制內有給人員。」

第三類教師是具有「教員」身分者，如「學校教職員退休條例」第一條規定：「學校教職員之退休，依本條例行之。」其第六條指出：「教職員」之「教」是「教員」。

第四類教師是具有「教育人員」身分者，如「教育人員任用條例」第二條規定：「本條例所稱教育人員為公私立各級學校教師。」

第五類教師是具有「教育專業人員」身分者，如考試院（五九）臺秘二字第○一八四號令由教育部轉頒之「教育專業人員獎懲標準」之規定，學校教師是「教育專業人員」。

第六類教師是具有「教師」身分者，如「私立學校法」第五十四條規定：「各級私立學校之遴用資格，依公立同級同類學校之規定。」

第七類教師是具有「社會服務員」身分者，如內政部頒布的職業分類標準規定：私立學校教師是「社會服務員」。

目前學校教師無論屬於何種身分，其生存、工作和財產等權利一旦受到侵害或剝奪，若向上級機關請求行政救濟，則上級機關以教師與國家在法律上的關係是「特別權利關係」，多以「維持原處分」駁回，甚難獲得救濟。若依「訴願法」向行政法院提起訴訟，行政法院亦以「特別權利關係」或「司法契約關係」做不受理之「裁定」或「判決」。因此，許多教師的權利，即在此種投訴無門的情況下，無法獲得應有的救濟。

▎第四節　教育專業組織與職業聲望

　　教育專業組織大致可分為兩類，其一為教師組織，以結合教師集體力量，爭取教師福利，保障教育專業人員權益，並砥礪專業精神為目的。歐美國家教師組織有時採取工會形態，代表教師團體與有關部門進行「集體談判」，此類教師組織由地方性、區域性而至全國性，成為完整的系統，例如美國的「全美教育協會」(The National Education Association，簡稱 NEA)創始於 1857 年，「美國教師聯盟」(The American Federation of Teachers，簡稱 AFT) 成立於 1916 年，都有相當悠久的歷史。英國的「全國教師聯盟」(National Union of Teachers，簡稱 NUT)，日本的「日本教職員組合」都具有廣大的影響力。在國際組織方面，「世界教師組織聯盟」(World Confederation of Organization of Teaching Profession，簡稱 WCOTP) 亦為教師組織的聯合會，於 1952 年 8 月在丹麥哥本哈根正式成立，秘書處設於瑞士，每年分別在世界不同城市舉行年會，我國亦派教育團體代表出席會議。國內的「中華民國教育會」、「臺灣省教育會」與「臺北市教育會」都是屬於一種教師組織，過去教育會的會員，有資格投票選舉或經審查列為候選人，參加職業團體的立法委員或國民大會代表選舉。

　　教育學術團體為教育專業組織的另一種類型，教育學術團體係以促進教育學術的研究發展為目的。由於教育學門種類繁多，所以教育學術團體的類別也相當分歧。例如參加中華民國教育學術團體聯合年會的學會超過二十個以上，包括「中國教育學會」、「中華民國訓育學會」、「中華民國輔導學會」、「中華民國體育學會」、「中華民國特殊教育學會」、「中華民國比較教育學會」、「中華民國學校建築研究學會」……。

　　世界各國除了教師組織，也有很多教育學術團體的設立，例如「美國教育研究學會」、「美國教育聯合會」以及英國的「全國教育研究基金會」，規模都很龐大。在國際性的組織方面，除了單項學門的教育學會如「世界比較教育學會聯合會」之外，主要的教師學術組織有「國際師範教育聯合

會」等。一般教育學術團體，性質上無論是全國性、國際性或單項學門，都可發行定期刊物、出版專題叢書或研究專輯、提供諮詢服務、辦理認可評審、舉辦研討會議與人員講習等活動。

　　在過去的教師組織活動中，值得重視的是，1955 年「世界教學專業組織」(The World Confederation of Organizations of the Teaching Profession) 在伊斯坦堡 (Istanbul) 集會研討教師專業的地位問題，會中做成了幾點決議，其中特別提到要建立完善的教師專業組織，以及教師專業組織應以各種媒體喚起大眾對各種教育問題之關心與重視。事隔三、四十年，世界各國對教師組織的建立雖略具規模。但這些組織是否屬於專業組織則令人質疑。

一、世界主要國家之教師組織

　　談到教師組織，可以發現大部分的國家至少都有一個主要的教師組織，而多數的教師都屬於這個組織，有時會員是強迫性入會，有時是屬於自願性的，因地而異。先進國家主要的教師組織如下：美國的「全美教育協會」(NEA)、「美國教師聯盟」(AFT)；英國的「全國教師聯盟」(NUT)；日本的「日本教職員組合」(JTU)；法國的「中央教師組織」(Federation Generale Enseignement)。

　　以美國為例，最大的「全美教育協會」(NEA) 將近有兩百萬會員，相對地，在鄉村的小學區裡，教師或行政人員的協會，也許只有寥寥幾個會員。也有由非教育專業人員但是與教育有直接關係的人士所組成的組織，這些組織或協會約可分為三類：

　　1.由職業功能相近組成的協會；

　　2.以學科或更專門領域組成的組織；

　　3.其他教育相關機構的協會。

　　「全美教育協會」(NEA) 擁有初等及高等教育的分支機構，美國學校行政人員協會是由校長及其他行政人員組成，至於個人方面，往往也有具有兩個或多個協會會籍者。這些組織之區分是以其代表之主要擁護者為主，而不是它所代表的獨特功能。以職業導向的教師組織可分為全國、州及地

方三級，全國性的教師組織主要以「全美教育協會」(NEA) 及「美國教師聯盟」(AFT) 為代表。州的教師組織方面，由於美國公共教育是州的主要職權，美國各州都成立全州的教師組織。州的教育協會在影響教育改進所占的地位要比其他級的教師組織來得重要。

「全美教育協會」(NEA) 追求的主要目的在提高教育專業的品質及增進教育專業領域的福利，進而促進美國教育的普及發展。為達成此一目的，「全美教育協會」經常舉辦下列的活動：

1. 報導新的教育措施及方法，使教學更為有效；
2. 闡明教育政策；
3. 從事研究報導，以提供會員利用；
4. 提供州及學區在專門領域方面的協助；
5. 與國會合作以提供兒童更好的教育活動；
6. 在建立更高的專業規準方面提供協助；
7. 為會員謀求福利；
8. 發行教育刊物；
9. 提供其他重要服務。

「美國教師聯盟」(AFT) 的口號為「教育民主化，教育為民主」，該聯盟的憲章是：

1. 促使各教師協會的互助與合作；
2. 為教師爭取各種應享有的權利；
3. 確保最佳的專業服務應有的基本條件，以提高教學專業的水準；
4. 增進學校的民主化，使教師能更有效地教導學生適應未來的生活；
5. 增進全民更好更進步的教育機會，以促進全國兒童的福利。

「美國教師聯盟」的行動目標則以集體談判、集體行動為主，目標在爭取合理的薪資、福利、工作負擔和學術自由等。

二、教師組織之活動

在教師組織所進行的專業活動方面，我們以發展最廣、活動力最強的

美國教師組織為例來做說明。美國約有二百萬教師受雇於公立學校系統，另外有三十多萬的教師任教於非公立學校。1945 年至 1970 年代美國的育嬰、教學、宗教職位方面，由於社會變遷快速，難與其他新興行業在人才招募方面做競爭。在 1960 年代的動盪，也直接促成教師組織走向街頭的抗爭行動。在 1961 年紐約市的 AFT 舉行投票，結果以 3：1 贊成教師組織進行集體談判。這是美國教育史上的一個指標，紐約的教師選擇了 AFT 做他們的代表機構與紐約教育董事會進行談判，並且在 1962 年初進行歷史性的談判。由於談判的破裂導致 1962 年的教師罷教，此舉雖嚴重違反紐約州法律和教師聯盟與董事會之間的談判協議，但紐約市的罷教卻創立了近代教育的歷史性事件。教師在這次經驗中發現，罷教不僅沒有帶來可怕的後果，反而因為罷教的抗爭為他們在談判桌上帶來更多的利益。例如，由於罷教的談判增加了相當的薪水、保證午餐時段的免責、減少教學負荷、降低班級人數等等。但是，這個導向使得美國教師組織在發展過程中，陷入一段相當痛苦的時期，一直擺脫不了以抗爭代替協商的惡夢。這是值得國內大力鼓吹教師組織的人士，更深入地思考教師組織的意義。

二、我國教師組織的發展

　　教師組織是教師專業化重要的一環，但是在國內專業化的發展中常被忽略甚至遭到扭曲。我國教師組織的起源是在清朝末年學部頒行的「教育會章程」。由於當時正醞釀預備立憲，地方自治尚無端緒，希望以教育會來輔助地方教育行政組織，滿清當局欲以「教育會」的設立來消除各種學會之存在與發展。民國 20 年，國民政府公布「教育會法」，民國 33 年曾加以修正，在法律的規範下，教育會按目的事業，應以研究教育為主，除了研究教育事業、發展地方教育之外，也兼具協助政府推行教育政令。基本上，當時所規劃的教育會是在政府的監督指導之下，進行有關的工作。由於教育會法的實行期，適逢全國各地健全發展教育會的組織。然而之後，歷時四十年之沉寂，才再度被有心人士所重視，並在民國 74 年 5 月 21 日立法院三讀通過教育會法修正案。

民國 74 年 5 月立法院通過的教育會法修正案，修正的重點有四：

　　1. 增列教育人員福利為其宗旨之一，以符合職業團體組織之精神；

　　2. 增列教育會的職能，如舉辦會員之公益事業、福利互助及協調聯繫、接受機關團體委辦有關教育事宜，以及社會運動參與等；

　　3. 增列全國教育會之組織，以利國際間之聯繫；

　　4. 增列教育會會員人數超過三百人以上者，得選出代表，召開會員代表大會。

　　教育會的性質由過去的學術研究，走向兼重研究與教師福利之爭取。除了教育會之外，我國教育學術團體的發展也有相當的規模。每年 12 月是各教育學術團體的年會召開時間，在 12 月底按例會舉行全國教育學術團體聯合年會。過去教育學術團體聯合年會亦做了不少事，例如各種教育問題的提案、教師福利的爭取、優秀教育工作者的表揚等。其中並於民國 66 年 12 月 25 日通過教育人員信條，作為教育專業倫理的規範。此舉對於教師專業性之象徵性宣示，有其積極的意義。

　　從我國教師組織的發展可以看出另一個隱憂，即教師組織往往受到不斷膨脹的教育行政權所影響。教育行政權之過度膨脹，一來顯示教育行政機關對於其他教育專業人員的專業知識和專業智慧不夠信任，二來也導致教師的自主性降低，造成教學專業功能的萎縮。近年著手修訂的教師法，其中對教師組織的形態與運作有專章規範。國內的教師組織將朝四個層級去發展，學校層級的教師會也允許組成。這是比較少見的現象，相信此舉會把權力的競逐帶進學校，使原本平靜的校園將掀起陣陣的波濤。

四、教師職業聲望

　　職業聲望 (occupation prestige) 的研究，自 1925 年美國率先開始，比較著名的職業研究是國家意見研究中心 (National Opinion Research Center) 在 1947 及 1963 年進行的兩次大規模研究。我國的職業聲望研究以何友暉、廖正宏於民國 58 年所進行的為最早。美國社會學家多半將職業聲望界定為「社會地位」(social status) 或「社會聲譽」(social honor)，是指職業受尊

敬的程度（文崇一、張曉春，民68）。

　　經由有關的教師職業聲望研究，可以瞭解大眾與教師本身對教師地位的評價。林清江（民60）認為中小學教師工作在社會大眾的評價或形象，即是中小學教師的職業聲望。由表 5.3 可知，不論我國或是國外的研究結果均顯示，中小學教師的職業聲望在整體的評價中約占中上的地位，而中學教師的聲望平均高於小學教師的聲望。就師範生與教師對自己的評價與非教師相比較，差異並不大。

表 5.3　1940–1991 年中外學者對職業聲望研究一覽表

年代	作者	樣本	職業數	中小學教師所占等級
1940	Hodge (1)	3000	90	36
1963	Hodge、Siegel 與 Rossi (2)			29
1969	廖正宏、何友暉	100 （男女接受與未接受大學教育者）	18	14
1971	林清江(1)	300 （教師） 882 （中小學家長）	37	中 12 小 17 中 14 小 17
1971	Marsh	507 （家長）	33	中 13 小 0
1975	陳奎憙	中國 408 英國 393 （教師、家長、中學生、師範生）	30	中 11 小 13 中 15 小 17
1975	M. L. Moore	204 （密西根大學生）	25	中 0 小 7
1979	林清江(2)	4900 （軍、公、教、農、工、商及大專生）	40	中 13 小 17
1979	文崇一、張曉春	1525	94	中 12 小 16
1984	劉若蘭、黃光國	355 （大學生）	60	中 16 小 21

1985	瞿海源	1037 (20~70 歲)	29	中 8 小 13
1986	蔡淑鈴、廖正宏、黃大洲	363 (士、農、工、商)	36	中 10 小 14
1989	侯世昌	25 (國小學童)	32	中 15 小 17
1991	林清江(3)	4850 (軍、公、教、農、 工、商、服務及大 專生、師範生)	40	中 13 小 15

註：＊ 等級部分：「中」代表中學教師，「小」代表小學教師，未註明代表中小學教師。
　　＊＊(1)代表第一次的研究結果；(2)代表進行第二次的研究結果；(3)代表第三次的研究結果。

問題與討論

1. 臺灣的師資培育法實行後，師資培育制度有哪些主要的改變？
2. 教師生涯進階制度要落實，您認為應該設置哪些等級較為合理？為什麼？
3. 國外教師組織近年來的發展趨勢為何？有何可供我們借鑑之處？
4. 國內教師法對教師組織的主要規範為何？您認為哪些是妥當的？哪些是不妥當的？

第三篇
學生篇

　　在教育的過程中學生是重心，在學校裡不論是教師、課程、教學、設施、以及學校與其他服務系統，都需要環繞在學生的身上。近年來許多先進國家的教育改革，都是以學生為中心，重視學生的學習表現、落實教育品質的提升。

　　本篇分為三章，主要探討轉變中的學生特質，讓有志於從事教育的工作者，面對未來的教育對象有更進一步的瞭解。其次，探討二十一世紀所面臨的學生問題，尤其是弱勢學生，例如中輟生。最後，探討未來的學生紀律問題。希望在充實教育專業知能的同時，也能不斷地去思考教育面對的實際問題。

第六章　面對轉變中的學生

本章以新新人類為題，探討當前教師可能面對的學生特質，其次探討一些實際的學生問題，例如學習上中途輟學的問題，以及相關的學生問題。希望透過探討來理解轉變中的學生特質。

第一節　面對新新人類

新新人類素描：講話直接、喜怒形於色、非正式穿著、重個人主義、不喜歡安靜、愛找奇蓋主題、挑戰反抗權威、重視外表形象、追求時髦、普遍存有再努力也沒用心態、做事五分鐘熱度、敢花錢、比較拜金傾向、認為自己是地球村公民、對國家認同低、對到世界旅行充滿期待、討厭說教、抗拒權威……。這些一般性的敘述負面多於正面，未來的教師應如何面對這群學生？

一、有點傳統又不大傳統

未來學校面對的學生，不是傳統的學生形象，這批學生有他們較獨特的屬性。社會已經賦予他們一個新名詞即所謂的「新新人類」。何謂「新新人類」呢？根據《幼獅少年》針對國中生所做的調查顯示，新新人類男生的特質是幽默風趣、酷、帥。新新人類的女生特質依序是：活潑外向、溫柔、有氣質。

《幼獅少年》公布「男女方程式」問卷調查結果，調查對象包括全省及外島的國中生。內容以新新人類的人際關係與兩性問題為主，

圖 6.1　圖為許多青少年喜愛的極速滑板運動 (skateboard)。（圖片來源：ShutterStock）

包括人際關係、學校的兩性教育、新新人類的男女特質等部分。王瑞琪表示，從調查結果可發現，目前青少年的心態仍是相當正面的，可用「有點傳統又不大傳統」來形容。同時，青少年也正面臨「有史以來最長的青春期」，因此師長應協助他們做好「感情生活規劃」。(民國 84 年 6 月 30 日《國語日報》)

近年來也發現，新新人類又被冠以 E 世代之名。追求享受、快速成功、自我中心、不尊重權威是 E 世代新新人類的文化特質。這些特質是與新社會潮流互動的結果，新新人類的文化特質充分反映新社會的結構與制度，其獨特的思考方式、生活型態、人生哲學、性格特質等，完全不同於六〇年代以來的社會。不論身處成人世界的舊世代願意與否，無庸置疑，現代新新人類將是未來社會的主人，他們所思所想、所作所為，已成為社會的焦點，將影響到未來社會的發展。

二、數位原生代

當前的教師或是準備進入職場的準教師，是成長之後才真正感受到數位時代的來臨。他們可能被歸為數位移民 (digital immigrants)。數位移民也通常用來指老一輩、被迫跟上數位生活的人，他們將數位產品視為一種工具，拿手機只會打電話。數位原生代 (digital natives)，與較晚才開始探索數位世界的數位移民不同，數位原生代是一群熟稔資訊世界遊戲規則、「土生土長」的生存者、探索者。Tapscott (1988) 提出 1980 年代後出生的為數位世代；Prensky (2001) 則以 1980～1994 年代出生者為數位世代，他們是一出生就有電腦的世代，拿起手機可能不只打電話，還聽音樂、玩遊戲。當數位移民面對數位原生代會是怎樣？這種現象已在學校環境中發生。學校老師常說現在的學生是「快、淺、亂、雜、虛」，而現在的學生則說老師是「多、嚴、冷、酷、殺」，與其造成師生彼此認知上的代溝，還不如多瞭解時下的學生（高熏芳，2009）。

三、傳播媒體影響下的青少年

臺灣自從傳播媒體開放之後，媒體對青少年的影響，是一個值得討論的問題。開放之後的媒體在激烈的競爭環境裡，往往以製造、炒作新聞取代報導新聞。從許多誇張的媒體報導，實在看不出有所謂社會責任感的存在。媒體對於犯罪細節的露骨呈現、對於錯誤價值觀的渲染，已經摧毀了整個社會的價值觀。然而，截至目前為止，還未看出有任何的法令或方法，足以面對媒體強勢的負面衝擊，並進而去約束它。

在現代社會中，媒體無孔不入地入侵家庭。相關的研究指出，媒體對青少年的負面影響絕對遠大於正面的影響：太常看電視可能會導致青少年比較不會用自己的方式來思考問題；暴力電影尤其容易導致青少年在言辭或動作方面呈現暴力化的傾向。在強勢媒體的衝擊下，除了自求多福，似乎別無他法，唯有認識到媒體對青少年的負面影響，並加以約束，方不致使媒體過度干擾青少年的成長空間。相較於國際間許多先進國家的做法，媒體上凡涉及青少年兒童的節目，有教育專家或是心理專家在做審查把關，根據他們的判斷決定播放的適當性。

▌第二節　認識中途輟學問題

一、中途輟學的定義

中途輟學此一名詞英文為 "dropout"，我國過去的研究譯為「中途離校」（何信助，民 62；蔡崇振，民 64），近來之研究或專論以「中途輟學」為其譯名（黃武鎮，民 78；高政賢，民 79；梁志成，民 82）。

美國教科文組織早在 1972 年即曾對中途輟學下一明確之定義，認為「中途輟學係指任一學程階段之學生，在未修完該階段課程之前，因故而提早離開學校」(UANESCO, 1972)，我國許多學者也都採用此種定義（彭駕騂，民 74；高政賢，民 79）。

Barr (1987) 對中途輟學所下的定義為「任一學生在身心狀況尚具備參與學習活動之能力，卻離開學校，而且沒有轉學至他校，也沒有加入其他的教育活動，即為中途輟學」。

Jay 和 Richard (1989) 等人認為所謂中途輟學指的是「任一學生在畢業或學習計畫尚未完成之前，因故離開學校（死亡原因除外），且並未轉到其他的學校就學」。

《英漢教育辭典》對中途輟學的解釋為：dropout（退學生），指由於未能完成一門課程的學習（或由於延長學習和某種其他社會義務）而成為退學學生的人（陳任廣、楊義明，民78）。

在我國，中途輟學其定義如依強迫入學條例第十條規定為「未經請假，缺課連續達一週以上」者（陳文宗，民83）。

陳訓祥（民77）則認為「學生於註冊入學後，在未修完全部課程，取得資格或文憑前，不再繼續出席的行為，可稱之為中途輟學」。

梁志成（民82）將中途輟學定義為「任何一個階段中的學生，在未畢業或未完成整個學習計劃之前，除了死亡因素外，因故在學期初未完成註冊程序或於學期中離開學校，且沒有轉學至其它的學校，即為中途輟學」。

有些定義則以類似操作型之定義型態出現：如臺灣省教育廳在調查臺灣地區國民小學學齡兒童失學原因時對「中途輟學之學齡兒童」所下的定義為「於調查時間，78學年度第一學期曾在國民小學一年級至六年級就讀，因故而未再就讀之學齡兒童」（臺灣省教育廳，民80）。

有些定義則以較狹義方式為之，例如：劉信吾（民76）認為「退學」才是屬於中途輟學，如學生在就學過程中，雖離校一段時間，但在規定時間內會再行註冊就學者，僅可稱為休學 (stop-out)。這種短暫的離校，一般來說，並不認為是中途輟學；而退學 (withdrawal) 意即學生可能在修業過程中的任何一個時間自動或被動中止學習；譬如自願退學或被學校勒令退學即是，兩者通常被認為是中途輟學。

張人傑（民83）則從義務教育層面來鎖定中途輟學的定義：他認為在義務教育階段中的學生與一名大學生的中途退學其涵義是不能相提並論

的，因此，輟學在較為「嚴格」的定義上應指義務教育階段修畢以前的中途退學。

Federal Register (1988) 則開出構成中途輟學的條件，列舉如下：(1)前一學期尚在學校註冊；(2)新學期開始沒有註冊；(3)在政府所規定的畢業年齡之最大限制前，沒有畢業也沒有完成任一學習計畫；(4)沒有轉至其他的公、私立學校或政府認同的教育計畫；(5)離開學校的理由不是因為疾病或其他學校所允許的。當學生的行為同時滿足以上五個條件時，才被視作是中途輟學。

由以上各種定義可以看出，定義方式除基本定義、操作型定義外，亦有列舉必要條件方式；簡短或冗長、狹義或廣義，各解釋方式均不同。

二、中途輟學的成因

分析影響中途輟學的因素發現，以 92 學年度為例，在個人因素、家庭因素、社會因素、學校因素與其他因素呈現的情形如圖 6.2。

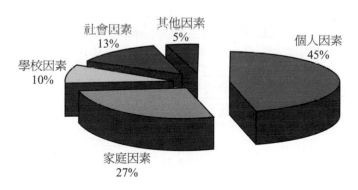

圖 6.2　學生中輟因素分析圖

個人因素方面，在 3973 名因個人因素中輟的學生中，中輟原因前三名分別為：生活作息不正常占 61.89%，其他個人因素占 31.66%，精神或心理疾病占 2.21%。

家庭因素方面，在 2289 名因家庭因素中輟的學生中，中輟原因前三名

分別為：其他家庭因素占 20.62%，父（母）或監護人管教失當占 17.95%，父（母）或監護人離婚或分居占 17.74%。

學校因素方面，在 836 名因學校因素中輟的學生中，中輟原因前三名分別為：對學校生活不感興趣占 81.93%，缺曠課太多占 7.65%，與同儕關係不佳占 3.95%。

社會因素方面，在 1095 名因社會因素中輟的學生中，中輟原因前三名分別為：受校外不良朋友引誘占 50.68%，流連或沉迷網咖占 25.84%，受已輟學同學影響則占 14.25%。

導致中途輟學之因素並不如想像中單純，有些人認為只要學校教育辦得好，中途輟學人數自然能解決，其實不然。Easton (1965) 從政治系統論觀點認為，學校系統只是整個社會系統運作的一種功能，學校系統本身亦幾乎受到學校外的個人背景、社經環境等因素的影響（如圖 6.3）。我們如果誤將學校系統的輸出（學生滿意度、中途輟學率）完全視為學校運作的結果，而不考慮其他的背景因素，將產生相當大的錯誤。

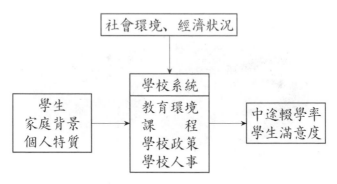

圖 6.3　Easton 之中途輟學影響因素及歷程

因此，分析中途輟學問題，應從比較廣的問題架構來探討。在此就有關的社會因素、學校因素、家庭因素來加以說明。

一、社會誘因與中途輟學

　　由於社會快速的轉變，生活型態也起了很大的變化，社會上各類休閒活動機構，有逐漸代替家庭的地位來滿足青少年休閒活動需求的趨勢。在目前的環境裡，社會風氣不良，許多商家唯利是圖，導致休閒場所品質堪慮，相對的也增加青少年休閒活動的潛在危機（何信助，民62；邱國和，民77；行政院青輔會，民78；莊懷義，民79；省教育廳，民81；邱文忠，民83；黃德利，民83）。

　　社會變遷也使得家庭功能式微，學校功能窄化，在這些因素激盪之下，臺灣的各種遊藝場成了青少年的最愛。遊藝場包括電動玩具、撞球場、戲劇院、KTV以及其他遊藝場所。現階段許多的娛樂消費中，以電動玩具等較為普遍（蔡中信，民80；省教育廳，民81a）。民國83年教育廳在所轄公私立國中學生校外生活概況調查中發現，國中學生打電動玩具的比率已接近半數，其中男生更高達70%，女生也有28%，有6%的學生常在電動玩具店打電動，且有1%的學生打電動玩具的時間一星期在15小時以上（省教育廳，民83a）。事實上，打電動玩具的本身並非偏差行為，但不當的場所足以帶給青年學子不良影響，更易結交不良朋友進而產生較多不良行為（黃德利，民83）。而且依現有遊藝場所數目而言，有照營業之遊藝場841家，無照者9535家；即不合法之遊藝場數為合法者之11倍以上（省教育廳，民81a）。

二、學校教育與中途輟學

　　學校教育雖不是中途輟學的絕對影響因素，但是學校教育與中途輟學脫離不了關係。黃武鎮（民78）研究發現國中學生中途輟學的原因，學校因素就占了14.4%。Romanik和Blazer (1990)針對美國七到十二年級中途輟學學生所做的調查發現，有24.9%的中途輟學生主要是對學校缺乏興趣。更有研究指出超過50%的中途輟學生和56%的教師認為，學生離開學校的原因是直接和學校有關的 (West Virginia, 1987)。以下就有關的研究來探討學校教育與中途輟學的關係。

　　吳清山（民81）認為師生關係、教師的人格特質、教師的期望及教學

方式、教師的行為表現等教師效能與學生成就間有關，會間接影響學生的學習意願及中途輟學行為。UNESCO (1987) 的報告指出教師的教學態度、對學生的激勵、是否使用正確教學方法、是否以學生為中心、重視學生反應、活潑的教學法是影響中途輟學的主要原因。Carranze (1975) 研究顯示，教師的表現與其學生中途輟學率成反比。

大多數中途輟學生在校時成績低劣，且受到的懲罰多於獎賞。中途輟學生普遍都認為學校老師的教法不適合自己 (Elliott, Voss & Wendling, 1966)，這種知覺對學習的動機有極負面的影響。Whiteside 在 1976 年訪問的中途輟學生中，有的指出老師經常把他看成笨蛋，帶給他不良的自我形象（蔡崇振，民 66）。

UNESCO (1987) 報告中也特別提出教師在職訓練的必要，尤其是教師是否經過優良的訓練，將會影響學生中途輟學的比率。在許多學者的研究中也持同樣的看法 (Stradford, 1993; Boulard, 1994; Mayer, 1993)。全面增進教師輔導知能，激勵教師關懷其生涯發展，蘊育更人性的教師文化，必能減低中途輟學人數（鄭崇趁，民 83a；吳坤山，民 83）。

UNESCO (1987) 的報告書中也明白指出，造成學生中途輟學或重讀的相關因素中，師生比率即列為第一項。因此，學校對中途輟學學生應採個別化指導方式，並增進師生間的互動關係才有可能獲致成效。

三、家庭因素與中途輟學

Dohn (1991) 的調查指出家庭背景是中途輟學的主要因素。Franklin (1992) 對家庭功能不彰造成的中途輟學也有相同的看法。

1.社經地位的影響

Russell (1987) 指出低社經地位家庭，子女中途輟學的比例較高。家庭環境，尤其是社經地位，對教育成就及中途輟學具有相當的影響。Bachman (1967) 以父親職業、父母教育程度、家庭收入等因素為標準，將家庭社經地位分成六個層級，結果發現家庭社經地位最高層級的中途輟學率只占 4%，而家庭社經地位最低層級的中途輟學率達 23%。美國勞動力統計局

(Bureau of Labor Statistic) 的調查報告指出：1970 年美國高中生中途輟學來自年收入低於五千美元的家庭者占 42%，而來自年收入在一萬美元以上的家庭者則只占 20%（蔡崇振，民 66）。在臺灣的調查也有相同的發現，黃春枝（民 59）的研究指出，未能升學者之家庭經濟狀況多半是屬於貧困者。張坤鄉（民 80）對原住民國中生中途輟學的研究發現，貧困家庭占全體原住民中途輟學生的 31%。

2. 父母教育程度的影響

Russell（1983）的研究中顯示，家庭中母親接受教育的時間每增加一年，其子女中途輟學的可能性便降低 4%。Bertrand 在 1962 年所調查的中途輟學學生中，父親接受八年以下教育者占 76%，九至十二年者占 24%，並無父親教育程度為學院以上者（蔡崇振，民 66）。父母教育程度低、低社經地位與中途輟學學生的研究顯示，子女的中途輟學率與父母的教育程度成反比 (Bledsoe, 1959; Tseng, 1972)。Fernandez 和 Velez (1989) 的研究也認為：父母的教育程度愈高，則子女中途輟學的機率愈低。

在國內研究方面，蔡崇振（民 66）將高中中途輟學生之父親教育程度分成三級發現，初等教育程度與不識字者占 45.56%，中等教育程度者占 37.71%，高等教育程度者僅占 15.69%；至於我國高中中途輟學學生的母親教育程度之分布情形，以小學程度者最多，不識字者次之。

3. 單親家庭的影響

Ruth 等人 (1986) 的研究指出，雙親健全的子女中途輟學的情形比單親的子女少。Reddick 與 Peach (1990) 針對高中 300 位中途輟學學生的調查，發現 72% 的中途輟學學生的父母已離婚，只有 23% 的中途輟學生和雙親住在一起。Bachman (1967) 以 2000 名學生為樣本，其中完整家庭者占 81.01%，因死亡所導致的破碎家庭者占 7.34%，因離婚而造成的破碎家庭者則占 11.65%。三類學生的中途輟學率，則以家庭完整者最低 (11.5%)，而以離婚之破碎家庭學生中途輟學率為最多，高達 19.6%。

目前有關單位正持續推動中輟預防工作，建立資源整合運作模式。教育部已結合警政、社政等機關，定期召開中輟業務聯繫會議，整合資源，

建構協助中輟生的網絡資源。有關強化中輟生通報機制，建立協尋與復學輔導資源（支援）網絡也發揮了相當的功效。已建置的「中途輟學學生通報系統」，透過通報系統將行蹤不明的學生資料傳輸至警政署協尋；而民間團體與專業輔導人力、鄉鎮市（區）強迫入學委員會、校外會及教育服務替代役男亦共同協助追蹤、協尋中輟學生，並鼓勵學校教師、退休教師及社會志工認輔適應困難學生。因此，中輟生尚輟人數從 93 學年 4,156 人（尚輟率 0.145%），下降到 100 學年 1,071 人（尚輟率 0.046%）；復學率則從 93 學年 70.84% 穩定上升，100 學年復學率為 83.25%。

▎第三節　潛在的學生問題

一、青少年犯罪

　　Schreiber (1963) 在西雅圖市四所高中中途離校生的追蹤調查資料顯示：中途離校學生之犯罪率偏高（達 35%），而該市一般青少年平均犯罪率僅 3%。Hathway 等人 (1969) 研究發現，中途輟學生的失業率及犯罪率與同年齡已畢業或仍在校就讀的學生相比較，的確有較高的傾向。美國田納西州教育廳 (Tennessee State Department of Education, 1962) 的一項追蹤調查報告指出：在該州 2098 位高中中途輟學生中，有法院犯罪紀錄者達 98%(Williams, 1966)。顯示中途輟學與青少年犯罪有著密切的關係。

　　前教育部部長郭為藩於民國 82 年指出：中途輟學是導致青少年犯罪的主要原因之一。中途輟學學生在學校如有挫折，易產生心理偏差，再加上離校後，若無所事事，群聚遊蕩，犯罪問題自然容易產生 (Cervantes, 1965)。謝麗紅（民 83）認為逃學或中途離校的學生，可能同時逃離家庭，在外遊蕩，加上社會經驗不足，謀生能力有限，如再涉入不良場所，甚至加入不良幫派等，對於學生本身、家庭、學校及社會而言都是重大的損失與傷害。

二、網路成癮

　　面對網路發達的時代，當前學生可能潛藏的問題是網路成癮 (internet addiction)。依據維基百科，網路成癮症亦作上網成癮症、網癮、網路依存症、過度上網症或病態電腦使用等，泛指各種對網路的過度使用，以致影響到正常作息的情況。由於網路成癮被媒體廣泛報導，使得這個問題是否應該被歸為一種精神錯亂有所爭議。網路成癮症最初是由葛爾‧柏格 (Ivan Goldberg, M. D.) 在 1995 年所提出的一種精神錯亂，應具備下列條件：

　　1.強迫性地、非自由地使用網路；

　　2.對人際交往失去興趣；

　　3.被線上即時活動佔據大部分生活的時間；

　　4.不能自拔。

　　美國心理學會已於 1997 年正式承認其研究價值，但目前對於網路成癮的診斷並無一個共同認定的標準。「網路成癮症」(internet addiction disorder) 一詞，由 Young 於 1996 年於美國心理學年會中所提出，然而該理論一直存在著爭議，目前為止「網路成癮症」的真實存在性尚未被醫學界證實。但是，面對發生在學生的身上，網路成癮已經是一個值得重視的問題了。

　　網路成癮問題的類型依網路的使用內容加以區分，可分為五大類 (Young, 1999)：

　　1.網路之性成癮：深受網路上與性相關的網頁內容所吸引，或沉溺於基於網路所引發的情色活動之中。

　　2.網路之關係成癮：沉溺於網路上的人際關係活動之中。

　　3.網路之強迫行為：包括沉溺於網路遊戲、網路賭博、網路購物與交易等活動。

　　4.網路之資訊超載：沉溺於網路資訊的搜索與收集之活動。

　　5.網路之電腦成癮：沉溺於與網路有關之電腦操作與探求之活動。

　　這五類成癮問題的強度不一，但以網路之強迫行為的問題最為嚴重，其中更以網路遊戲成癮問題最受到關切。

　　楊靜芬曾引用 Dr. Kimberly Young (金柏莉‧楊博士) 所提出八項問題來判定是否有網路成癮，若當中有五項回答為「是」，就有網路成癮之虞。

	是	否
1.我常會全神貫注在網路活動中，即使在離線後仍然持續想著上網時的情形，或者會預先想著下次上網時的情形？	□	□
2.我覺得需要花愈來愈多的時間在線上，才能獲得上網的滿足感？	□	□
3.我曾經做過很多次嘗試要去控制、減少或停止使用網路，卻都沒有成功？	□	□
4.當企圖去減少或停止使用網路時，我會覺得心情不穩定、煩躁、沮喪，或急躁易怒？	□	□
5.我花費在網路上的時間比原先打算上網的時間還要長很多？	□	□
6.我有因為上網而使得課業、工作（打工）或重要的人際關係瀕臨危機？或者我冒著失去升學或生涯機會的風險去上網？	□	□
7.我曾向家人、師長、朋友或其他人說謊，以隱瞞我實際沉迷於網路的程度？	□	□
8.我上網是為了逃避面對問題或減緩不安情緒，如無助感、罪惡感、焦慮或沮喪等情緒？	□	□

問題與討論

1.何謂數位原生代？主要特徵為何？

2.面對中途輟學的學生，教師應負起什麼樣的責任？

3.當前中途輟學生所處的家庭與學校各有何特徵？試從網路資訊加以探討。

4.網路成癮的特徵為何？如何面對此類問題的學生？

第七章　如何面對弱勢學生問題

弱勢學生的來源主要包括單親家庭、貧窮家庭、以及新住民配偶家庭。從教育機會均等的理念以及社會正義的觀點來思考，教師無法迴避這群學生。學校更要為弱勢學生做有效的輔導，充分發揮教育的功能，讓這群學生具備自助能力以擺脫先天的障礙。

▌第一節　單親家庭問題

我們不願給「單親」孩子貼上標籤，但是許多自殺、自暴自棄、用暴力報復親人，以及報復社會的惡性事件往往與單親家庭子女聯繫在一起。

單親家庭的女孩，過早出現性行為、早婚、早孕、未婚懷孕和離婚問題，比雙親家庭的女孩多得多。男孩子更容易涉入暴力行為，學業成績明顯差於完整家庭的孩子，他們在學校曠課以及受罰比率也高些。

一、何謂單親家庭

美國人口普查定義單親家庭為:「單親家庭是一個成年人與一個以上的依賴兒童（不論其為親生或領養的關係）所組成的家庭為單位」。我國的定義趨向是「一住戶中有父或母因離婚、分居、喪偶或未婚，和其 18 歲以下未婚子女同住者」，對單親較強調「受害」、「弱勢」的負面本質（謝美娥，1996：14-16）。臺灣單親家庭的組成為何？單親家庭的成因很多，也許是失婚、也許是喪偶、也許是未婚生子。近年來國內的離婚率節節攀升，單親家庭的比率確實增加不少。從單親家庭的結構來看，單親媽媽的比率約占 66%，單親爸爸的比率約占 34%。都會區的比率則更為懸殊，由臺北市單親家庭服務中心的個案統計可發現，單親媽媽便占了 88%，單親爸爸僅占 12%。單親父母的類型包括:

1. 死亡單親家庭

　　⑴母親死亡與父親同住的單親家庭。

　　⑵父親死亡與母親同住的單親家庭。

2. 離婚單親家庭

　　⑴父母離婚與父親同住的單親家庭。

　　⑵父母離婚與母親同住的單親家庭。

3. 分居家庭

4. 未婚單親家庭

　　⑴自願未婚單親家庭。

　　⑵被迫未婚單親家庭。

二、單親學童面臨的困擾

　　單親學童面臨的主要困擾包括情緒方面的困擾、學習方面的問題及人際方面的困擾：

　　1. 情緒：他／她們有很嚴重的自卑感，覺得自己比別人差，因此會有情緒方面的困擾。

　　2. 學習：大體而言，他／她們的成績欠佳，並且常欠繳功課。情緒的困擾更令他／她們的學業難題雪上加霜。

　　3. 人際關係：很多在這種家庭環境長大的學生較缺乏自信和安全感，他／她們大多不願開放、不善表達、不懂與人交往。

三、單親家庭子女的潛在問題

　　王鍾和（民82）研究結果發現，單親家庭的子女與雙親家庭的子女在行為及觀念上有顯著差異。卓秀冬（民83）也認為父母分離或經常爭吵甚至有肢體上的傷害都嚴重造成學生心理上不安全、憂傷、自卑、怨恨的心態。康雪卿（民82）則確認父母經常吵架、分居或離婚為影響學生中途輟學之可能因素。

　　隨著單親家庭之增加，因為家庭破碎，直接、間接造成學童中途輟學

之現象亦日益增加，家庭本來是人類發展的溫床，而今由於社會變遷，功能逐漸解體，已成為部分學生發展上之阻力（鄭崇趁，民 83）。

心理學家把由於死亡、離婚、遺棄或非自願的分離等原因，使得父母之一離開的家庭稱之為破碎家庭。破碎家庭的特徵之一是子女與單親生活，單親家庭最主要的產生原因來自

圖 7.1　家庭教育對孩子的身心發展，具有莫大的影響。（圖片來源：ShutterStock）

離婚。在完整的家庭中，父親通常扮演具有才幹、有影響力的角色，同時代表著一種訓練、法律、秩序及規矩的象徵，失父可能造成青少年智力發展及社會適應不利的影響，綜合學者的研究，失父對青少年可能造成的影響有：

1. 學習行為方面

(1)失父青少年的成就動機，比來自完整家庭的青少年低。

(2)失父的男性青少年在學校作業及學習成就上，得分平均在年級標準之下。

(3)失父的男性青少年在學習性向方面，語文能力比數學能力得分高，此傾向更接近女孩的知識型態。

(4)失父的男性青少年常表現出「畫地自限」的思考型態。此種型態通常為女孩思考特質，男孩則屬於解析型態。

2. 人格適應方面

(1)失父的青少年在自我認同上，較完整家庭的青少年差。

(2)失父的女性青少年，常覺得母女間缺乏溝通，而男性青少年則有犯罪感。

(3)失父的女性青少年對母親的依賴程度較高，具有較多情緒問題、學校適應不良及反社會行為之表現。在其青春期以後，與男性的關係上顯示出焦慮及困難，有害羞及退縮的傾向，並避免與男性同輩接觸。

⑷失父的兒童可能變得極端依賴母親，同時變得反叛而難以控制。

⑸失父的男性青少年比來自完整家庭的男性青少年較少男子氣概，較少男性自我概念，較少獨斷力，較少依賴同輩團體。

四、單親子女的協助

單親家庭會影響到子女的人格發展，就年齡而言，幼兒時期失母的影響大於失父，其後失父的影響又大於失母。吾人可透過學校教育，協助其建立良好的同輩關係，樹立正當的認同楷模，使單親家庭的不利影響減至最低。同時經由親職教育教導單親建立和諧的親子關係，採取關懷的教養方式，青少年一樣可以發展出健全人格。教師如何協助單親家庭的家長及學生？下列為許多文獻所提出的建議可供參考：

1. 走出學校，與家長建立更緊密的聯繫

由於各種原因，單親家長與校方比較沒有聯繫。教師應積極地給這些家長打電話或寫信以取得聯繫，或是透過親師座談，讓孩子的情況能及時反饋，讓家長知道教師理解他們做為單親家長的難處。

2. 信息交流

教師必須向家長及時提供至關重要的信息，尤其是學生的行為或學習出現問題時，單身家長需要盡快得到這樣的信息，以便有效地與校方配合掌握問題處理的先機。

3. 協助學生作決定和提供學習方法

就個別狀況協助學生作成正確的決定，要依據學生的身心發展情況及學習興趣來輔導。教師應注意提供學生正確的學習方法，也可以向家長提供更詳盡的建議，針對問題提供更個別化的協助。

4. 幫家長安排家庭作業時間

教師亦應該協助家長設計孩子家庭作業的時間，家長每天也應該積極地安排時間讀書，提醒自己讀書並分享讀書的成果。這可以提高孩子們讀書的興趣。

5. 提供一些優秀的範例

教師可以和學生共同欣賞討論別人的優秀試卷、作文或報告，以提高他們的學習動機與成績。教師也可以向家長提供這樣的範例，協助家長督促學生學習。

6. 鼓勵家長對學生的成績給予認可和獎勵

大多數雙親家庭中，教育在家庭生活中占中心地位。但單親家庭則打亂了日常生活規律，提醒這類家長注意認可孩子的學習成績，表達自己的喜悅，並給予適當的獎賞。

7. 為單親學生安排男教師

兒童身心發育研究表明：男孩和女孩都因父母的分居和離異而受到不利影響。男孩需要男教師的悉心關照，培養男子那種大方得體的舉止，女孩也要有機會與男教師交談，從而培養她們的交際能力。以女性為主的單親家庭，有可能的話，要多為這類學生安排男教師，以收角色學習之效。

▌第二節　新貧家庭問題

貧窮的定義不一，可以包括：極度貧乏、收入微薄、消費力低、無法應付基本生活所需、教育程度低、健康欠佳、營養不良，致令個人發展受阻，面對危機、勢孤力弱、求助無門等。

在狹義上來說，只是關乎錢財收入和金錢的概念；貧窮的界定一般有三種：

1. 赤貧：即最低限度的溫飽。世界銀行所定的界線是每人每日的入息為 1 至 2 美元；

2. 相對貧窮：較強調入息的平均分布，例如：入息低於家庭人均收入中位數一半的人口所占的比率。這表示即使在富裕的國家，也往往會有一部分人屬於這個類別。

3. 基本生活水平計算法：以應付基本生活所需的物品和服務作為依據。

一、貧窮指數

貧窮之衡量有多種方式，各國標準殊異，我國採用聯合國貧窮指數BP1–2 方式，BP1–2 僅選擇 OECD 高收入國家計算。貧窮指數 (the poverty index) 的衡量方式採「60 歲以前死亡之機率」、「成人缺乏功能性識字技能比率」、「長期失業率」等比率，為貧窮的計算是調整家戶可支配所得中位數的百分之五十。根據美國的貧窮線，三分之一的家庭每個人一天 11 美元。若我國家庭平均每人可支配所得中位數之 50% 以下貧窮人口率為 7%，每人每日 PPP（purchasing power parity，同等購買力）所得 11 美元以下貧窮率為 2.4%。

二、何謂新貧家庭

什麼是「新貧族」? 1998 年，歐洲知名社會學者迪克森 (John Dixon) 和馬夸洛夫 (David Macarov) 就指出：「一種全球性貧窮，正透過資本主義全球化的社會經濟效應而逐漸形成。」新貧議題是歷史上的第三波貧窮，它正影響著地球村的各個角落。1980 年代率先衝擊歐、美各國，現在，已登陸臺灣，即將顛覆過去對貧窮的認知。

在臺灣，「新貧族」最具代表性的三個族群就是：低薪的貧窮工作人口、有工作能力卻失業的人口，以及女性單親家庭。與傳統貧窮的主要組成面貌「老、殘、病、童」截然不同，「新貧」的問題更複雜、更難解決。它牽涉到「撫養」，更牽涉到「就業」。

臺灣的貧窮率（低收入戶人數占總人數比率）僅 0.75%，與美國、歐洲平均 15% 至 20% 的貧窮率相比，臺灣的貧窮線標準相對嚴苛。根據社會救助法，這條貧窮線是以最近一年平均每人消費支出的六成為標準制訂，92 年度臺灣省低於 8426 元收入標準者，則被列入低收入戶，領有政府補助。問題是，這條貧窮線（低收入戶）的制訂標準與實際狀況有極大差距。根據初步的估計，臺灣的新貧階級的比率，早已超越 5%，是絕對貧窮人口（低收入戶）的 6.6 倍，但這群「新貧族」卻沒有機會進入救助系統。

根據主計處的統計，臺灣約有六成的家庭被列入中低收入戶，意即有高達 1,286 萬人口成為所謂的「新貧」階級。社會學者分析指出，這些新增的貧戶以找不到工作的待業者為主，其中女性單親家庭更是新貧窮階級的「新弱勢」族群。

薛承泰所提出的「新弱勢」的觀念，認為過去傳統認定「貧窮」等於「弱勢」，且通常以「家戶」為分類單位，但是「新弱勢」應以「個人身分」為認定。這些弱勢者未必在經濟上窮困，而是無法站在平等的立場上，去取得公平的社會資源與機會。這些人包括有家庭危機者，如單親家庭、災難家庭等、身心障礙者及偏遠離島民眾。

三、貧窮家庭衍生的問題

貧窮家庭面對的挑戰是教養態度與方式，家庭對孩子的教養態度與方式約可分為三種：

1. 放任型：為了維持生計，家長整天忙於工作，無暇照顧孩子，因而採取放任的方式。

2. 嚴厲型：家長有「人窮志不窮」的觀念，認為雖然家庭經濟狀況不好，但也不能為非作歹，讓他人瞧不起。因此，對孩子的教養方式採取較高的標準，也相當的嚴厲。

3. 開明型：介於「放任型」與「嚴厲型」之間，家長會去瞭解孩子的想法並尊重孩子。

貧窮家庭面臨的問題不少，貧窮家庭兒童第一個隱憂就是「教育」。由於貧困家庭的父母繳不起孩子的學費、營養午餐費、或健保費，相對地這類家庭的學生也較少參與活動。

貧窮家庭兒童的第二個隱憂是「行為偏差」。調查結果反映貧窮家庭的兒童未必能享有全面的發展機會，因缺乏接觸新事物、學習新知識、運用資訊科技的機會，在講求全人發展的教育制度和知識型經濟的社會環境裡，他們的發展會受到很大的限制，更可能落入貧窮的循環中，而難以脫貧。

因此，如何建立正確的價值觀念，讓孩子瞭解每一個人都有其生命意

義和存在價值，體認多元社會的多元價值，以破除貧窮孩子的迷思，這是面對貧窮的第一步。引導孩子閱讀好書、經驗分享，以激發惻隱之心；發揮原有的愛心及關懷心，認識並接納與自己有所差異的其他人；學習同理、包容、接納、關懷他人，也是學校教育必需強調的重點。

「新貧社會」所帶來的衝擊——弱勢人口將更加的弱勢。未來臺灣社會可能會繼續出現「中高齡勞工失業潮」，失業家庭的經濟問題將接踵而至。這種「新貧社會」所帶來的衝擊，將使弱勢人口更為弱勢。如果情況不能改變，失業率持續增高、犯罪率也可能隨之升高。不僅失業人口繳不起健保費用，失業家庭內的其他依賴人口，就學權利也受到威脅。許多中小學兒童付不起午餐費用，「新貧族」缺錢、缺希望，更因此威脅受教的機會，影響所及，可能讓貧窮落入一種新的循環！

▌第三節　原住民家庭

臺灣是個多民族地區，其中 98% 以上是漢族。漢族人口中，閩南人約 75%，客家人約 13% 為兩大分支，其餘為中國各省移民約 10%。閩南人原籍以福建泉州和漳州人最多，客家人原籍以廣東的梅州和潮州人最多。原住民（高山族）則是臺灣主要的少數民族。

一、原住民的人口與分布

臺灣原住民包括平地高山族與山地高山族兩部分。原住民人口總量一直呈增加趨勢，但所占人口比重卻不斷下降。依人口普查資料，1905 年，原住民人口為 11.3 萬人，占臺灣總人口的 3.6%；1945 年，原住民人口為 16.7 萬人，占總人口的 2.5%；1998 年，原住民人口為 39.2 萬人，占總人口的比重已降至 1.4%。到 2001 年，臺灣原住民人口突破 40 萬人（41.5 萬人）。花蓮縣是全省原住民人口數最多的縣份，約有八萬四千多人，相當於全縣總人口數的 23%，主要有阿美族（約有五萬四千多人）、泰雅族（約有二萬二千多人）、布農族（約八千多人）等三個族群。

臺灣原住民主要包括阿美族、泰雅族、排灣族、布農族、卑南族、魯凱族、鄒族（原稱曹族）、達悟族、賽夏族與邵族。雖然是少數民族，但分布相當廣闊、語言和文化差別相當大。這些原住民族群的概況如下：

1. 阿美族，古稱「阿眉族」，現有人口約 15.4 萬人，是原住民中人口數最多的族群，主要分布在臺灣島東部，即花蓮縣與臺東縣山區，多數已登記為平地原住民。

2. 泰雅族，現有人口約 8.4 萬人，為原住民第二大族群，主要分布在臺灣北部及中央山脈北部，集中在臺北、桃園、新竹、苗栗、臺中、南投、宜蘭與花蓮等縣山區，約有 200 多個村落。

3. 排灣族，現有人口約 7 萬人，是原住民中的第三大族群，分布在臺灣南部的屏東縣與臺東縣山區。

4. 布農族，現有人口約 3.5 萬人，主要分布在臺灣中部的南投、高雄、花蓮、屏東與臺東縣山區。

5. 卑南族，現有人口約 9000 人，由八個社組成，主要分布在臺東縱谷山區。

6. 魯凱族，現有人口約 1.5 萬人，分布在臺灣南部的高雄、屏東與臺東山區。

7. 曹族（1998 年臺灣當局改為鄒族），現有人口約 8000 人，分布在臺灣的南投、嘉義及高雄縣山區，現主要居住在日月潭附近。

8. 達悟族，現有人口約 4000 多人，屬父系社會，有六個部落，分布在臺灣東部的蘭嶼島上，是臺灣唯一居住在海洋島嶼上的原住民。

9. 賽夏族，現有人口約 3000 人，分布在臺灣北部的新竹及苗栗縣山區。

10. 邵族，現有人口僅數百人，是原住民中人口最少的一支，分布在臺灣中部的南投縣東南湖畔的德化社。

二、原住民的家庭與教育

原住民學生的家庭背景，一般而言，其父母職業多以工、農為主。若參照學業成績，則成績較好的學生，社經背景多屬中階；成績較差的學生，

多屬低社經家庭。如果雙親職業穩定（主要擔任公職），而親子關係較為親密者，學生學業成就相對比較高。在家庭教養方面，家長典型的反應為「口頭表示關心，缺乏實質協助」。在家庭經濟方面，原住民多從事待遇較差、升遷機會較少、流動性較高，多屬中下階層的工作，因此也間接影響了家庭居住品質。

從一般的研究文獻中可以發現，原住民的家庭、教育有下列特徵：

1. 家庭結構不完整：因父母長期出外工作而造成隔代教養的情形，是形成家庭結構不完整的原因之一，也因此造成教養上的問題，加上現代離婚觀念影響所造成的單親家庭，是一大主因。

2. 師資流動率高：山地學校教師因居住交通不便、進修不利、子女教育機會少等問題，使其流動率偏高，有機會即離去者占56%。政府在硬體方面多方彌補，然而師資軟體未能多方配合，造成即使有資源，卻未能善加利用。

3. 學童學習適應不良：在學習困難方面，主流文化刺激不夠，國小教育基礎差；缺乏父母督導及良好的學習習慣。一些研究也顯示原住民學生學習狀況不理想，大部分學生喜歡體育、音樂、美勞等科目，對數學與英文的學習感到最困難。近年來實施的國中基本學力測驗，除了英文成績的分布有雙峰的現象，不利於特定地區的學生之外，數學成績的表現往往也左右這群學生是否能進入較具聲望的學校就讀。

都市原住民是指遷移至都市生活已有一段時間者，據一般的調查可以看出，都市原住民家長對子女的教育期望分別是：

1. 期望孩子唸到大專院校；

2. 充分告知升學訊息；

3. 尊重孩子的決定；

4. 不希望下一代在升學上有所遺憾；

5. 期望努力以教育來帶動原住民。

這樣的教育期望所表現出來的教育作為是讓小孩參加補習、指導小孩課業、配合小孩的學習活動，接送他們上下課。

　　整體來說，都市原住民家長是以其傳統教育價值觀來教育其子女。雖然來到都市多年，他們在主流價值的社會環境中，形成其自身的教育價值與對子女的教育期望。

▌第四節　新住民配偶家庭

　　新住民配偶包括女性與男性的組合，因女性嫁入臺灣的人數較多，過去一般都慣稱外籍新娘。「外籍新娘」是指嫁給臺灣郎的非臺灣籍女子。一般會被認知為是問題的觀點是，因為「外籍新娘」係從較低度發展國家婦女嫁到較高度發展國家之跨國婚姻。近年來考量社會的融合，以及還原對人的基本尊重，「外籍」帶有色彩的字眼已避免使用。

一、新住民配偶人數的成長

　　臺灣人與東南亞各國籍人士結婚之人數逐年增加，從 83 年的四千餘人，增至 89 年近二萬人，90 年 1 月至 6 月已有八千餘人，其中，以印尼、越南、菲律賓、柬埔寨、馬來西亞等五個國家的國籍人數最多。

　　由於娶配偶的男方主要集中在農業縣份或都會區的邊陲地區，依新住民配偶持有效外僑居留證的居住所來分析，她們主要分布於臺北縣 (13.7%)、桃園縣 (12.8%)、屏東縣 (11.1%)、彰化縣 (7.0%)、高雄縣 (6.7%)、雲林縣 (6.2%)、臺中縣 (5.9%) 及高雄市 (5.8%)。這群來自東南亞地區的新住民配偶，因語言、文化、風俗習慣與夫家的差異，加上嫁到夫家後舉目無親，缺乏關懷，導致婚姻失敗、離開夫家、或遭受夫家差別對待等情事，也時有所聞。

　　根據移民署 (2012) 最新之統計數據，截至 2012 年五月底，全臺灣的大陸及港澳地區配偶共有 312,903 人，佔所有新住民配偶的 67%。進一步從縣市別與性別來看，婚嫁來臺的大陸及港澳女性配偶，新北市有 58,020 人，所佔人數最多，其次為高雄市 (37,658 人)，排名第三的則為臺北市 (35,767 人)。顯示大陸配偶已成為社會中不可忽視的族群，且大多集中於都會區。

二、跨國婚姻的形成與問題

分析臺灣的東南亞配偶及大陸配偶現象，可觀察臺灣婚姻市場中居於相對弱勢的男子，因社經地位較差、年紀偏高或身心障礙者，故需在仲介業穿針引線下挑老婆來完成終身大事，而東南亞配偶則多因母國之家庭經濟條件差而選擇嫁到臺灣。移民入臺灣家後，她們擔負起生育、照顧老公、侍候公婆或照料全家的工作，需面對克服語言問題及文化與生活上的適應落差，在照顧與養育下一代之品質上，亦逐漸被視為潛在的社會問題。

分析臺灣的新住民配偶現象，普遍引起關注的議題包括：

1. 社會適應、文化調適問題：臺灣的弱勢男子和東南亞的弱勢女子所共同組成的跨國婚姻家庭，不僅須面對婚姻調適、子女生養等問題，更需要面對跨文化適應所帶來如風俗民情、生活價值觀差異、和語言溝通隔閡等衝擊。加上「買賣婚姻」、雙方結婚動機不同，臺灣男子為解決延續後代的壓力，東南亞女子則以經濟為最重要考量因素。跨國婚姻必然會比同國同種族結合之婚姻家庭容易產生婚姻不協調、夫妻關係衝突及養育小孩等問題。

2. 家庭婚姻問題：非以感情為基礎的婚姻，短時間內可能基於經濟的因素未被當事者所重視。但是長時間對婚姻及家庭產生的不利影響，不宜輕忽。

3. 親子教育問題：東南亞配偶普遍教育水平較差，中文語言能力不足。在這類家庭所出生的孩子，無論父職或母職部分，同樣限於社經地位或文化障礙的困難，而難以提供下一代完整的教育。

4. 生育率較高問題：新住民配偶的生育率一般都高過於本地婦女，在生育總數上，1998年新住民配偶所生嬰兒數占臺閩地區嬰兒出生數的比例為 5.12%，至 2002 年已經提升為 12.46%。2002 年在臺灣出生之嬰兒 100 個中，有 12.46 個是新住民配偶所生。其中 8 個為新住民配偶子女，4 個為大陸配偶子女（內政部，2003）。依內政部兒童局粗略估計，截至 2002 年底，新住民配偶家庭子女數約為 12 萬餘人。未來的中小學教育，隨著學齡人口

的減少，班級人數的降低，30 人以下的班級，每班將發現 3~4 名新住民配偶家庭的子女。他們的特殊教育需求與社會協助，不容忽視。

相關研究發現，新住民子女的學習適應較不良，學業成就低落，仍有學習弱勢的狀況存在，尤其是在口語表達方面（蔡榮貴、黃月純，2004；盧秀芳，2004；鍾文悌，2005；何緯山，2006）。盧秀芳 (2004) 從深度訪談中也發現新住民子女未能遵守團體規範，且生活自理能力較差。蔡瑞全 (2006) 以國小高年級外籍與大陸配偶子女為研究對象，發現外籍與大陸配偶子女之學校適應明顯落後於本國籍配偶的子女。然而，邱志峰 (2009) 研究發現新住民子女學校適應良好，但本國籍子女的學校適應仍優於新住民子女。

問題與討論

1. 弱勢家庭的特徵為何？對學童的影響為何？
2. 單親家庭將對青少年造成什麼不利的影響？除了負面的影響之外，歷史上有沒有因單親家庭背景而成功的例子？為什麼？
3. 原住民的教育面臨了哪些問題？請就其他相關研究的結果來分析。
4. 如何看待新住民配偶家庭的子女？在學校教育方面應注重哪些事項？

第八章　建立學生紀律的策略

　　校園中學生不良行為 (misconduct)、霸凌 (bullying) 等問題時有所聞，較嚴重的則為校園暴力，如何面對問題，建立良好的學校紀律以維持純淨的學習環境？這不僅是學校工作者、社會大眾、學生家長、就連同學生本身也寄予高度關切的課題。一般認知校園問題相當普遍，不是只有我們的校園問題比較嚴重，世界上許多國家面對青少年階段的教育，都遭受到同樣的苦惱。

▌第一節　青少年問題的威脅

　　青少年的問題，值得重視。各國面臨的問題不盡相同，但是都感覺到問題的潛在威脅。Nancy Gibbs 在《時報週刊》(*Time*) 對當前美國教育遭遇的問題曾有一段深刻的描述。面對這些問題時，讓人深深體會美國青少年問題的嚴重性 (Cookson, 1995)：

　　1. 在一天上課期間平均每 8 秒就有一位學童中途輟學(如以 8 小時計，每天約有 3,600 人)；

　　2. 每 26 秒就有一位小孩離家出走；

　　3. 每 47 秒就有一位小孩遭虐待或遺棄；

　　4. 每 67 秒就有一位少女懷孕；

　　5. 每 7 分鐘就有一位小孩因違反使用禁藥而被逮捕；

　　6. 每 36 分鐘就有一位小孩被殺或受到槍傷；

　　7. 每天有 13 萬 5,000 位小朋友帶槍到學校。

一、犯罪時鐘與校園暴力

　　所謂犯罪時鐘是指某犯罪類型中，平均每發生或出現該犯罪案件的時

間（犯罪時鐘＝時間單位／案件發生數）。例如，1995 年根據警政署長顏世錫在行政院治安會報的報告，從 5 月 16 日至 6 月 30 日臺灣共發生暴力案件一千四百廿九件，全部的刑案則有一萬五千八百四十八件。也就是說這期的「犯罪時鐘」在暴力犯罪案方面，是每「四十六分廿一秒」發生一件，在全部刑案方面則是每「四分十秒八」發生一宗。這個數據與 1994 年全年的刑案資料比較，發現 1994 年每「一小時十五分」發生一宗暴力犯罪，每「四分卅八秒」發生一件一般刑案。如果犯罪率轉換成時間，則 1995 年的「犯罪時鐘」顯然進展「神速」。

　　不過，一般瞭解實務的人知道，「犯罪時鐘」腳步加快並不完全代表治安惡化，因為過去的警界存有「吃案」的文化，在警察上下普遍匿報刑案之下，案發數目始終被蓄意壓低，浮現出的是一片假象，社會大眾所看見的是「被刻意調慢」的犯罪時鐘。「吃案」文化糾正之後，犯罪時鐘的時刻逐漸被「調校」正確，當時鐘越來越接近「中原標準時間」，代表警方的數據越來越誠實地反映刑案發生數（《中國時報》，民國 84 年 7 月 7 日）。

　　校園暴力方面，我們來看看國外的情形，蓋勒普 (1985) 調查指出，在美國有四分之一的中學生感覺他們在學校的安全受到威脅，這個問題在初（國）中生所遭遇的比高中生遭遇的更為嚴重，學校教職員的心路歷程也是如此，大約有三分之一全美的教師，為了學生的行為問題曾經認真考慮過要辭掉教職 (Center for Education Statistics, 1987)。1987 年內，紐約市有四百多位老師由於學生暴力傷害，而被送入醫院療傷。在美國紐澤西州有一位名叫克拉克的中學校長，他之所以聲名大噪，是因為他以獨特的方法來維持學校表面的紀律。他不得不隨身攜帶擴音器和棒球棍，他甚至毫不客氣地稱他的學生為惡棍、殺手、變態和流氓，教育的現況到此地步，真是可悲！1991 年美國聯邦疾病防治中心報告，將近百分之二十的高中生每月至少攜帶一次武器，百分之五的高中生每月至少攜帶一次槍械。學生的紀律與安全問題似乎越來越惡劣！近年來的蓋勒普調查 (Gallop poll) 發現，校園的暴力是一個長期存在的問題，是一般百姓所認知的首要校園問題。

　　時間的演進並不會讓校園問題淡化，讓我們看看地球另一端發生的事。

根據法國「教育部預防與對抗校園暴力委託小組」對包含 11,820 位幼教與小學教職員（教師、校長、再教育輔導老師、心理師、教學顧問）的調查發現 (2012)，在優先教育區 (ZEP) 的小學中（在全法國 48,522 所小學中，共有 6,642 所位於優先教育區），有 46.5% 的教職人員表示「相當常」或「常」遭遇校園暴力情形，在非優先教育區學校中則僅有 18.3%。另外，在被分發至優先教育區、且年資未滿六年的年輕教師中，有六分之一對校園氛圍持負面看法，而年資較高的教師則有四分之一持相同看法。根據法國教育部統計，通常會被分發到優先教育區的教師正是最資淺的教師。

調查負責人 Debarbieux 表示，調查受害情形對預防校園暴力問題可能遭遇的兩種風險：其一是誇大校園暴力，使其成為社會新聞事件；另一則是否認暴力，隱瞞受害者的說詞。2012 年法國 9 月開學初，已發生三起中學教師受害事件──其中一起為家長施暴，另兩件為學生施暴，這使校園暴力成為檯面上的熱門議題。

事實上，有 91.6% 的教職人員認為校園氛圍「還不錯」或「良好」，這與 2011 年法國一項針對國中學生所做的調查結果吻合，近 90% 的國中生表示對學校生活感覺良好。而在各種暴力事件中，言語暴力所佔比率勝過肢體暴力；在受害教職員中，有 35.8% 受到辱罵，17.1% 受言語威脅，5.6% 受過肢體推撞，3.6% 被毆打。不過「最嚴重」的暴力行為僅佔 0.04%（駐法國臺北代表處文化組，2012）。

二、臺灣青少年暴力的威脅

臺灣的情形如何呢？回顧歷史，表 8.1 所列的是民國 77 年至 86 年十年來少年犯罪的統計人數，看了是否令人震驚！民國 82 年少年犯罪高達 30,780 人，相當兩個師的兵力。犯罪的成長率將近 50%，創下歷年來最高紀錄。我們能想像一年有 536 班（以當時每班 50 人計）的少年犯嗎？那麼多應該好好學習而不留在學校學習的青少年，這是多麼嚴重的問題！

表 8.1　77 年至 86 年來少年犯罪統計表

年別	合計	占犯罪人口比率
77 年	17,510	21.48
78 年	19,593	22.55
79 年	17,286	19.93
80 年	25,472	17.51
81 年	30,719	17.80
82 年	30,780	17.41
83 年	28,378	18.54
84 年	29,287	18.82
85 年	29,680	17.15
86 年	24,716	14.55

資料來源：內政部警政署刑事警察局，民 86，
《臺灣刑案統計》，內政部警政署。

　　根據內政部警政署刑事警察局的統計資料顯示 (2012)，近年來兒童、少年、青年嫌疑人 (juvenile delinquents)，犯罪的人數、比率都隨著年齡不斷攀升，而每一嫌犯犯罪時間間隔也隨著年齡的增加而逐漸縮短，如表 8.2。

表 8.2　歷年兒童嫌疑人、少年嫌疑人、青年嫌疑人人數比較

年 分		2005	2006	2007	2008	2009	2010	2011
嫌疑人總人數		207,425	229,193	265,860	271,186	261,973	269,340	260,356
兒童嫌疑人	人 數	384	462	496	472	452	472	537
	百分比	0.19	0.20	0.19	0.17	0.17	0.18	0.21
	每一嫌犯犯罪時間間隔	22 時 48 分	18 時 57 分	17 時 39 分	18 時 33 分	19 時 22 分	18 時 33 分	16 時 19 分
少年嫌疑人	人 數	9,620	10,384	10,881	11,283	10,762	11,102	13,103
	百分比	4.64	4.53	4.09	4.16	4.11	4.12	5.03
	每一嫌犯犯罪時間間隔	54 分 38 秒	50 分 37 秒	48 分 18 秒	46 分 34 秒	48 分 50 秒	47 分 20 秒	40 分 7 秒

青年嫌疑人	人　數	23,288	24,489	27,440	26,401	25,229	25,213	26,610
	百分比	11.23	10.68	10.32	9.74	9.63	9.36	10.22
	每一嫌犯犯罪時間間隔	22分34秒	21分27秒	19分9秒	19分54秒	20分49秒	20分51秒	19分45秒

說明：　1.兒童係指未滿 12 歲之人。
　　　　2.少年係指 12 歲至未滿 18 歲之人。
　　　　3.青年係指 18 歲至未滿 24 歲之人。

　　如果不分性別的話，民國 74 年少年犯罪人數最多的前五項分別是竊盜、恐嚇、槍砲、贓物、強盜；民國 83 年少年犯罪人數最多的前五項，分別是竊盜、麻藥、贓物、強盜、賭博。竊盜、贓物與強盜三項是十年來少年犯罪的常態。值得注意的是，民國 74 年時少年煙毒嫌犯僅 12 人，民國 83 年已高達 523 人，是當年的 43 倍之多，這也說明當前社會青少年受毒害的嚴重情形。隨著歲月的流逝，這些青少年也長大了，他們目前身處何處我們不知道，但是如果習性不改，沒有接受完整的教育，淪落為社會的弱勢一群是很正常的。這也難怪，這些年來民間流傳的「吸毒村」、「毒鎮」並非空穴來風！

　　少年或學生犯罪之根源來自家庭，偏差行為顯現於學校，然後其犯罪行為惡化於社會。今天家庭功能的逐漸退化以及父母權威的式微或父母本身自顧之不暇，沒有辦法負起教化責任的例子已越來越多。據內政部社經統計顯示，民國 79 年和民國 80 年的離婚率是 1.4%。如果家庭、學校和司法機關是維繫社會和諧的三個環結，則今後在家庭功能不振的情況下，學校教育在這一條防線上，勢必會扮演更積極的角色，如果說家庭功能的逐漸退化和學校紀律的淪喪，導致了問題青少年，則目前最重要的工作是如何讓教師可以維持學校秩序，讓學生順從於學校規範，使其將來能納入社會的主流，而形成和諧的社會。

三、校園霸凌

　　「霸凌」是一個長期在社會存在的現象，為個體或一群人對其他人施

以肢體、言語或精神上之傷害或攻擊行為 (Ellen & Judith, 2005)。出現在校園中的霸凌 (school bullying)，是學生之間恃強欺弱的行為。霸凌可區分為肢體霸凌、關係霸凌、言語霸凌、網路霸凌、性霸凌及反擊霸凌等。校園霸凌對於學童或青少年的身心將會帶來極大的傷害，如焦慮、害怕、憂鬱、悲傷、出現低自尊、不想上學等負向情緒，嚴重者還有自殺、自殘意圖。教育部 (2010) 認為只要行為具備下列任一條件，即可成為霸凌：

1. 具有欺負他人的行為；
2. 具有故意傷害；
3. 意圖造成生理或心理上的傷害；
4. 兩造勢力（地位）不對等；
5. 其他經校園霸凌因應小組討論後認定者。

兒福聯盟 (2007) 指出臺灣校園中約有一成的孩子，每週至少被同學欺負一次，逾六成的孩子自陳曾被同學欺負，等於平均每兩個孩子就有一人有被霸凌的經驗；其中，約一成左右的孩子經常、甚至每天都會被同學欺負。兒福聯盟就 2011 年的調查亦發現，近二成學童曾遭霸凌，也有一成學童坦承是霸凌者；國小四、五、六年級學童，最近兩個月在學校經常甚至每天被同學欺負的比率，從 96 年的 9.9%，已上升到 99 年的 16.1%。

學生如果被霸凌該如何尋求支持的資源?可以透過以下管道尋求協助：

1. 向導師、家長反映（導師公布聯絡電話及電子信箱予學生及家長）；
2. 向學校投訴信箱投訴；
3. 向縣市反霸凌投訴專線投訴；
4. 向教育部 24 小時專線投訴 (0800200885)；
5. 於校園生活問卷中提出；
6. 其他管道（警察、好同學、好朋友）。

▎第二節　防制校園暴力的對策

近年來校園暴力事件時有傳聞，繼學生對學生的暴力威脅事件曝光之

後，學生對教師甚至對訓育人員的暴力事件已不再是什麼「新聞」了。教育當局以及學校當局，對此一日趨惡化的問題，也感覺相當的棘手。事實上原本環境單純的學校，已經變成需要接受保護的機構。尤其是每年的畢業典禮，往往也是學生清算教師的時候。學風之敗壞，我們似乎不能以好奇觀之。

美國近年來的教育改革，其中很特別的一條是「每一所學校能免於毒害及暴力，並提供有助於學習的紀律環境」。柯林頓總統就任後，已經將原來的教育改革策略變成一種法案，稱之為「教育美國法：目標 2000 年」。以立法來彰顯並貫徹教育改革，讓此一教育改革的決心，不隨政權的轉移而改變。

國內的校園暴力問題有多嚴重，雖沒有持續性的統計資料，但是此一問題已經不是單純的「加強輔導」工作，加強教師的輔導知能，就可以立即獲得解決的問題。對於如何建立一個免於毒害、免於恐懼暴力的學習和教學環境是當前教育刻不容緩的事情。

一、防制校園暴力措施

為了加強防制校園暴力事件發生，增進教師處理暴力事件的能力，臺灣省教育廳於民國 84 年間特別訂定「加強防制校園暴力措施」的辦法，並且呼籲學校成立「校園暴力防制小組」，同時頒布「各級學校校園暴力事件處理原則」。這項防制校園暴力措施的實施策略，主要是依照下列原則：

1. 成立防制小組，統籌規劃預防及輔導措施；
2. 規範處理原則，提供學校師生遵循依據；
3. 策劃積極輔導活動，引導學生成長發展；
4. 增進教師輔導知能，營造校園祥和氣氛；
5. 加強執行配合措施，改善整體教育環境。

二、防制校園霸凌

目前各級學校皆積極防制校園霸凌，推動學校防制校園霸凌執行計畫

（101 年 8 月 30 日臺軍㈡字第 1010152926 號函修正）。在法規面是依據：

　　1. 教育基本法第 8 條第 2 項；

　　2. 校園霸凌防制準則；

　　3. 中華民國 100 年 3 月 23 日臺軍㈡字第 1000018469C 號令「維護校園安全實施要點」。

　　在發現處置方面：成立中央跨部會、地方跨局處以維護校園安全聯繫會報，並研提防制策略；敦促各級學校與警察（分）局完成簽訂「校園安全支援約定書」，強化警政支援網絡；擴大辦理記名及不記名校園生活問卷調查，對反映個案詳查輔導；如遭遇糾紛事件，除應迅即判斷屬偶發或霸凌事件，亦應依據校園霸凌事件處理流程，循「發現」、「處理」、「追蹤」三階段積極處理。

　　在輔導介入方面：啟動輔導機制，積極介入校園霸凌行為人、被霸凌人及旁觀學生輔導，必要時結合專業輔導人員協助輔導，務求長期追蹤觀察，導正學生偏差行為。若霸凌行為已有傷害結果產生，如屬情節嚴重個案，應立即通報警政及社政單位協助處理及提供法律諮詢，以維護當事人及其法定代理人權益，必要時將個案轉介至專業諮商輔導矯治。

▌第三節　建立學生紀律的策略

　　過去所謂系統的分析，學生不良行為產生的原因，大都包含下列可能的原因：

　　1. 個人的脾氣；

　　2. 對未來的知覺；

　　3. 社會背景；

　　4. 家庭生活；

　　5. 同儕團體的影響。

當然這些因素都很重要，但是我們很少想一想，學校的組織和班級的組織，以及師生的交互作用，或認真的考慮建立學校紀律的策略本身。在面對不

同的範圍、對象的複雜性、以及不同的學生行為，甚至不同的存在面向，都會有非常大的變化。現存的狀況分析是一個很重要的起步，每一特定的情境對建立適合的策略都是非常重要的。應該認清沒有所謂最好的策略或方法。因此，在探討建立學生紀律的策略時，也應從比較廣的基礎來著手。

一、在全校性的紀律改進方面

學校裡成功的行為管理與紀律需要全校性的政策與承諾，即執行此一行為管理的策略需要時間與資源的承諾。一般認為，學校紀律問題透過綜合性的取向來改進，要比只針對個別的訓育方法來改進更為可行。Furtwengler (1990) 提出 RSI (Reaching Success through Involvement)，即「透過參與獲致成功」，側重改變學校文化與學術的出產。這包括整個教育社群的投入，例如，學生的參與、問題的解決、實施解決的方案及監控效能。所謂綜合性取向的改進，即針對下列有關組織問題進行改變：

1. 疏離感：減少學校人倫的對立和矛盾，設法增進人際的瞭解與信賴。
2. 非人性化：學校規模太大，為顧及每個學生，應設法減少學校班級數及學生數。
3. 威權控制：學校內應增進教師與學生在決定過程中的參與程度。
4. 人際競爭的焦慮：提供有關學習上的合作機會，轉化個人的競爭為團體的競爭。

㈠透過參與獲致成功 (RSI) 的架構

「透過參與獲致成功」(RSI) 的架構包括四個部分：

1. 參與的過程：在參與的過程中，包括教師、學生、行政人員及社區人士的參與。
2. 問題解決的過程：由上述人員主動的參與提出解決學校問題的方案。
3. 釐清的過程：有關人員責任、角色的調整、不適任人員之更換。
4. 監控的過程：系統的蒐集有關行動效能的資料作為改進或維持學校效能的依據，一改過去所謂好學校唯一的指標即升學率。事實上，學生的

出缺席率、學生的學習成效、低犯罪率都可以做學校教育的績效指標。監控的目的在運用多元的指標，將教育納入均衡的發展。

「透過參與獲致成功」(RSI)，主要是側重改變學校的文化、氣氛與成效。文化是指我們在此做事的方式 (The way we do things here)。氣氛是指人們感覺我們在此做事的方式。「透過參與獲致成功」是設計來改造學校的氣氛與文化，作為增進紀律的效能 (Furtwengler & Konnert, 1982; Moles, 1990)。

㈡實施「透過參與獲致成功」的四組活動

實施「透過參與獲致成功」包括四組活動：

1. 評定組織的生產力與健康（氣氛與文化）；
2. 組織改進的計畫；
3. 透過群組來實施計畫，個人在組織結構中仍有不同的角色和責任；
4. 再次評定組織的成效與健康，以便重訂改進的計畫。

「透過參與獲致成功」的架構曾在美國 60 多個學校實施，且獲得相當振奮人心的結果。實施的學校中三分之一學校是中學，三分之一學校是中間學校 (middle school)，而另三分之一是小學。

㈢發展「透過參與獲致成功」的五個階段

有五個階段作為「透過參與獲致成功」的發展，每階段的過程都不相同，這樣可以增進改善紀律成效的能力。

‧第一階段：教師一天的在職進修

這是由作者所提供的為期一天研討會，研討會的內容是一般性的與往後個別學校所做的研討重點不同。不過此一階段的結果往往出現令人失望的結果。教師在職進修的活動是好的，但是還不足以幫助他們改進學校或班級內的紀律，往往出現的現象是教師們認為「這不是我們熟悉的做事方式」，因此無法進行這些新觀念的推展。

‧第二階段：三天紀律改進的研討會

這個階段裡，以二天或三天的研討會代替一天的研討會，而部分的研討會內容是由教師來設計，教師可以在這個小組過程中界定自己面對的訓育問題，也從諮詢人員及其他教師中獲得學習。

第一天是花在檢討學校的紀律問題和學校的氣氛。

第二天通常是花在達成下列的協議：

1. 特定學生行為的嚴重性等級；
2. 懲罰的使用與矯正不良行為的方法；
3. 預防不適當行為方法的使用。

第三天，以實際的不良行為個案來模擬。三天的研習最後也讓教師決定在未來一年內如何善用方法來教導學生適切的社會行為。在第二階段常出現一可見的一道牆阻隔在教師彼此之間，教師們仍然傾向用他們在學校與教室中常用的方法，要使紀律效能獲得改進，還需要加把勁。

‧第三階段：以問題解決當成在職訓練

針對特定問題，在小組中發展出許多策略，在研討中讓教師們認清協助學生習得在學校或教室中負責的方法。透過教職員計畫的會議來掌握學生和教師問題的資料。在第三階段中也提出發展諮詢服務的概念。發展諮詢服務可協助學校創立和維持其效能。教師參與這階段，目的在形成一種價值的共享。這樣，問題解決的方法與在職的研習訓練會具有特別的鼓舞作用。

‧第四階段：學生的參與

發展「透過參與獲致成功」的第四階段產生教師和學生投入方面的回報。計畫的諮詢人員要讓多數參與的教師瞭解，學生是相當可資利用的資源。因此要求教師選擇正式或非正式的學生領袖。在研討會中也納入這些正式或非正式的學生領袖，這些訓練與問題解決，讓學生教師形成一行動

小組，每一行動小組都指認學校內有關紀律效能改進的問題，行動小組在維持一年的實際執行，並加入更多的其他學生在行動計畫上做競賽。

・第五階段：提出「透過參與獲致成功」計畫的報告

包括報告的設計與不同過程的各項考驗，這份報告可提供學校對紀律成效獲得更完整的瞭解。紀律成效資料的蒐集，包括：

1. 學校人員的訪視（如家長、學生）；

2. 套裝的評量：如氣氛方面的評量 (Climate Effectiveness Inventory)、組織文化方面的評量 (School Culture Inventory)、大眾形象方面的評量 (Public Image Inventory)、學生意見調查 (Student Opinion Inventory) 等；

3. 校內人員與活動的觀察；

4. 學校有關紀律紀錄的檢核。

「透過參與獲致成功」方案就如同它的全名一樣，推動實施的目的，在增進學校紀律的成效，改善學校學生不當行為造成的嚴重意外，從國外實施的經驗也發現，紀律問題學校中，最大的阻礙還是來自學校的不良文化，而透過師生的參與以改變學校文化，在這方面已有相當的成果，值得我們參考。

二、在教室管理的實際方面

首先應瞭解從教室的管理做起的重要性，有關教室的管理約略可分為下列兩方面：

1. 預防性與處置性策略

「預防性策略」顧名思義，是防範事情的發生於未然，而處置性的策略則面對常年發生的問題以及控制嚴重、急切的突發問題。

2. 直接與間接的策略

直接的策略在遏止現存的問題，間接的策略則預防潛在假定的學生問題。例如低成就者、邊緣學生。

㈠懲罰與勒令退學

傳統上一般教師喜歡、也慣用懲罰，不過在班級管理的策略裡卻鼓勵一般教師傾向於不使用懲罰，就立即性來說，退學 (suspension) 可立刻移除對班級秩序的威脅來源。同樣的，懲罰也可以壓抑不良行為，但是在上課中卻不好用。因處理懲罰問題可能完全岔開學習的正常運行軌道，站在教育的觀點，課堂上的懲罰也不見得實用，但是何種方法對班級重大違規事件的處理比較有效呢？需要建立更有效的實證資料。

一般討論的重點放在探討懲罰的合法性或道德的問題上。教師應很清楚地認識，教室裡的不良行為通常來自兩類學生，一類學生也許為不同的理由，但是具有很強的動機是要搗亂；另一類是由於能力限制或傾向無法勝任功課。面對這一些問題學生，教師如果貿然使用體罰，有很多值得商榷之處。心理學家或是教育學者早已指出體罰不可行的理由：

1.體罰的效果不可預料，而且被罰的學生，往往因獲得注意，同儕的地位反而間接地被增強；

2.體罰產生怨恨與敵意，對往後師生關係的建立更加困難；

3.嚴厲的懲罰往往產生非預期性的行為，而懲罰本身並沒有塑造適當的行為。

退學處理也未必是合教育性的，儘管各校的退學比例不同，但是低退學率學校，往往具有高度的社區參與，學校主要強調的是教學而不是控制，但是高退學率的學校往往表現的目的是把家長引來學校，而學校的作為主要集中在標準與控制而不是教

圖 8.1 體罰合法嗎？處罰不等於體罰？……體罰議題引起國內社會大眾一陣眾聲喧嘩。（圖片來源：聯合報）

學 (Moles, 1990: 124)。

㈡行為改變技術

在行為改變技術方面，在教室裡的行為改變，早期大多數的研究建議，用代幣系統、系統權變管理及忽略不良行為而讚揚預期的行為。近年來則轉向教導學生社會技巧 (Teaching students social skills)、適應的策略以及參與的技巧。教室裡的適當行為被確認並有系統的教給學生，站在同一陣線上，許多研究者亦發現，學校如果教導學生自我監督及自我控制的策略，則在教室中更能自我引導學習 (Anderson and Prawat, 1983; Brophy, 1983)。

三、邁向更人性化的教育作為

有人說二十一世紀的競爭不只是經濟或軍事之爭，也是價值之爭。時下的年輕人在穩定與不穩定的感情之間無所適從，在心理平衡和人格成長方面都付出了相當程度的代價。學校教育的歷程與任務，就是要幫助這群正在追求自我成長、自我統整的青少年。讓學生在求學的過程中，不必飽受失敗的摧殘。

二十一世紀在科技如脫韁野馬一般發展的同時，也引起許多的反思，人究竟所為何來？在科技的發展中人性的價值何在？教育在科技與人文之間要尋求最佳的平衡點，讓青少年找到自己的定位。

最後以「人性化」(humanity) 這個英文字所引申的意義，作為教育工作者處理學生問題所應把握的原則：

1. H (Honesty)：誠懇；
2. U (Understanding)：瞭解學生；
3. M (Mutual-respect)：相互尊重；
4. A (Awareness of limitations)：知道彼此的限制；
5. N (Negotiability)：可協商性；
6. I (Identification)：釐清問題的關鍵；
7. T (Trust)：信賴；

8. Y (You orientation, not I)：以你為導向。

問題與討論

1. 何謂犯罪時鐘？近年來的青少年犯罪時鐘是否愈來愈快？從哪裡可以找到有關的資訊？

2. 學生不良行為產生的主要原因為何？教室常規建立對問題改善有何幫助？

3. 面對日益複雜的學校青少年問題，做一個能勝任的老師應有何作為？

4. 建立學校的學生紀律，您有沒有好的策略？

第四篇
課程與教學

　　課程一詞源自拉丁文 "currere"，是指跑馬道或馬車道，含有行進所導循的路線之意。課程的意思引申之便是師生在教育過程中教與學的進程（黃光雄，民 79：341）。教與學在過去多是單獨出現，根據說文解字，「教是上所施，下所效也」；而學則指效也。隨著科技的進步，對教學的歷程有了更清楚的瞭解，這種瞭解對施教者與受教者而言，相對地都獲得更大的效益。教學與訓練不同，教學更不是灌輸 (indoctrinating)，如何進行有效的教學則是教育工作者一直努力追求的目標。

　　本篇以課程與教學策略為題，探討當前的一些課程問題與改革構想，在教學方面則以教學研究的探討為主，藉教學領域的研究概況，讓讀者瞭解教學這個領域的發展。並以 OECD/PISA 評量計畫作為檢驗課程與教學成效之參考。

第九章　課程革新

　　近年來臺灣地區雖然在政治、經濟方面有長足的進步，但是教育的內涵卻時常遭受詬病。關係到下一代教育的國民中小學教材，內容依舊保守而不切實際。威權時代領導人的「神話」故事，以及中華民國版圖為秋海棠狀的陳述，在過去國民中小學課本裡不切實際地存在相當長一段時間。

　　教育部依據行政院核定之「教育改革行動方案」，進行國民教育階段之課程與教學革新，鑑於學校教育之核心為課程與教材，乃以九年一貫課程之規劃與實施為首務。

▋第一節　人文課程的理想

　　二十一世紀所面臨的雖是科技更加發達，但也是更重視人文精神的世紀。人文的精神是以人為本位，肯定人的自我抉擇能力，培養民胞物與、人飢己飢、人溺己溺的胸懷，經由對人性尊嚴的重視，個人價值的追求，透過尊重、關懷、接納與包容，使人間充滿溫馨祥和，使社會建立富而好禮的秩序。課程的規劃應考慮人文精神的重建，除此之外，課程的生活化與本土化也是不可或缺的一環。

一、課程生活化

　　近年來社會型態急劇改變，價值是非觀念日益淡薄的工商時代，如何對青少年加強生活禮儀教育，進而養成優良習性，實為當務之急。因此，要落實生活禮儀教育，建立富而好禮的社會，學校的課程應結合家庭、社會，從日常生活中認識與實踐生活禮儀教育，並將其規範落實於食、衣、住、行、育、樂等日常生活中以培養公德心。確確實實的樹立公民的團體規範以及民主法治觀念，建立一個崇尚禮儀的祥和社會。

二、課程本土化

為了讓國中小學生對自己生活周遭環境有更深一層的瞭解，進而培養珍惜鄉土的情懷，教育部規劃了配合國民中小學新課程的實施，加強鄉土教育的重點如下（教育部，民84）：

1.在國小增設「鄉土教學活動」一科，包含鄉土語言、鄉土歷史、鄉土地理、鄉土自然、鄉土藝術五大類，由各校根據本身的實際情形，選擇項目實施。

2.加強國小社會課程有關鄉土教育內容，如臺灣的自然、人文環境、民俗藝文、社會變遷等教材。

3.在國中增設認識臺灣科目，以加強學生對臺、澎、金、馬之認識。

4.訂定鄉土教育推廣實施計畫，補助各縣市自編鄉土教材。

「認識臺灣」將在今後的課堂上出現，國中、小學新課本已將臺灣本土史地納入國中七年級課程，教育部公布的國民中、小學課程標準實施要點，國小自85學年度起，國中自87學年度起，從一年級新生開始逐年採用新課本。其中國中七年級開設的「認識臺灣」課程，是首次將臺灣本土史地列為正式的教學科目（新的國中、小課程標準最大的改變是在國中課程中開設「認識臺灣」、「家政與生活科技」，且國中選修課可開設第二外國語。國小課程方面則是增加「鄉土教學活動」）。

教育部表示，未來國中七年級開設的「認識臺灣」課程，分為歷史篇、地理篇、社會篇，每篇每週各上一節課，代替原來的國一歷史、地理和公民與道德三科，另外還有鄉土藝術活動。「認識臺灣」地理篇及鄉土藝術活動的教材，由各主管教育行政機關或學校教師自行編輯使用。國小課程中新設計的鄉土教學活動或團體活動，從三年級起實施，高年級的團體活動可以選擇外語活動。鄉土教學活動的相關教材，由各主管教育行政機關成立委員會，自行編輯供學校使用，各校也可成立小組編寫補充教材。國小教科書將開放民間編印，並依規定審定通過後供學校採用。

三、課程現代化

　　教育之目的在培養人民健全人格、民主素養、法治觀念、人文涵養、強健體魄及思考、判斷與創造能力，使其成為具有國家意識與國際視野之現代國民。本質上，教育是開展學生潛能、培養學生適應與改善生活環境的學習歷程。因此，九年一貫新課程的規劃以培養具備人本情懷、統整能力、民主素養、鄉土與國際意識，以及能進行終身學習之健全國民。其內涵包括：

　　1.人本情懷方面：包括瞭解自我、尊重與欣賞他人及不同文化等。

　　2.統整能力方面：包括理性與感性之調和、知與行之合一、人文與科技之整合等。

　　3.民主素養方面：包括自我表達、獨立思考、與人溝通、包容異己、團隊合作、社會服務、負責守法等。

　　4.鄉土與國際意識方面：包括鄉土情、愛國心、世界觀等（涵蓋文化與生態）。

　　5.終身學習方面：包括主動探究、解決問題、資訊與語言之運用等。

▌第二節　九年一貫課程

　　長久以來國小、國中的課程，都是由國立編譯館分別成立「國中課程編輯委員會」、「國小課程編輯委員會」分開編輯，國中、國小兩套課程沒有連結，課程內容常有重複或互不銜接的缺點。九年一貫新課程，以整合國中小課程為經，以領域教學為緯，從國小到國中，都由「九年一貫課程委員會」訂定綱要，課程設計注重貫通。九年一貫課程是依據教育部長的權責推動，吳京和林清江部長時期，教育部組織「課程改革委員會」，研究領域劃分及十大基本能力，完成階段性任務。

一、發展階段與任務

　　九年一貫課程修訂分為三個階段進行,各階段的時程及主要任務如下:

1. 第一階段: 成立「國民中小學課程發展專案小組」(86 年 4 月至 87 年 9 月)

　　⑴研訂國民中小學課程發展及修訂的共同原則。

　　⑵探討國民中小學課程共同性的基本架構。

　　⑶研訂國民中小學課程應有的學習領域、授課時數比例等課程結構。

　　⑷完成「國民教育九年一貫課程」總綱。

2. 第二階段: 成立「國民中小學各學習領域綱要研修小組」(87 年 10 月至 88 年 11 月)

　　87 年 9 月總綱公布後,教育部隨即著手進行第二階段的任務,並於 87 年 10 月成立「國民教育各學習領域綱要研修小組」,其主要任務為:

　　⑴研訂「國民教育各學習領域課程綱要」。

　　⑵確定各學習領域的教學目標、應培養之能力指標。

　　⑶研訂各學習領域課程的實施原則。

3. 第三階段: 成立「國民中小學課程修訂審議委員會」(88 年 12 月至 91 年 8 月)

　　教育部於各領域綱要草案完成後,於 88 年 12 月成立「國民中小學課程修訂審議委員會」,其主要任務為:

　　⑴審議並確認各學習領域課程綱要內容之適當性。

　　⑵審議並確認國民中小學課程綱要之公布格式及實施要點。

　　⑶研議並確認推動新課程之各項配合方案。

　　教育部於 90 年終於頒布九年一貫課程綱要,將小學與國中之課程上下貫串起來,這是一個具有時代意義之變革。

二、十大指標

　　國民教育為培養未來國民應具備的基本能力,因此制定九年一貫課程

的十大能力指標，分別如下：

1.瞭解自我與發展潛能

充分瞭解自己的身體、能力、情緒、需求與個性，愛護自我，養成自省、自律的習慣、樂觀進取的態度及良好的品德；並能表現個人特質，積極開發自己的潛能，形成正確的價值觀。

2.欣賞、表現與創新

培養感受、想像、鑑賞、審美、表現與創造的能力，具有積極創新的精神，表現自我特質，提升日常生活的品質。

3.生涯規劃與終身學習

積極運用社會資源與個人潛能，使其適性發展，建立人生方向，並因應社會與環境變遷，培養終身學習的能力。

4.表達、溝通與分享

有效利用各種符號（例如語言、文字、聲音、動作、圖像或藝術等）和工具（例如各種媒體、科技等），表達個人的思想或觀念、情感，善於傾聽與他人溝通，並能與他人分享不同的見解或資訊。

5.尊重、關懷與團隊合作

具有民主素養，包容不同意見，平等對待他人與各族群；尊重生命，積極主動關懷社會、環境與自然，並遵守法治與團體規範，發揮團隊合作的精神。

6.文化學習與國際瞭解

認識並尊重不同族群文化，瞭解與欣賞本國及世界各地歷史文化，並體認世界為一整體的地球村，培養相互依賴、互信互助的世界觀。

7.規劃、組織與實踐

具備規劃、組織的能力，且能在日常生活中實踐，增強手腦並用、群策群力的做事方法，與積極服務人群與國家。

8.運用科技與資訊

正確、安全和有效地利用科技，蒐集、分析、研判、整合與運用資訊，提升學習效率與生活品質。

9. 主動探索與研究

激發好奇心及觀察力，主動探索和發現問題，並積極地將所學的知能運用於生活中。

10. 獨立思考與解決問題

養成獨立思考及反省的能力與習慣，有系統地研判問題，並能有效解決問題和衝突。

三、七大領域劃分

九年一貫課程分成七大領域，各領域再分成 3 至 4 個學習階段。七大領域與各學習領域的主要內涵如下：

1. 語文：包含本國語文、英語等，注重對語文的聽說讀寫、基本溝通能力、文化與習俗等方面的學習。

2. 健康與體育：包含身心發展與保健、運動技能、健康環境、運動與健康的生活習慣等方面的學習。

3. 社會：包含歷史文化、地理環境、社會制度、道德規範、政治發展、經濟活動、人際互動、公民責任、鄉土教育、生活應用、愛護環境與實踐等方面的學習。

4. 藝術與人文：包含音樂、視覺藝術、表演藝術等方面的學習，陶冶學生藝文之興趣與嗜好，俾能積極參與藝文活動，以提升其感受力、想像力、創造力等藝術能力與素養。

5. 自然與生活科技：包含物質與能、生命世界、地球環境、生態保育、資訊科技等的學習、注重科學及科學研究知能，培養尊重生命、愛護環境的情操及善用科技與運用資訊等能力，並能實踐於日常生活中。

6. 數學：包含數、形、量基本概念之認知、具運算能力、組織能力，並能應用於日常生活中，瞭解推理、解題思考過程，以及與他人溝通數學內涵的能力，並能做與其他學習領域適當題材相關之連結。

7. 綜合活動：包含童軍活動、輔導活動、團體活動，及運用校內外資源獨立設計之學習活動。

　　再由各校編定課程計畫，制定單元、選擇教材。例如：語文領域分三大階段，每階段各有欲達成的能力指標。

▎第三節　十二年一貫課程

　　配合十二年國教實施，教育部啟動十二年一貫課程規劃，並責請國教院在 103 年 8 月以前建構十二年一貫課程體系，完成「十二年一貫課程發展建議書」及「十二年一貫課程體系指引」，引導課程的連貫與統整。

一、規劃期程

　　依教育部的規劃，「建置十二年一貫課程體系方案」由國家教育研究院（以下簡稱國教院）依其法定職掌負責研議各項草案，經教育部審議通過後公布實施。辦理進度如下：

1. 101 年 10 月完成高中高職實施特色課程具體方案

　　為因應 103 學年度實施十二年國民基本教育學校特色發展的需要，教育部責請國教院以現行課程綱要及高中高職相關法規為基礎，研訂高中高職學校特色課程實施的合宜空間與規範，於 101 年 10 月完成「高中高職實施特色課程具體方案」，以利高中高職規劃 103 學年度適用之特色課程，達成適性揚才之目標。學校可依據該方案規劃其特色課程，另如經評估其特色課程確有辦理術科或學科測驗之需求，則可於 102 年 3 月後向主管機關提出特色招生申辦計畫書，經特色招生審查會審查通過後，辦理特色招生。

2. 國教院檢討現行中小學課程的問題

　　現行中小學課程綱要理念與目標，部分落實不易的原因在於國中升高中的升學壓力，導致學生過度負擔與教學不正常之現象，而十二年國民基本教育的推動正是要解決此問題。國教院於 102 年 12 月完成探究「現行中小學課程學科知識內容是否過量及重複」等縱向連貫及橫向統整的相關問題；並設法提出基本學習內容或課程分級。103 年 12 月完成探究臺灣變遷之各項重大新興議題在現行中小學課程學科知識內容之分析，並提出未來

中小學課程學科知識融入重大新興議題之架構；此外，亦同時完成探究現行師資培育課程是否符合中小學課程學科知識內容之教師教學需求，並提出師資培育課程改革、提升中小學教師教學知能方案。

3. 規劃期程

102 年 6 月完成「十二年一貫課程發展建議書」及「十二年一貫課程體系指引」，103 年審議發布十二年一貫課程綱要總綱，105 年審議發布各領域、學科、群科綱要，及十二年一貫課程實踐的支持系統。

國教院所進行的「中小學課程發展基礎研究」裡，建構了 K–12 課程發展模式，並推動課程綱要研擬、教學實驗的長期研究，同時進行試教等，以引導學校課程教學的改革與創新；預計五到八年內，中小學課程將大幅改革，教科書也將出現全新面貌。

二、十二年一貫課程發展機制

十二年一貫課程方案目標如下：

1. 研訂十二年一貫課程發展建議書，引導課程發展的方向與原則。

2. 研訂十二年一貫課程體系指引，引導課程的連貫與統整。

3. 研訂及審議十二年一貫／各教育階段課程綱要，作為十二年國民基本教育課程與教學實施的主要依據。

4. 強化課程發展機制與支持系統，落實十二年一貫課程及教學的實施。

十二年一貫課程主要的發展機制如圖 9.1 所示，分為規劃、研發設計、系統建置與課程修訂、實施以及評鑑等階段，以確保完成主軸的任務活動。

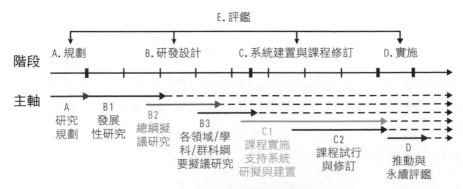

圖 9.1　十二年一貫課程主要發展機制

問題與討論

1. 近年來教改所提出的課程改革主要目的與發展方向為何?

2. 九年一貫課程的七大領域?

3. 九年一貫課程的十大指標為何? 試就其一舉例說明其中的要點

4. 十二年一貫課程的規劃期程為何?

第十章　教學研究

　　Gage 教授（史丹福大學）曾就教學研究的典範戰爭以及其結果發表論文，並以 1989 年戰況最激烈的一年為歷史的分界點，探討當年「美國教育研究學會」在舊金山召開年會的情形。在前後二十年的論戰與發展中，可以看出美國學界在教學研究發展方面的方向 (Gage, 1989)。

　　首先是對科學研究的質疑，人類的事務能否單純的用科學方法來探究？因為人類的事務包括教與學，都涉及意向、目標與目的，這些都需要賦予意義。科學只就直接、單向的因果聯結，但是一般的教學情境中師生的關係並不是那樣單純。科學的方法只能用在自然的現象，自然現象在時空中有相當的穩定性與一致性，這些屬性很明顯的並不適用於人類世界的教與學之脈絡。

　　其次，在詮釋探究的立場來看，由於他們特別強調行動的立即意義，尤其是從行動者的觀點在看此意義。這種型態的探究，在 60、70 年代的教學研究主流中並未涉及。詮釋的研究關心的是個人能否建構他自己的社會真實，這種社會真實不應是先被決定然後才由個人後知後覺。

　　第三是批判理論的探究認為，許多的教學研究只是環繞在一些技術性的導向，如效率、合理性與客觀化，對學校的教學與社會的關聯甚少觸及。教學研究應重視學校與教學對社會的關聯，尤其是建構知識、課程與教學的政治及經濟基礎要多加注意。批判理論強調社會中權力的重要性，以及學校在界定社會真實的功能。現存的社會，階級的利益透過教育去「再製」，不自覺中這種社會不公的結構又不斷的進行下去。批判主義認為人類能改變這種社會結構，教育或是教學研究應該知道應去爭取必要的權力。

　　從事教學研究不外乎嘗試去瞭解教學的現象，去學習如何改變教學的表現，和為那些想投入教學行列的人們去發現更好的方法。展開中西教育史可以發現，人們為了教學的工作已投入了相當的精力，也獲得可觀的知

識。尤其是在二十世紀末，不論是理論知識的建構或是教學實際的瞭解，都有長足的進步。前史丹福大學教授叔曼 (Lee S. Shulman) 所著《有關教學研究的讀者指引》，對國內有志於從事教學研究者有相當的幫助。

第一節　教學研究的典範與研究方案

教學研究上使用典範 (paradigms) 一詞，是將典範看成是模式、典型或基模。典範在此並不是一種理論，而是比較傾向於思考的方式或研究的典型。應用此一典範去從事研究，將能引導理論的發展。這種界定有別於科學史家孔恩 (Thomas Kuhn) 在《科學革命的結構》(*The Structure of Scientific Revolutions*) 一書中所探討的典範。在叔曼的看法裡，比較傾向使用 Lakatos 的研究方案 (research program) 一詞去描述在教學研究中的發現，不過典範與研究方案兩個名詞常被交替著使用。

典範的概念認為，成熟的科學裡，同時間內一次只能有一個主掌的典範。單一典範的觀點，對任何一門發展的學術來說，都具有一種潛在的危險。一個健康的發展趨勢，自然會出現更複雜的研究設計與研究方案，包含影響教學實際與結果更廣泛的決定性變項。混合的設計是一種企圖包含更廣的概念，一般的情況是混合了實驗與人種誌方法 (ethnography)，多元迴歸與多重個案研究，過程一結果設計與學生中介變項的分析，調查與個人日記、研究等。不過，如果沒有深入去瞭解這些不同方法產生的不同知識，這種混合也會帶來某種混亂。

第二節　教學研究型態之演進

教學應如何來研究？從什麼地方著手？教學問題中能加進什麼術語？在邏輯上，要回答這些問題的範圍可以相當的廣泛與分歧，然而對實際研究的學者而言，操作上往往受到相當範圍的限制。從過去有關的研究可以看出下列的發展軌跡。

一、效能效標模式

Gage (1963) 在他的《教學研究》(*Handbook of Research on Teaching*) 中做了教學研究典範的綜合評述，他從社會科學中回顧了許多對教學有用的典範例子，並進一步探討這些典範用在教室教學研究的情況。許多教學研究有影響力的典範來自心理學，尤其是心理學裡行為的、實驗的和功能的觀點。他界定效能效標 (criterion of effectiveness) 典範用來判別教師教學表現的成功，Gage 為了區分效能效標及好幾種設計類型，利用微觀的效標及特定的結果變項而不是一般性的變項，然後討論早期的教學過程典範，在此特別強調，教室內教師與學生可觀察的行為特徵與學生成長測量之關連。在探討早期幾個教學過程的研究之後，他發現四個共同要素是：

1. 教師的知覺與認知過程；
2. 教師的行動；
3. 學生的知覺與認知過程；
4. 學生的行動。

在教學過程中，教師的知覺與認知過程終將成為教師部分的行動要素；教師的行動引導學生的知覺與認知過程，這個部分將轉變成學生的行動。可以看出早期研究典範的特色是，教師與學習者內在的認知與情意狀態，在個別的可觀察行動中是相等對待的。這方面繼續發展的結果，結合了效能的微觀效標與教學過程之關連，Gage 也指出這種研究典範的一些限制。

二、綜合性模式

十年之後，Dunkin 和 Biddle (1974) 在《教學研究》(*The Study of Teaching*) 一書中，以 Mitzel (1960) 的模式為基礎，建構了研究教學的一個模式（如圖 10.1）。

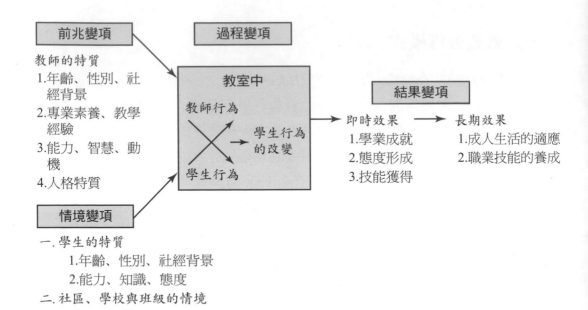

圖 10.1　鄧比二氏教學研究的基本模式 (Dunkin & Biddle, 1974)

　　在這個教學研究的模式中有四類的研究變項，分別是：

　　1.前兆變項 (presage variables)：包括教師特徵、教學經驗、專業訓練與其他影響教學行為的特質。

　　2.情境變項 (context variables)：包括學生、學校、社區和教室情境特質。

　　3.過程變項 (process variables)：包括教室中教師與學生可觀察的行為。

　　4.結果變項 (product variables)：包括教學對學生智能、社會、情意等產出的立即和長期的效果。

　　雖然強調過程與結果之連結不是從鄧比 (Dunkin & Biddle) 的這個模式開始，而此一模式的四類變項也無法完全涵蓋教學活動的全貌。但是，此一模式的出現提供教學研究一個更綜合性的理論結構。

三、教學研究的摘要圖

　　叔曼 (Shulman) 有感於鄧比二氏模式的過於概括化，無法顯示教學的複雜性，乃嘗試建構教學研究摘要圖作為全盤掌握教學研究（如圖 10.2）。

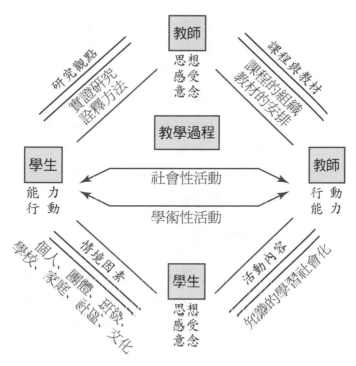

圖 10.2　叔曼教學研究的摘要圖 (Shulman, 1986)

　　雖然隨著不同的側重點，教學研究摘要圖可能有好幾種不同的版本，不過構成教學研究摘要圖的主要成分離不開教師與學生，教師與學生可以看成個體來研究或是看成更大的群體（班級或學校的成員）來研究。教學是一個涵蓋教師與學生共同運作的活動，包含所有參與者的思考與行動的演練。教室中教與學的潛在決定因素有三，即能力 (capacities)、行動 (actions) 與思想 (thoughts)。

　　1.能力是相當穩定與持久的特質、癖性、知識或品格，存在於個體，而能力改變的可能性是經由學習或發展而來。

　　2.行動包含活動、表現或個體的行為，教師及學生的言語或生理可觀察的行為。

　　3.思想是指認知、後設認知 (metacognitions)、情緒、目的、隱含的心理及情感狀態。

4.教學活動是發生在許多的情境因素中，這些情境包括個人、團體、班級、學校和社區。在每一層級裡有兩種轉換形成教室的生活，一種是組織的、交互作用、社會的與教室生活方面的管理，有時候稱之為潛在課程，為了研究這些變項，這些所謂「潛在」的可見度，往往被戲劇性的大為改進；另一種的轉換是學術性的任務、學校的指定功課、教室的內涵與正式的課程。這些內容與教育意涵的轉換，是整個教育事業的核心。因為它們界定了學校的目的以及達成何種教學的任務。教學活動中透過課程與教材的學習、師生的交互作用才有其意義。

四、實證與詮釋典範的轉移

研究者所採用的觀點大致可分為兩類，一類是屬於外在的觀察者，企圖發現可觀察變項的法則性關係；另一類則是強調能經由參與者去發現建構性的意義，因為參與者在環境中面對環境、創造環境並企圖產生意義。這種區別有時被稱做實證的研究和詮釋的研究。也有人利用傳統語音學研究的概念區分語音的 (phonetic) 與音位的 (phonemic) 的分析而利用 ETIC 與 EMIC 兩字來作為這兩種觀點的區分，ETIC 是指有語言或行為上的特徵而對其結構意義不加以考慮；EMIC 是在語言或行為結構上有特殊意義的。如果以美國近年來教學的研究加以整理歸納，可得到如圖 10.3 的架構。茲就此一架構之意義說明如下：

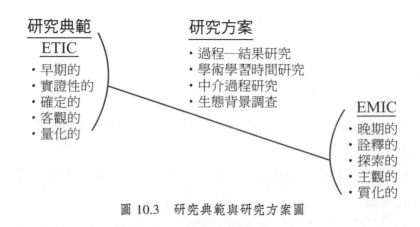

圖 10.3　研究典範與研究方案圖

就研究典範來說，比較早期的是實證性的、確定的、客觀的、量化的研究；EMIC 則包含比較晚近的強調詮釋的、探索的、主觀的、質的研究。在研究方案方面，也沿著這兩種典範的轉變而有下列數個比較鮮明的教學研究模式，例如過程－結果研究、學術學習時間研究、教學中介過程的研究及生態背景調查等。

▌第三節　教學研究的主要方案

在教學研究中主要的研究方案有：過程－結果研究、時間與學習研究、學生認知與教學中介研究、教室生態研究、教師認知與決定。今就此五種主要方案之設計、使用方法以及結果的發現做一簡要敘述。在敘述的次序上是以最主要而最積極的過程－結果研究開始，其次是學術學習時間、學生的中介研究和教室生態系統，而教師認知之檢核將與好幾個方案中的學生認知做平行的探討以方便進一步檢核。

一、過程－結果研究

過程－結果的研究，主要是界定教師在教室中所為（教學過程）與發生在學生身上（學習的結果）的關連。其中一種廣受注意的結果就是基本學科的成就。傳統的研究假定是，這種關連的知識愈多將愈有助於教學的改進，一旦有效的教學被指述，則教學方案可加以設計以增進教學實際。這種設計的目的在估計教師行動的效果，或是教學在學生學習方面的表現情況。教學效能研究經常是在教室中進行，一般採用一段期間的觀察，例如觀察一個學年。為了更精確的敘述，研究者常採用類別觀察量表，在低干擾情況下進行觀察。分析的單位則常以學日 (school day) 為主，教學或學生的行動可以單獨來看，也可以合併成教師的行動→學生的正確反應→教師的讚美等等。

由於很多研究都在個別的教室中進行，因此有學者認為以整合性分析 (meta-analysis) 來探討有關過程－結果的研究發現，在教學行為與學生表現

之間會得到比較穩定的關係。過程—結果的研究取向，反映美國 60 年代大對話 (The Great Conversation) 的一些重要話題。在美國的教育政策圈內，《柯曼報告》(*The Coleman Report*) 引起了一個敏感的話題。按柯曼的報告指出，教師在學校的努力並沒有造成學生成就的差異。柯曼的發現是基於傳統學校的輸入—輸出功能來加以分析，並沒有包含教室生活中實際教學事件的資料。過程—結果的教學研究，詳細的展現了教師確實對學生產生了顯著差異的影響。這方面的研究發現，教師行為的變化與學生成就的變化有系統性的關連，而提供這種發現唯一的可能是，設計有關教學過程與學生學習結果的研究方案。

另一個主要的話題是 60 年代晚期出現的教師期望之探討，引起此一興趣的主因是 Rosenthal 與 Jacobson (1968) 出版的爭議性頗高的研究——《教室中的比馬龍效應》(*Pygmalion in the Classroom*)。沒有直接的文件證明教師行為，作者即宣稱教師巧妙傳達他們的期望給學生。這本書的出版也滋生一連串待解決的問題，如什麼是真正的期望效果？透過讚美、問題、說話的語調及學習的機會等形式，真的與學生的成就表現有關嗎？此一爭議引發過程—結果研究推展的動力。

過程—結果研究的特點是：

1. 回應美國 60 年代大對話的主要話題——教師對學生學習的影響；
2. 與當時的研究傳統緊密連結在一起，例如應用行為心理學與任務分析等；
3. 在教室的自然情境中進行——與實驗室學習研究最大的不同；
4. 研究的意義直接導向教育實際與教育政策。

不過批評者仍認為，過程—結果方案需要有一些理論性的基礎，例如解釋中介變項的理論而不光是一些控制關連的顯著性或是統計考驗上 F 比率的高低而已。在進一步的呼籲下，在教師行為與學生表現之間的中介變項之重視，展開了另外一系列的探討。

二、時間與學習研究

　　在過程一結果研究中，往往要等待學期終了才能評鑑學生的表現。美國遠西地區教育實驗室在 Berliner、Fisher 及 Cohen 等人及其幕僚的努力下著手初任教師評鑑研究 (Beginning Teacher Evaluation Study, BTES)，去探討教師效能的指標。這種作法目的在轉移教學研究學術社群的注意力，去考慮學生對教學的協調和立即反應。他們發現，一些學生的指標對教學效果的估計要比成就測驗表現的結果更為敏感。這種發現使批判過程一結果研究的邏輯適切性之信心更為增強。在初任教師評鑑研究 (BTES) 中所使用的變項是，在特定內容裡，學生在不困難的學習材料條件下，所需的確切時間。此一複雜的變項叫學術學習時間 (Academic Learning Time, ALT)。

　　Berliner 把初任教師評鑑研究的學術學習時間放在教師研究的過程一結果傳統、Carroll (1963) 的學校學習模式和教學設計的文獻三個研究方案的交集上，特別注意學習錯誤率的控制。當然學習錯誤率的控制在技能獲得上相當重要，在以標準成就測驗當做效標時，低的錯誤率在學習上格外重要，在觀察中一旦發現高度的錯誤率，即可被視為低度的學習表現，錯得多自然學得少。在學術學習時間的研究方案中，比較令人困擾的部分是在學習任務困難的估計。

　　1977 年 Armbruster、Sterens 和 Rosenshine 在閱讀研究中心的研究和 1983 年 Freeman 等人在教學研究機構中的發現指出，學校所教的與成就測驗所測量的不相符合，教材與成就測驗之重疊部分相當少，至少當時美國出現的一些閱讀教材與有關的成就測驗有此問題。閱讀教材傾向強調綜合的能力，例如需推論、解釋、關係的確認以及綜合等，而測驗則傾向以教材內有關的事實為主。在學術學習時間 (ALT) 方案研究方面，Carroll 的學校學習模式與時間的選擇作為教與學轉化的中心架構，此一研究方案對理論方面影響最大。

　　Carroll 的模式確定五個變項，在這些變項的直接及交互作用中，解釋著一些學校特別的學習現象。其中能力、性向、毅力三者是描述學習有關的特質，而學習的機會與教學的品質，則是描述教學的屬性。在 Carroll 的模式中很重要的一點是性向、能力、毅力三者的價值，能用時間的單位來

表示。性向界定在學習者達到精熟學校某一特定學習所需的時間。機會是指教師提供給某一特定學生學習某一特定任務的全部時間。毅力是指學習者致力於精熟某一學習任務所花的時間，這可與學習機會相對比。品質是任何一種教學研究的中心話題，在 Carroll 的研究模式中仍然一樣的不清楚。可以看出能力與教學品質兩個變項是用比較質化的術語來界定，如能力是個別化的學習模式或型態。

　　ALT 方案雖是因批評過程一結果方案而興起，但是本身也應用很多過程一結果模式的技術與特色。例如，關心變項的關係，焦點放在個別學生的分析而不是教室的整體性。相較於當代一些認知心理或溝通人種誌之互動過程，學術學習時間此一模式是相當的被動。基本上，它是一種解釋導向的模式，學術學習時間算是過程一結果研究中的一個中介變項，也讓研究者強調的重點轉移到教師行動與學生成就差異之關係。

三、學生認知與教學中介研究

　　探求學生中介研究的方案共同的問題是：

　　　·學生如何把在教室接觸到的教學變成意義化？

　　　·透過教學產生在學生的立即和中間過程為何？

　　這種中介的概念，來自心理學刺激反應模式的學習理論。同樣的把教學的基本過程，也看成是在過程一結果研究中，教師行為與學生最終表現之間的連結。當我們注意到這種連結的可能性，這種行動並不是直接、立即的，也不是沒有中間的介入因素。因此，可以安放一個干擾的過程讓初始的因素轉變成最終觀察的結果。在過去任務學習時間的研究者把學術學習時間當成這種干擾過程的一個代理。為了填補這段學習時間的真空，許多研究者採用更具敘述性的方法去說明，在教學的輸入與成就的輸出時到底在學習者的心中發生了些什麼，單一的代理也許不夠，因此直接說明中介的機制也就成為研究的目標。

　　在學生中介相關文獻中，Mehan (1979) 曾對學生複雜的教室生活提出一體兩面的看法，在此所謂一體兩面是指，教室功課的參與包括學術組織

與社會或交互作用知識的統合。這兩種學習的結果，是研究教室生活的社會中介與知識中介的主要題材。社會學的傳統出現在教室的工作中，可以看到的是表現轉變成等第。在這些分析教室環境的教學中，多少在區別顯著的與潛在的功能，預期的與非預期的結果，學校或教室中的潛在課程扮演了潛在的功能，不是一般課程所能清楚處理的部分。

Anderson (1984) 研究學生的學習中介發現高成就學生與低成就學生完成功課所使用的策略不同。低成就者往往沒有發展整合的認知策略 (meta-cognitive strategies) 來確認功課是否正確。在一些學生功課上的實地觀察裡發現，對低成就者來說，迷惑或混亂是經常在課業上出現的，這種現象可能在所有的功課上都是如此，他們很少尋求協助以減輕困難。相對的，高成就的學生，一旦碰到不清楚的時候，他們把這種情形看成是問題，並尋求立即的協助。

Anderson 的研究列舉學生中介研究的優點與缺點，學生思考過程與動機的特徵環繞在學校的任務上，這種敏感性在其他研究方案裡並不多見。由於這類研究側重在描述學生如何反映於教學，這方面的研究者相對地對教學情境的其他片面之描述則相當不完整。這類研究等於是獲得一些教學上重要的新東西，同時也忽略了其他研究方案可資使用的一些東西。

另一股針對教學的學生中介的研究是從認知心理的應用出發，探討學校教材的學習。發現學習行為或問題解決的本質，是由學習者扮演主動的角色，轉化教學的明顯訊息 (ostensible message) 進入學習者自己的認知架構。平行於認知資訊過程觀點的是社會中介 (social mediation)，彼此對真實的結果時有爭論，到底在解釋人類行為或選擇的主要過程是社會文化明顯的網絡形式？或是認知的本質在

圖 10.4　學者發現，學生使用學習策略的不同，可能造成高低成就的差異。（圖片來源：ShutterStock）

問題空間的形式 (cognitive reality in the form of problem spaces)？為瞭解如何行為，必須瞭解社會與心理的原因，而社會學家與心理學家在這方面之差異，也在於這些根本之因。認知心理學家與社會人類學家，著手對教室生活的解釋。大多數社會心理學家對教學的學生中介變項的研究，並不跟隨 Anderson 所引述的一些早期研究，而走向嘗試瞭解更穩定的方式，即研究學生例行過程的解釋、教室評語與所採行動。研究本身很少透過特定教學結果追蹤學生之中介，而是把明顯的中介變項視為目的。

教學的認知中介之研究，在教學中或教學後立即蒐集學生的思考過程，一般使用訪問及刺激回憶 (stimulated recall)，進行類似實驗，用假設性的中介來教導學生，應用學習成就來作為處理的效果。

Doyle (1983) 的努力把認知與社會中介兩個不相統屬的領域拉近，他的著作不僅概念性地連結此兩座孤島，放在學生中介的研究方案內，而且也激起了教室生態研究方面的連結。

四、教室生態研究

教室教學有關的研究方法早歸入過程—結果傳統的一員，很多已被評述過，其中只有源自心理學中介方案的社會知覺流派未觸及到。但是踏入教室生態的研究，將面對完全不同於認知的傳統環境，除了在方法上教室生態的研究更側重質的研究外，在學術的依附上也更接近人類學、社會學與語言學。此一研究方案的範圍，從交互作用的微觀分析到整個學校的巨觀分析都有。在微觀方面，例如文字或利用錄影設備，對單一閱讀小組進行非文字的交互作用分析；在巨觀方面，利用數週甚至整年，蒐集整個學校的資料進行分析。

Hamiton (1983) 指出，在教室生態的研究中有四個主要規準：

1. 注意人與環境之交互作用，尤其是這種交互作用的存在，不是教師與學生間簡單直接的因果關係。
2. 把教學與學習視為繼續的交互作用過程，而不是系統內幾個孤立的原因與結果因素。

3. 把教室環境看成是環繞在學校、社區、家庭甚至文化背景之下，教室本身可以觀察到這些所有的影響。

4. 面對不可觀察的過程，如思想、態度、感情、參與者的知覺都是資料的重要來源。

由於教室生態研究方案源自較早的學門，因此有點獨立於由過程一結果方案所代表的主流教學研究傳統。過程一結果的有關研究對發現的陳述或建議是增加參與時間、更長等待時間、學年開始時用明確正式的規律。而教室生態的研究者則關切，教學如何可能具體性與地區性的達成上述目的。甚至探討在那種文化條件下，這些過程一結果的一般性處方會被發現不完整甚至嚴重的錯誤。也許同樣用效能這個概念，但是過程一結果的研究者側重的是效能標準，成就中期末的標準成就測驗或常模參照測驗來評量。教室生態的研究者傾向檢視在情境內的效能標準。這包括參與機會的品質（要比參與頻率來得重要）、溝通在師生之間的意義，尤其是不同文化背景下和其他共同的教室事件。

此外，教室生態研究特別敏銳於所謂學生表現在轉換成外貌上的瞭解，或是正確表現之間的差距問題。關切貧窮學生所遭受到不平的待遇是另一重點，在此扮演複雜的關係，這包含一般課程與潛在課程方面的意義。教師的處置會影響學生的學習機會，做得不好會對學生產生更負面的影響，做得好則會產生高成就與正向積極的自我概念。

經常為人所誤解的是把教室生態研究視為質的研究，而其他的研究方案視為量的研究。這種觀點假定不同的研究方案基本上是為類似的目的關注相同的現象。但是過程一結果或實證性的學者使用較大的樣本，並且謹慎準備觀察的時間表，以為量化資料之分析準備；詮釋性或社會語言學或人種誌的研究者，在這方面的研究使用筆記，記下在他們一定長度時間內所看到的少數班級，以敘述的方式整合他們的發現。這種對比把量化科學與質化的故事敘述截然劃分並不正確。詮釋研究可以達成他們所追求的何種程度的理想？當他們企圖去瞭解複雜的教室生活時，遭遇到了什麼樣的問題？教室生態研究方案的企圖並沒有一一達成，宣稱要抓住流動的社會

真實建構遠比去實地執行研究要容易得多。在教室情境中形成一個完全明確的模式，從參與者的觀點來描述整個世界，遠比研究者本身所想的要困難得多。在追求詮釋研究方案所面對的困難中，尤其困難的是適合的信度水準與明確性。教室生態研究方案在對象與方法上要比採用其他研究典範來得有問題。主要問題是有關個案到個案之間的通則化，以及特定個案到整體之通則化。儘管常在批評過程—結果的研究者只注意到複雜教室生活中一些變項而已，但是許多教室人種誌研究者也只有在檢核特定的教室特徵時格外詳盡而已，例如參與的型態和使用的語言，對教室外在的環境往往大而化之。如果研究方法的使用說明不完全，會留給讀者去猜想這些資料是如何得到的？特定的觀察或訪問的頻率是如何？從資料到結論間之邏輯推論如果不是非常明確，也會留給讀者到底要信賴研究者的智慧呢？還是去拒斥整個結論？這也是教室生態研究方案所應該注意的。我們樂見於在教室生態研究中，許多詮釋的、質化的型態能連結在一起。

五、教師認知、思考與決定

　　教師認知的發展源自行為主義的批判，首先是起源於 1950 年代中期心理學中行為主義的認知批判，再透過資訊過程心理學家與心理語言學家的努力，後來這些概念與方法也被用到教學研究此一領域，以圖取代行為的學習理論。在 1970 年代時，認知的革命雖橫掃整個心理學界，但是教學這個領域仍保持相當的沉默，教學的心理生活尚未構成教學研究的中心主題，然而教師是理性的專業人員，如同其他專業人員，在做判斷和決定時往往處在不確定且複雜的環境，教師行為的理性與他所建構的真實之簡化模式有關，而教師的行為則分別由他的思考、判斷與決定所引導。瞭解教師在教室內適切的選擇有其重要性，因此，教師在教學前後的思考過程必須予以研究。一般研究教學的認知過程有下列三種型態：

　　1.判斷與政策的研究。
　　2.解決問題的研究。
　　3.決定的研究。

　　在這種研究方案中有好幾個策略性的研究，例如 Jackson (1968) 的區分教學的前活動與活動階段，研究側重於觀察教師在教學設計的認知過程。由於班級教學事件的定速觀察，使得這種策略難以反映教師生活中吸引人的片刻思考。

　　第一種研究是教師的放聲思考 (thinking-aloud) 技術，一般使用於教師在用真正的器物、圖書或研究者所準備的刺激器物。在一般研究發現教師在準備教學計畫時所考慮的重點是內容與活動，而比較不是正式的目標與個別學生的特徵，這些注意事項都是傳統師範教育的智慧所強調，問題是為何知之者眾而行之者少？

　　第二種主要研究是進行交互思考研究，由於放聲思考的刺激回憶方式不太可能在傳統的教室中進行，因此特用錄影或錄音的方式，然後問參與的老師為何在觀察的行為中有這樣的反應。Bloom (1953) 首先使用刺激回憶的方法，不過初期只用在研究學生在大學班級中思考的過程，後來經 Kagan、Krathwohl 及 Miller 加以引申應用。

　　第三類研究為使用判斷與決定的方法，提出教師對學生有關方面的認知之數學模式。研究者利用政策捕捉 (policy capturing) 的方法來建立教師判斷發生的模式。使用迴歸加權的方式來看教師在不同資訊來源中對學生分組、評鑑等方面的有關決定。這種教師認知的研究方案也存在一些問題，例如受限於以教學活動的範圍作為調查教師的思考，而在教學中這種研究所調查的「決定」有多少是真正發生在教學時段中？另外一個問題是教師認知的研究與學生認知的研究二者之間似乎愈走愈遠。教師認知研究方案明顯的缺點在於沒有闡明教師在教材內容的認知性瞭解以及這種瞭解與教學之關係。一般大眾與教育政策的制定者都會同意，教師對所從事教學的教材之知識及能力，是教師品質的主要標準。這種認知仍相當模糊，應該具備何種教材知識？基本技能、廣博的事實知識或學術性的專精？在教學研究的領域內對這些方面的幫助有限。Shulman 指出教師需具備學科內容、教學法與課程的三種知識。

　　1.學科知識 (subject matter knowledge)：是對學科的瞭解以成為該領域

內容的專家。

2.教學方法的知識 (pedagogical knowledge)：涉及如何去瞭解某學科的特定主題、原則、策略等方法。

3.課程知識 (curricular knowledge)：是熟悉知識的組織與知識在教學、教材、科目與教學媒體之整套關係。

教師認知方面的研究走到這一步似乎接近研究師資培育的問題了，其所提出一些缺點的改革更有利於未來整個教育體系的建構。

從以上的探討，可以發現教學研究此一領域的確留下了豐富的寶藏，在美國由於具有豐沛的教育研究人才，因此也累積了相當多的研究成果與寶貴經驗。研究典範雖不斷在轉變，但是探究問題、瞭解真相的目標並沒有改變，反而在方法論的論辯之後，真理愈辯愈明，讓我們對教學問題的探討持更廣、更周圓的思考架構來面對。我們在吸收了他人的研究構思，除了秉持虔敬之意外，也應該思考如何提升國內的教學專業以落實教學正常化。從研究上找出變遷社會中，我們所需要的教學知識與教學策略，集眾人之力，相信必可逐漸發展屬於我們社會所需的教學知識與教學策略。

問題與討論

1. 根據學界的講法，教學研究典範的轉移情形是如何？

2. 教師思考對教學有何助益？這種方法在教學過程中可行嗎？

3. 教室生態的研究主要發現什麼？

4. 如果您要進一步探究教學，能否設計一種研究的型態？試就研究的概念去說明有關蒐集資料與證據檢驗的方法。

第十一章　學習成就評量

　　本章以國際經濟合作與發展組織（Organization for Economic Cooperation and Development，簡稱 OECD）所發展的國際性學生評量計畫（Program for International Student Assessment，簡稱 PISA）說明學生成就評量的內涵與意義。透過跨國的比較架構，提供清楚的資訊來瞭解各國學生的學習狀態。OECD 透過評量的回饋機制改進教育的實施，以提升學生能力，進而增進國家的競爭力，為最終的目的。

　　OECD/PISA 評量學生能力的三個領域是閱讀素養 (reading literacy)、數學素養 (mathematic literacy) 及科學素養 (science literacy)。國際性評量有其複雜性，這項評量計畫將焦點放於 15 歲學生，用以瞭解義務教育結束後學生的能力狀況。於 2000 年發表閱讀素養報告，2003 年發表數學素養報告，2006 年發表科學素養報告。PISA 計畫也進一步瞭解參與國家之教育系統，培養他們學生成為「終身學習者」及「扮演好市民之角色」之概況，對國家的教育政策有相當的影響 (OECD, 1999)。臺灣加入 2006 年科學素養的調查，也將會看到 PISA 報告的表現。

▎第一節　OECD/PISA 之設計

　　OECD/PISA 代表一個新的承諾，藉著 OECD 有關國家的機構，監控教育系統中學校及學生成就方面的產出。PISA 評量的架構及內涵是國際間所形成的共識。評量結果每三年出版，預期這些結果將幫助並激發教育改革與學校進步。特別是針對學校或教育系統有相同之輸入，但結果卻不同的現象，提供檢視的機能。此外 OECD/PISA 也將提供一個國際層級教育系統效能的評量與監控。

一、OECD/PISA 與其他國際評量有何不同

OECD/PISA 並不是第一個學生成就的國際性比較調查，像是 IEA(The International Association for the Evaluation of Educational Achievement) 的學生成就評量工作就超過 40 年的歷史。OECD/PISA 採取的方法與其他的評量不同，主要的區別在於 (OECD, 1999)：

1. 緣起：成就調查的設計主要是服務性質。

2. 例行性：包含多元評量的範疇，三年一循環補充最新資料，以達到定期的監督學生進步，進而符合關鍵學習的目標。

3. 年齡群：就義務教育接近結束時進行評估，提供教育系統表現有用的指標。大部分 OECD 國家的初始教育超過 15 歲 (15.3–16.2)，在這個年齡前都有一個比較共同的課程。

4. 知識與技能測驗：知識與技能的定義並不完全以國定課程為主，而是考量未來的生活。學校所學的技能與生活所需的技能並不能很明確的區分，但是這種區隔是重要的。OECD/PISA 不排除學校基礎課程的知識與瞭解，而評量則想瞭解更廣的概念與技能的獲得以及這些知識的應用。

二、每一領域所要評量的是什麼

OECD/PISA 每一評量領域強調的知識與技能為何？如何定義？OECD/PISA 主要的功能在瞭解個人參與社會活動的能力。其整個評量架構以閱讀、數學、科學為主，其定義與評量的項目如表 11.1 (OECD, 1999)。

閱讀能力在理解、使用與反映文字的內容，以便達成個人的目標、發展個人的知識與潛能以及社會的參與。閱讀能力的組成與領域面向包括：閱讀不同種類的文字內容，例如連續散文、文告及結構不同的文體。表現不同種類的閱讀任務，例如回憶特定的資訊、發展一種解釋或是反映文字的內容。閱讀因不同情境而寫作的文字內容。

數學能力在確認、瞭解與從事數學以及透過數學扮演的角色能作成良好基礎的判斷，並協助個人就目前與未來生活所需，當一個具有建設性、

關懷心與反省性的市民。數學能力的組成與領域面向包括：數學內容——主要是數學的「大概念」、模式與問題解決、以及數學在不同情境中的應用。

　　科學能力在結合科學知識與證據本位結論的形成，以及發展相關假設以瞭解與協助作成自然世界有關的決定，並且透過人類活動來促成改變。科學能力的組成與領域面向包括：科學概念、科學過程技巧以及不同情境的科學應用。

表 11.1　OECD/PISA 評量面向比較

	閱讀能力	數學能力	科學能力
定義	瞭解、使用與反映文字的內容，以便達成個人的目標、發展個人的知識與潛能以及社會的參與。	確認、瞭解與從事數學以及透過數學扮演的角色能作成良好基礎的判斷，並協助個人就目前與未來生活所需，當一個有建設性、關懷心與反省性的市民。	結合科學知識與證據本位結論的形成，以及發展相關假設以瞭解與協助作成自然世界有關的決定，並且透過人類活動來促成改變。
成分及領域的面向	・閱讀不同種類的文字內容，例如不同形態的連續散文（敘述性）、文告及結構不同的文體。 ・表現不同種類的閱讀任務，例如回憶特定的資訊、發展一種解釋或是反映文字的內容或文字的形式。 ・閱讀因不同情境而寫作的文字內容，例如為個人的興趣，或為符合工作的要求。	・數學內容包括主要數學的「大概念」，第一測量循環中這些「大概念」以改變與成長以及空間與形狀為主。在未來的循環中，機會、數量的推理、不確定性與依賴關係會應用上去。 ・數學能力即模式、問題解決；這些能力區分為三類：執行程序、連結能力以及數學思考與規約能力。 ・數學在不同情境中的應用，即提出影響個人、社群或全世界的問題。	・科學概念包括能源保護、調適、解組分化——從主要的物理、生物、化學等領域選擇、應用這些知識於能源保護、物種保育與物質使用。 ・過程技巧——確認證據、形成、評鑑及溝通結論。這些不依賴先前設定的科學知識，但也不能應用沒有內容的科學。 ・不同情境的科學應用——例如影響個人、社群或世界的問題。

資料來源："Measuring student knowledge and skills," by OECD, Paris: Author, p. 12.

▎第二節　閱讀能力評量

在 OECD/PISA 的閱讀能力一詞是一個比較廣義的瞭解。此一計畫所需測量的並不強調 15 歲學生在閱讀方面技術性的意義，而主要在反映當前的閱讀觀點。此一觀點要評量學生離開中學時，應建構、拓展與反映在校內外不同情境閱讀的內容。

一、閱讀能力的定義

閱讀與閱讀能力的定義是隨著社會、經濟與文化之改變而不同。學習的概念，尤其是終身學習的特殊性，已經拓展了閱讀能力的知覺與必要性。閱讀能力不再只考慮童年時在學校所獲得的能力，更重要的是把閱讀能力看做是一套知識、技能與策略的進步，個人從生活的不同脈絡及透過與同儕的互動中建立這些能力。

認知觀點的閱讀能力強調互動性的閱讀本質與建構性的理解本質 (Bruner, 1990; Binkley and Linndkyla, 1997; OECD, 1999)。讀者利用先前的知識和社會與文化共享的文字及情境線索對閱讀的內容產生意義，當建構意義時，讀者使用不同的程序、技能與策略去強化、監督與維繫理解。這些過程與策略隨著不同的情境與目的以及不同的閱讀內容而不同。

兩個比較著名的國際閱讀能力的評量，一個是 IEA 主持的閱讀能力評鑑（The International Association for the Evaluation of Educational Achievemen's Reading Literacy Study，簡稱 IEA/RLS）；另一個是國際成人識字調查（The International Adult Literacy Survey，簡稱 IALS），是由加拿大統計局與 OECD 共同主持，並強調功能性本質的閱讀。

IEA/RLS 對閱讀能力的界定是："The ability to understand and use those written language forms required by society and/or valued by the individual."

IALS 對閱讀能力的界定是："Using printed and written information to function in society, to achieve one's goals, and to develop one's knowledge and potential."

OECD/PISA 閱讀能力的定義是瞭解、使用與反映文字的內容，以便達成個人的目標、發展個人的知識與潛能以及社會的參與。

二、閱讀能力的評量內涵

OECD/PISA 閱讀能力的評量包含：情境、文字內容與測驗題目。

1.情境：情境涉及更多使用作者所組合的文本，閱讀情境不只在學校，還有許多地方。情境變項的操作包括：對於個人使用之閱讀、對於公眾使用之閱讀、對於職業之閱讀、對於教育之閱讀。

2.文本格式：包括連續性文本：描述性、說明性、辯論性、指引性、超文本。以及非連續性文本：依靠結構及依靠格式的。

3.測驗標示與工作特點：評量學生探討問題的特徵，它是一種問題與指示，可以限定同學以巨觀面或微觀面看問題。

㈠巨觀面：提供可靠的閱讀情境，測量結合情境的完全瞭解，以下列五個面向為主：

⑴形成─廣泛概括性瞭解

⑵想起訊息

⑶發展解釋

⑷反思文本內容

⑸反思文本型式

㈡微觀面：評量學生展示下列五面向的效能：

⑴訊息需求型式

⑵配對型式

⑶錯誤答案的可能

⑷反應格式

⑸評分

閱讀能力評量工作的區分，介於不同的情境、文本型式與被描述的項目型式間。情境的閱讀區分為：個人、公眾、教育與職業的使用來作為試

題配分的依據。

▎第三節 數學能力評量

OECD/PISA 的數學能力 (mathematic literacy) 是指個人瞭解並認同數學在生活世界所扮演的角色，能在現在與未來的生活世界中做好數學判斷，並將之應用在生活世界中。數學能力表現在非常多的面向上，OECD/PISA 的數學能力包括兩個主要面向和兩個次要面向：一為數學能力 (mathematic competences) 與數學的大概念 (mathematic big ideals)；另一為數學課程基本要素 (mathematic curricular strands) 與情境脈絡 (situation and context)。

一、數學能力

指一般的數學技巧，解題、數學用語與公式的使用。包括：數學思考模式、數學辯證技巧、公式演練、問題呈現與解決技巧、陳述技巧、溝通數與數關係技巧、尋求協助與工具技巧等。一般而言，這些能力可區分成三等：

第一等是最基礎的，包括意義的界定、公式計算與結果的得到。

> Ex1: $7x-3=13x+15$ $(x=?)$
>
> Ex2: What is the average of 7, 12, 8, 14, 15, 9?

第二等是整合資訊以解決簡單的數學問題，運用多種公式技巧來解決問題。

> Ex1: You have driven two thirds of the distance in your car. You started with a full fuel tank and your tank is now one quarter full. Do you have a problem?
>
> Ex2: Mary lives two kilometer from school. Martin five. How far do Mary and Martin live from each other?

Ex3：全班 28 人，男女比為 3 比 4，請問男與女各多少人？

　　第三等包括數學上的思考、通則化與洞察力。不只是解決問題，還必須能提出問題。因此學生不但能瞭解數學上的溝通用語，還能與他人溝通數學上的概念。也就是所謂的數學生活化 (mathematics)。亦即運用數學上的概念來解決實際生活世界的過程。包括水平的數學生活化 (horizontal mathematics) 與垂直的數學生活化 (vertical mathematics)。其關係如圖 11.1 所示：

圖 11.1　數學生活化的關係圖

　　第一階段是水平的生活化，將實際的生活世界轉化成數學世界。第二階段是垂直的生活化，將運用數學的公式解決數學問題。將數學問題應用於實際生活情境並不一定就是第三等能力，也可能是第二等能力。（例如第二等第三個例子）

Ex1：1980 年國防預算 3 億，國家全部預算則為 50 億元，1981 年國防預算 3 億 5 千萬，總預算則為 60 億 5 百萬。假設你要參加一個和平社會相關演講，如何解釋國防預算是被削減的？又假設你參加的是軍事學術座談，你如何解釋國防預算是增加的？

Ex2：見下頁圖 11.2，左邊的座標是魚塭魚群增加的重量，右邊的則是年數，請問一位漁夫應該等多少年，才能每年抓到最大數量的魚？

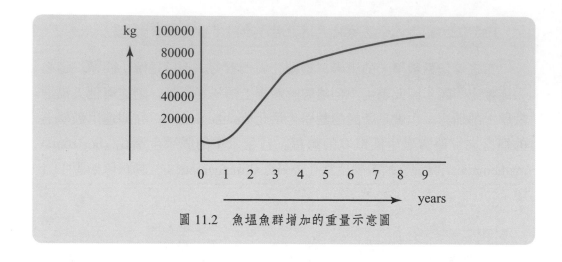

圖 11.2　魚塭魚群增加的重量示意圖

二、數學的大概念

　　指的是在日常生活情境中數學的一套相關概念。在真實世界中，我們不會只用單一種數學來解決問題，通常都是使用多種相關的數學概念共同來解決問題。OECD/PISA 將這些概念綜合成最重要的兩個概念，分別是變化 (change) 與成長 (growth)、空間 (space) 與模型 (shape)。

1. 變化 (change) 與成長 (growth)

　　任何一種現象都是會改變的，這些改變都可以用數學的方式呈現出來，例如直線、幾何、曲線圖、週期等。為了要對控制具有敏感度，Stuart 認為我們需要以下這些能力：

　　⑴用可理解的形式來呈現改變的事實；

　　⑵瞭解改變的基本模式；

　　⑶當改變發生時，必須知道仍有特殊的改變形式；

　　⑷將這些技巧應用在日常生活中；

　　⑸控制變遷，以獲取最大利益。

　　至於成長（變遷的一種）可以用代數與長條圖顯示出來，也可以透過實證的方式獲得，例如資料分析與統計。

2. 空間 (space) 與模型 (shape)

　　空間與模型是數學上的另一個重要概念，例如房子、橋、都市計畫等。而這些空間與模型和日常生活息息相關，它可以用幾何立體圖的方式表現出來。因此，我們必須用各種方法領悟空間的概念，使人類在日常生活中能更有效的利用空間。這些能力的要求包括：

　　⑴瞭解物體的相對位置；

　　⑵能有邊看邊做邊想的能力；

　　⑶能有穿越空間、建構模型的能力；

　　⑷能融會貫通實際的生活空間與數學上的空間（如地圖）；

　　⑸能分辨平面上的立體概念。

三、數學課程基本要素

　　OECD/PISA 對一般學校的傳統課程並不忽視，因此也將它們列入能力指標。這些課程包括數、測量、估計、代數、函數、幾何、機率、統計、抽象數學。

四、情境脈絡

　　情境脈絡是指實際情境發生的數學問題。數學能力相當重要的指標之一就是要將數學應用在日常生活情境中，包括學校、社區等。OECD/PISA 將生活情境分成五個面向，分別是：個人、教育上、職業上、公共生活上、科學上的使用情境。

五、數學能力評量

　　OECD/PISA 的數學評估職務集中在真實的情境脈絡 (authentic context) 中，所謂真實的情境脈絡是指能真正的適用在生活經驗上的，而不是真實的客觀情境。這不只是考慮到受試者的周遭事物，也必須將各國的文化情境列入考慮。例如：

　　兩件同樣的衣服與兩杯同樣的飲料共 1,200 元，但如果買一件衣服與

三杯同樣的飲料是 900 元，請問衣服與飲料各是多少錢？

OECD/PISA 認為這種題目雖然可以得到客觀真實的答案，但在真實的生活經驗中沒有人會被要求做這種事情。

OECD/PISA 的數學測驗題目形式包括選擇式 (multiple-choice) 題目、封閉式問答題 (closed-constructed response) 與開放式問答題 (open-constructed response)。

1. 選擇題

主要在測驗較低層次的能力，包括計算與理解的能力。至於較高能力的評量則要用開放性問題。

2. 封閉式問答題

類似選擇題，只有一個正確答案，和選擇題不一樣的是學生無法用猜測的方式猜出正確答案，問答題並沒有標示出選擇的項目。

3. 開放式問答題

不只是要找出答案，還要學生說出思考的過程，解釋答案的意義。通常這是較高能力的表現。

在第一次調查測驗中，平均分配兩大概念的題目，三階層的能力題目比率則接近 1：2：1。如表 11.2 所示。

表 11.2　PISA 數學能力評量配分結構

題目的形式	改變與成長			空間與模型		
	能力等級			能力等級		
	1	2	3	1	2	3
一個標記	6 (6)	5 (5)		6 (6)	5 (5)	
多個標記		2 (5)	2 (5)		2 (5)	2 (5)

(1) 每個大概念都包含 15 題
(2) 每個大概念都包含 21 分（括號的數字為期望的分數）
(3) 8 個多標記題目；22 個單一標記題目
(4) 第一等級 12 分；第二等級 20 分；第三等級 10 分（趨近 1：2：1）

▌第四節　科學能力評量

年輕人如何面對未來的挑戰，他們能有效地分析原因和溝通自我的觀念嗎？他們能夠在他們的生活中持續學習嗎？OECD/PISA 的科學能力評量主張以「證明為基礎」的陳述是科學能力之基礎，藉以瞭解科學觀和理論之合理性。若不能驗證、不是科學理論，充其量只是「偽科學」。

一、科學能力定義

Millar 和 Oaborne (1998) 定義現代科學課程為「閱讀和融合科學和技術資訊之能力」。總結科學能力的不同觀點，科學能力可視為一個階層。Bybee (1997) 認為科學能力有四個層級：最低兩個層次為「名義上科學能力」、「功能能力」、第三為「概念和過程科學能力」、最高層次為「多重領域科學能力」。OECD/PISA 所提出的科學能力與其第三層級較類似。OECD/PISA 舉出主要的界定語句，例如：科學能力是使用科學知識界定問題和以「證明為基礎」的結論，瞭解和幫助決定，探究人類活動與自然世界和變遷。

二、科學能力的組織

OECD/PISA 提出三個觀點：科學過程、科學概念、情境。前面兩個觀點是任務結構和學生表現特徵。第三個觀點將確認評估任務的發展。OECD/PISA 架構確認評估的焦點，是基於科學教育的成果。

1. 科學過程

過程是心智上的行動，使用想像、獲得、詮釋和使用獲得知識與理解的證明或資料。過程使用於關連目標的範圍，意指世界科學觀念的描繪和更進一步使用科學理解之成果。OECD/PISA 提出五個步驟，用以理解科學過程：

(1)確認調查問題的科學性；

⑵在科學調查中界定證據需要；

⑶描述或評鑑結論；

⑷溝通有效結論；

⑸展現理解之科學概念。

2. 科學概念和內容

OECD/PISA 使用四個向度來做科學概念選擇：

⑴每日情境的關連；

⑵下個十年或更久之關連性；

⑶情境定義視為科學能力應該被展現；

⑷結合選擇科學過程。

3. 情　境

　　特別的情境影響表現，所以評估任務時，決定和控制則顯得重要。在選擇情境時，科學評估目的，要能接近學生知識技能的應用，和學校義務教育的要求。「真實世界」情境通常有一些問題，影響個人和區域社群的成員。在國際研究中，評估的主題應該關連學生興趣和所有國家生活情境。OECD/PISA 接近這些知識的應用，在這些主題中反映「真實世界」的情境。

三、科學能力評估架構

　　評估架構設立的理由：其一、架構是創造任務反映「真實生活」情境；其二是藉測驗以瞭解問題，問題的提出，較從不同情境中問題的區分更易獲取欲探究之主旨。在所有評估中，過程需尋求平衡，在 2006 年科學能力將是主要報告之主題。表 11.3 為「科學過程分數分配之建議」。

表 11.3　科學過程分數分配之建議

科學過程	得分點 %
確認調查問題的科學性	10～15
在科學調查中界定證據需要	15～20
描述或評鑑結論	15～20
溝通有效結論	10～15
展現理解之科學概念	40～50

　　OECD/PISA 的目標主要建議概念的理解和科學知識結合「驗證為基礎的結論」。表 11.4 為三個主要運用範圍：

表 11.4　應用範圍分數分配之建議

科學應用的範圍	得分點 %
在生活和健康的科學	30～40
在地球和環境的科學	30～40
在科技的科學	30～40

問題與討論

1. OECD/PISA 評量計畫有何時代的意義?
2. 閱讀能力的意涵為何? 對教師在實際教學上有何啟示?
3. PISA 如何界定學生的數學能力? PISA 如何評量科學能力?
4. 能否進入 OECD 網站看看 PISA 評量並摘述最新的發展動態?

第十二章 學習投入

臺灣在 2009 年學生能力國際評量計畫（Program for International Student Assessment，簡稱 PISA）的表現較 2006 年退步，閱讀素養表現排名第 23 名（2006 年排名 16）、數學排名第 5（2006 年排名第 1），以及科學排名第 12 名（2006 年排名第 4）（臺灣 PISA 國家研究中心，2010）。即使單一次的排名並不能代表學生的表現下滑，但已引起教育界的關注，並針對影響學生學習表現的因素進行檢討。

有關影響學生學習表現的因素甚多，諸如智力、動機、環境、社經地位等。學習投入理論 (engagement theory) 強調學生投入學習的過程、情緒動機，以及對自我的期許，為近年來廣為學界應用的理論。因其涵蓋的面向周全，並且能對學生的學習表現因素提出具體的立論，已廣泛運用於解釋學習表現的影響因素。

第一節 學習投入內涵

Kuh(2003, 2009) 認為「學習投入」一詞係指學生個人在學習中的行為、感覺與思考的歷程，最重要的指標是學生在教育性活動所花費的時間與投入的精力，尤其是必須透過與他人的互動，才能使這些教育活動具有意義。Chapman(2003) 指出學習投入也被用來描述學生自願參加校內的所有活動，包含課堂出席、樂意接受學校派任的工作，以及遵從教師在課堂上的教學活動。

即使多數研究者認同學習投入包含心理與行為兩方面的要素，但對其應包含的具體內容仍沒有一致共識，像是早期的研究著重在測量進行活動時間 (time-on task)，例如寫作業的時間；而近期的研究則著重學校活動的參與、特定學習活動的投入和認知策略的運用等 (Angell, 2009)。為了對學

習投入概念進一步說明，茲將相關研究的定義整理如表 12.1。

表 12.1　學習投入之不同定義

名　稱	研究者	定　義
學習投入 (Engagement)	Audas & Willms (2001)	A.學生在學術和非學術活動的參與程度，並認同教育目標的價值
	Connell & Wellborn (1991)	B.在文化情境中（如家庭、學校、工作）心理需求（即自主性、歸屬感、能力）被滿足時，情感、行為和認知三個面向就會產生學習投入（反之則產生冷漠情形）
	Russell, Ainley, & Frydenberg (2005)	C.連結個人與活動之間所產生行動的動力，包括：行為、情感和認知
	Skinner & Belmont (1993)	D.在學習活動過程持續行為的參與，伴隨著積極的情感狀態（vs.學習冷漠）
	Skinner, Wellborn, & Connell (1990)	E.在學習活動中，對學校課業的努力和堅持，及週遭情感狀態
學校活動的投入 (Engagement in schoolwork)	National Research Council/Institute of Medicine (2004)	F.由能力、控制（我可以）、價值、目標（我想）、社會聯繫（我屬於）的知覺調和所涉及之行為與情感
學業投入 (Academic engagement)	Libby (2004)	G.激發學生在校學習和表現的程度
學校投入 (School engagement)	Fredericks, Blumenfeld, & Paris (2004)	H.包含情感（對老師、同學，以及學校正面和負面的反應）、行為（在學校的參與）與認知（對學習投入的精力）
	Furlong et al. (2003)	I.涉及學生、同儕團體、班級與學校背景的情感、行為和認知投入。註：與Jimerson 等 (2003) 的定義一致
	Jimerson, Campos, & Greif (2003)	J.涉及學生、同儕團體、班級與學校背景的情感、行為和認知投入
學生學習投入 (Student engagement)	Chapman (2003)	K.學生參加學校日常活動的意願，包含學生投入特定學習活動的認知、行為和情感面向
	Natriello (1984)	L.學生參與部分學校課程安排的活動

	Yazzie-Mintz (2007)	M. 認知／知識／學術（學生的努力、投資和學習策略）、社會／行為／參與（社會、課外和非學術活動、同儕互動）、情感（與學校關聯的感受，包括學習表現、學校氣氛、與他人關係）
	Marks (2000)	N. 涉及學生在學習活動中的注意力、興趣、花費的精力和付出的努力之心理歷程
學生在學業活動的投入 (Student engagement in academic work)	Newmann, Wehlage, & Lamborn (1992)	O. 對知識技能的學習、瞭解與掌握，或對想要提升的技藝所投入之精神與努力
學生在學校的投入 (Student engagement in/with school)	Mosher & MacGowan (1985)	P. 對中學課程的態度和參與行為（內心的狀態和行為方式）
	Klem & Connell (2004)	Q. 持續投入（行為、情感和認知成分）；對挑戰的反應（積極地投入）
	Christenson & Anderson (2002)	R. 心理（如歸屬）、行為（如參與）、認知（如自我調整學習）和學術（如花在作業上的時間）的投入
參與的認同感 (Participation identification)	Finn (1989, 1993); Finn & Rock (1997)	S. 參與和認同學校（與學校的歸屬關係和對學校相關成果的評價）

資料來源：Appleton, J. J., Christenson, S. L., & Furlong, M. J. (2008). Student engagement with school: Critical conceptual and methodological issues of the construct. *Psychology in the Schools, 45*(5), 371.

　　文獻中各種學習投入的定義，著眼點包含學生、學校、學習活動或課業等面向。這些定義多源自於西方文化的觀點，強調學生在學校場域參與的學習活動，或對學校規定課業的練習。然而，就多數亞洲國家而言，學生除了參與國家所安排的學校義務教育外，在課後仍需要花費許多時間參加課後學習輔導，即俗稱的補習，學習的內容則為正式課程的延伸。因此，學習投入定義涉及的學習活動場域，不僅侷限於學校所安排的活動，尚應包括學生在課後參與的各種自願或非自願的相關學習活動。根據學生為教

育主體的觀點，學習投入面向亦應以學生為觀察重點，關注其參與學習活動的學習過程，而此種觀點係屬於「學生學習投入」(student engagement) 的概念。以學生為關注面向的學習投入概念，較能明確掌握學習投入所涉及的個人心理歷程。

▍第二節　學習投入向度

為了深入分析學習投入的內涵，學者針對學習投入做出更明確的定義，以發展具體可測量的指標項目。本節根據相關理論，將學習投入區分為三個向度，分別為行為 (behavioral)、認知 (cognitive) 與情緒 (emotional) 學習投入。

一、行為學習投入

行為學習投入是指學生參加各種校內外的學習活動，強調學生在校與課後期間的行動與參與，包括非學術性的學校活動、社交活動與課外活動，以及與其他學生的互動，包含學生在學校社群裡與其他成員的互動。近三十年在教育與發展心理學的研究指出，行為學習投入是一項預測學生學業成就的重要指標 (Downer, Rimm-Kaufman, & Pianta, 2007)。Prater (1992) 將課程時間區分成三個部分，包括：分配時間 (allocated time)、活動時間 (time-on-task)，以及投入學習時間 (engaged learning time)。學生投入學習的時間並不僅侷限於課堂時間，應包括學生所有的在校時間。學生長期投入學習情境，透過時間的累積，由洞察力、技能、價值觀和性格互相連結成一個網絡，將能培養其學習動機的能力，有助於其學習 (Brophy, 2004)。行為學習投入主要探討學生在校學習活動的頻率與時間，一般而言，學生投入學習活動的頻率愈高、投入時間愈長，學生的學習表現愈佳 (Greene, Marti, & McClenney, 2008; Kuh, Kinzie, Schuh, & Whitt, 2005)。

二、認知學習投入

認知學習投入定義為學生對完成課業要求的熟練度、學習策略的運用與學習成效的追求。此向度基本上著重於學生在教學時間及相關教學活動期間所投入的程度，因而又被稱為「心智投入」(engagement of the mind)(Yazzie-Mintz, 2010)。認知學習投入主要分成兩種觀點，其一是強調學生對學習付出的努力，另一是著重學生學習策略的掌握；所以認知學習投入包括學生做了什麼，及他們如何做到 (Fredricks, Phyllis, & Parks, 2004)。Walker 與 Greene (2009) 指出學生能夠掌握認知學習投入的策略，對學習的理解與成效有正向影響。

就認知學習投入而言，學習策略是重要的影響因素 (Kuh, Kinzie, Schuh, & Whitt, 2005)。根據大多數實徵研究發現，具有較佳學習表現的學生，其能建構屬於自己的學習策略架構，故學習策略和學習成績之間成正相關 (Thiessen & Blasius, 2008)。學生在不同的教學情境中，會根據舊有經驗對教師、同儕與教材等進行評價，若經驗與教學情境相符合，較能認同教學，進而接受學習；當學生掌握愈多的學習資訊時，則愈能提高其認知的投入程度。

三、情緒學習投入

情緒學習投入係指學生對教師、同儕與教材的正負面觀感。涉及因素包含學生對學校整體運作的觀感、對學校所有成員的想法，以及學生對學習的興趣與評價 (Fredricks, Phyllis, & Parks, 2004)。然而，這些面向多屬學生的內心狀態，較少明顯反映於外在的行為，因而又被稱為「內心投入」(engagement of the heart)(Yazzie-Mintz, 2010)。

學生情緒在教育的過程當中，是一個值得重視的概念，足以支撐學習過程的先決條件，因此，學校應著重加強學生對學校共同體 (school community) 的情感連結，並提供強而有力的支持網絡，以強化學生的學習情緒投入，進而提高學生的學習表現。而在學生學習情緒投入方面，學生的學習動機與態度佔有重要的地位，且與學生的學習表現息息相關，同時也是現今重要且急需探討的議題。研究顯示，相較不感興趣的學習科目，

學生在感興趣的學科會有較好的學習表現，即學生的學習興趣與學習成就有相當程度的關聯 (William, Williams, Kastberg, & Jocelyn, 2005)。

第三節　學習投入相關因素

影響學生學習表現的因素甚多，例如家庭社經地位、學習資源、學習環境、學生個人的努力、能力、動機等。依據歸因理論 (attribution theory) 的層次分類，若學生將影響學習表現的因素歸類為家庭社經地位、學習資源與學習環境等外在環境因素，其即屬於外在歸因 (external attribution) 取向；反之，學生將影響學習表現的因素歸類於自身的努力程度、能力高低或學習態度等，係為內在歸因 (internal attribution) 取向。一般在教學策略的運用上，主要希望學生能將學習表現不佳的情況歸因於努力程度不夠；因努力是屬於個人內在可控制的因素，雖然不穩定，但卻可以改變，冀以維持學生的學習動機。然而，努力並不容易測量。

許多研究結果顯示，「學生學習投入」與學習表現有顯著的關係，不論是在初等或中等教育，均發現相同的研究結果 (Hudley, Daoud, Polanco, Wright-Castro, & Hershberg, 2003)；另外在跨文化的研究也發現，即使比較各國不同族群學生或學校所在地，也顯現相同的研究結果 (Committee on Increasing High School Students' Engagement and Motivation to Learn, 2004)。由此可見，在探討學生學習表現的影響因素時，學生的學習投入佔有相當程度的重要性。

Appleton、Christenson 與 Furlong (2008) 探討學生學習過程，發展出一個解釋模式，說明學生學習投入原因與投入後所產生的影響，當中涉及個人學習背景、自我學習歷程、學習投入情形，以及學習成果產出。然而學生學習投入的相關因素包含甚廣，本節分別就影響學生學習投入的因素，與其所產生的影響，探討如下：

一、影響學生學習投入的因素

　　一般而言，影響學習投入的因素甚多，諸如學生的性別、家庭社經地位、種族、就讀科系、年齡，以及學校的公私立別、類別、所在地、規模等 (Carini, Kuh, & Klein, 2006; Sullivan et al., 2009; Uekawa, Borman, & Lee, 2007)。

　　以學生因素而言，當學生的學習動機與主動學習能夠協同作用，並相互影響時，學生學習投入效果將逐漸增加 (Skinner & Belmont, 1993)。就不同類別變項觀之，女性、少數族裔、想要升學的學生，以及住校生，大都表現出較高的學習投入，其學習表現也較理想 (Pike & Kuh, 2004)。Zhao 與 Kuh (2004) 的研究也有類似的研究結果，其發現男性、轉學生與在職生在校期間較少參與學習社群的活動。

　　此外，Porter (2006) 分析美國教育統計中心 (National Center for Education Statistics, NCES) 的資料發現，女性、黑人、西班牙裔、接受經費補助、全職、住校，以及主修人文社會學科的學生學習投入程度較高。Elliott、Hufton、Willis 與 Illushin (2005) 提出四點因素會對學生學習投入與成就產生顯著影響：

　　1.學生對目前的課業表現與作業投入的知覺與滿意情況；

　　2.對解釋成功與失敗的歸因著重於努力，而非外部因素；

　　3.以教育成就與成為有教養公民的價值觀為目的，或將之作為達成其他期望目標的方法；

　　4.同儕的影響力，尤其是同儕對高投入所表現出的認同感。

　　此外，造成不同學生背景對學習投入產生差異的原因可能是學生的學習方法、動機目標、自我效能、信念、推理能力等 (Ann & Michelle, 2004)。

　　一般認為學生的學習成效不彰，係歸因於學生的努力不足，但 Greene、Marti 與 McClenney (2008) 認為學校亦有責任創造一個更支持的系統。Pike、Smart、Kuh 與 Hayek (2006) 分析全美學生學習投入調查 (National Survey of Student Engagement, NSSE) 的資料發現，私立學校有較多的富裕家庭的學生，其學習投入表現較佳；而公立學校較少有富裕家庭的學生，其學習投入則較低。此外，若學校經費的運用並不是針對學生的學習，將

無益於提高學生的學習投入 (Ryan, 2005)。

二、學生學習投入產生的影響

根據研究結果，學習投入與學生的學習表現、學習滿意度、學校認同感、未來發展等四個因素有關 (Carini, Kuh, & Klein, 2006; Hu, Kuh, & Li, 2008; Zhao & Kuh, 2004)。此外，學習投入與學生測驗成績、自我學習評估、學習持續力也有正向關係 (Hu et al., 2008; Pike, Smart, Kuh, & Hayek, 2006)。一般而言，學生投入學習活動的頻率愈高、投入時間愈長，學生的學習表現就愈佳 (Greene, Marti, & McClenney, 2008; Kuh, Kinzie, Schuh, & Whitt, 2005)。除了對學習表現產生影響外，研究亦發現學習投入有助於在其他層面產生效益，例如認知與智力的發展、校園的適應、道德與倫理的發展、實作能力與技術轉移的促進、社會資本的累積、社會心理的發展、形塑多元化種族與性別的認同，以及對自我的正向形象等 (Harper & Quaye, 2009)。

學習投入除了涉及學生參與學習活動的頻率外，尚涵蓋學生的學習策略與學習態度。根據大多數實徵研究發現，具有較佳學習表現的學生，較能建構屬於自己的學習策略架構，故學習策略和學習成績之間成正相關 (Thiessen & Blasius, 2008)。另外，相較於不感興趣的學習科目，學生在感興趣的學科將能有較好的學習表現，即學生的學習興趣與學習成就有相當程度的關聯 (William, Williams, Kastberg, & Jocelyn, 2005)。綜上所述，學習投入對學習成就有相當程度的影響，兩者為正向關係，即學習投入程度愈高，學習成就愈理想。

▎ 第四節　學生學習投入研究

張鈿富、林松柏與周文菁 (2012) 研究結果發現，影響高中生間接行為學習投入的主要因素為性別，其他個人背景變項或者是學校變項均沒有顯著影響。此外，影響直接行為學習投入的因素多為學校變項，尤其是學校

類別與所在地，至於個人背景變項則影響較小。雖然 Zhao 與 Kuh (2004) 針對美國大學生學習投入的研究發現，男生較女生少參與學習活動，不過並未進一步指出是參與何種學習活動造成的差異。Porter (2006) 的研究指出不同性別的學習投入會有所差異，女性的學習投入會高於男性；然而，國內的研究則發現臺灣男高中生比女高中生的間接行為學習投入更高，直接行為學習投入則沒有差異。與上述研究結果不一致的原因，除了研究對象的差異，可能在於國內研究建構的間接行為學習投入面向，涉及的學習活動為學生自發行為，並且多發生於校外環境，例如做家事、休閒娛樂、課後輔導或通勤等；而直接行為涉及的活動為學科補習、社團活動或作業參與等，多與學校的課程規劃或所在地環境有關。因此，影響間接行為的因素以個人背景為重，而直接行為則為學校因素。

在情緒學習投入影響因素方面，研究結果發現影響因素主要為學生個人背景變項部分，包括性別、類組與家庭社經地位（張鈿富、林松柏與周文菁，2012）。PISA 2009 結果的研究分析，發現女生較男生喜歡閱讀，且該因素對閱讀表現分數的解釋量亦高於男生 (OECD, 2010)。國內研究的結果也發現，女性高中生較男性高中生喜歡學校的課程內容。另外，非第一類組高中生較第一類組表現出更喜歡學校所安排的課程，可能原因是非第一類組的課程內容較第一類組更容易突顯出專門的領域知識，例如數理、生物、醫學或農業方面，故當高中生選擇就讀非第一類組時，可能是依據個人的興趣喜好，或者知識能力而決定。因此，非第一類組高中生可能因課程內容符合本身的性向，進而喜歡或認同學校所安排的課程內容。

PISA 2009 亦針對社經地位進行分析，發現社經地位對閱讀表現與喜好閱讀具有部分解釋力 (OECD, 2010)。國內研究亦發現臺灣高中生的家庭社經地位會影響情緒學習投入，這與 PISA 2009 的發現一致，可能原因在於家庭社經地位不利的高中生囿於經濟壓力，無心顧及學校課業，以至於不喜歡學校，造成情緒學習投入表現不理想。

張鈿富、林松柏與周文菁 (2012) 研究結果發現，影響認知學習投入的因素包括個人與學校兩個層面。在個人因素方面，主要為類組與家庭社經

地位。Porter (2006) 指出主修人文社會學科的大學生學習投入較高，但國內研究則發現就讀非第一類組高中生的認知學習投入表現較好。可能原因為高中生認知能力的培養有所差異，第一類組的學科屬性偏向人文學科，大多強調記憶背誦，而非第一類組的學科屬性則擴展至分析、綜合與判斷等階段。

Pike、Smart、Kuh 與 Hayek (2006) 指出社經地位對美國大學生學習投入有顯著影響；國內的研究針對臺灣高中生的學習投入調查亦發現相同的研究結果（張鈿富、林松柏與周文菁，2012）。家庭社經地位影響認知學習投入的原因在於，經濟弱勢的高中生可能無法獲得足夠的學習資源，或者較不易接受足夠的學習資訊，無法產生更高階層的學習聯結，致使認知學習投入表現不佳。而學校因公私立別或地區而產生認知學習投入的差異，可能原因是不同屬性的學校所重視的知能培育方式有別，或者學校能運用的教育資源不同所致。

問題與討論

1. 相關文獻中哪些研究的結果能說明目前學生學習的狀況？試提出您的發現。
2. 學習投入的概念是誰提出的？您認為哪些理論較具有說服力？
3. 學習投入的內涵為何？試就其中之一舉例說明。
4. 哪些不利的因素會影響學生的學習投入？如何避免？

第五篇
學校、學齡人口
與社區發展

5

　　本篇以學校、學齡人口與社區發展為主，內容包括三章，分別是學校組織與文化改造、學齡人口變遷與教育發展以及教育與新社區發展。學校組織關係未來的運作，學校文化的改造，重新建立健康的學校文化，將有助於學校長遠的發展。近年來，學齡人口的變遷對教育的衝擊超過一般人的想像，十三章便在探討少子化的衝擊以及學齡人口結構改變可能帶來的影響。最後，第十四章特別就學校與社區的關係做一探討，希望教育工作者能進一步為社區意識的建立而努力。透過教育，重新開啟新的共存共榮的生活圈。

第十三章　學校組織與文化改造

　　學校組織是推動教育工作的基石，學校又形成組織文化，直接影響學校中的每個成員。學校若沒有健全的組織文化，也無法營造健全的教育，更不可能培育健全的個人。本章以學校組織文化為題，所提供的素材希望給從事教育工作的人對組織文化的影響，以及組織文化的改造有更深刻的認識。

▌第一節　學校組織與文化意涵

　　早在 1930 年代巴納德 (Barnard, 1938) 就曾將組織中的文化視為「人們創造的社會虛構 (social fiction)，並在工作與生活中賦予意義」。組織文化的概念雖由來已久，但是引起學界、業界廣泛注意，則是 1980 年以後的事。

一、組織文化的沿革

　　1980 年以來組織文化之所以引起廣泛的重視，主要受到以下三本暢銷書的影響：

　　1. *Theory Z: How American Business Can Meet The Japanese Challenge* (Ouchi, 1981).

　　2. *In Search of Excellence: Lesson from America's Best-Run Companies* (Peter & Waterman, 1982).

　　3. *Corporate Cultures: The Rites and Rituals of Corporate Life* (Deal & Kennedy, 1982).

　　其中，由於 Z 理論這個名詞非常引人注目，加上該書的副標題「美國企業如何迎接日本的挑戰」，在美國貿易赤字不斷膨脹的時期，燃起許多人的希望。這本書雖沒有造成美國現代經濟的奇蹟，然而卻為日本的優良企

業文化帶來可貴的啟示：如何塑造自己的文化特色。影響所及，一股探究組織文化的風潮，也吹襲到學校組織。

檢視過去有關組織文化的文獻會發現，由於學者背景的不同以及研究取向的差異，對於組織文化的定義有許多不同的見解。例如：

Stephen P. Robbins 認為：「組織文化是一種組織內相當一致的知覺，具有共同的特徵，是描述性的，能區分組織間的不同處，且整合了個人、團體和組織變項。」

Andrew M. Pettigrew 則強調「組織文化是成員所共同感受的生活方式，即日常生活中的符號、意識型態、語言、信念、禮俗、迷思等，乃經由組織開創者的創造，後繼者的承諾（奉獻與投入）及事件、時間、空間因素的演變所累積演化而成的」。

Gregory (1983) 視組織文化為透過經驗而習得的方法。

Kilmann (1985) 認為組織文化與組織氣候無異。

Kast、Rosenzweig、Siehl 及 Martin (1981) 認為組織文化是一種規範的凝聚力，是組織成員所共有的價值觀、社會理念與信仰。

Robbins 的概念劃分出組織文化和工作滿足的差異，前者是描述性的，而後者是評價性的名詞；但卻忽略了組織文化具有歷史演進性，僅著重表面上概念的分析，未深入探討其演進過程中，領導、語言、符號等重要變項所具有的影響力。而 Pettigrew 詳細說明了某些變項歷程，但仍忽略法令、規章、層級等重要內容。

Schein (1985) 的定義比較符合組織文化多面性之要求，他認為組織文化為一套基本假定的型模 (pattern)；是由一個既存團體，學習克服外部環境適應與解決內部整合問題過程中，所創制發展出來的；而這些假設因運作良好而被承認有其效用，藉著將有關適應與整合問題的正確知覺、思考與感受方式傳遞給新進的成員。Schein 所認知的組織文化至少包含七個要素：

　　1. 基本假定的型模，

　　2. 既存的團體，

　　3. 創造發現或研擬，

4.外部適應與內部整合的問題，

5.基本假定奏效良久，

6.傳交給新進成員，

7.認知、思考及感覺。

Schein 持「元素論」觀點，認為組織文化是由組織內許多可見或不可見的元素所構成。是一種多重向度的結合體 (Sriramesh, Graning & Buffington, 1988)。

至於組織的功能是什麼呢？ Vijay Sathe 認為文化是組織的資產，但也可能成為組織的負債。就組織的資產觀點而言，組織文化可以展現下列的功能：

1.傳遞認同感給組織成員，

2.提升成員對組織投入的忠誠與心力，

3.提供組織所認可、接受的決策前提給成員，

4.幫助成員正確思考問題、察覺及感知問題，

5.培養組織的同質效果，

6.培養組織成員的心理次級系統，

7.促進社會系統穩定，

8.促進對自我以外事務的承諾。

從負債觀點來看，組織文化可能也具有下列的負面作用：

1.增強抗拒變遷的力量，

2.滋生各種次級文化，甚至反制文化 (Martin & Siehl, 1983)，

3.助長本位主義的盛行，加劇單位的衝突。

其中可瞭解組織文化型塑了成員的行為規範，以提高組織中多元價值趨赴同一目標的可能性 (Rosenzweig & Kast, 1985)。個人一旦加入某組織，其實也就是選擇了某種生活方式，能夠潛移默化地改變個人習性：勤奮或懶惰，直言或隱諱，負責或退縮。而組織文化本身並無優劣好壞之分，端視該組織的需要與文化兩者的契合程度而定 (Rosenzweig & Kast, 1985；江岷欽，民 83)。

二、學校組織文化

不同的組織有不同的歷史背景、目的、成員和工作類型，因此所形成的組織文化也會有差異。與其他社會組織比較，教育組織有下列特徵：

1. 功能最根本、複雜，且重大；

2. 任務最艱難，且成效最慢；

3. 目標複雜抽象，使成效難以評鑑；

4. 屬於服務組織，以服務為目的；

5. 顯明性大、敏感度高、容易遭到批評。

因此，教育體系所發展出來的組織文化亦有下列特徵：

1. 學校為一種「教育性」組織。除了培養人才、發展人才外，並具有價值引導的功能，是社會進步的動力。

2. 學校組織，缺乏競爭與挑戰性。學校為一種「受養護性」(domesticated)組織，因義務教育之實施，學校不必擔心學生來源、經費欠缺，易導致安固守常，不知革新。

3. 學校教育目標不夠明確。教育是百年樹人的工作，責任艱鉅，目標抽象，效果不易即時顯現，更不易根據目標予以評鑑。

4. 學校教育以服務為宗旨，不以營利為目的。教育工作者宜以服務精神來辦教育，不應以謀利觀點經營學校。

5. 學校教育措施易遭受社會的批評與注目。學校易受大眾批評的原因在於人人重視教育，也都受過教育，多少瞭解教育，因愛之深所以責之切。

Jones 將學校組織文化分為四類，分別是專制文化、科層體制文化、有機文化與無政府文化。這四種文化的主要特性如下：

1. 專制文化 (monarchic culture)

如果學校展現的是專制文化，則校長具有無上的權威，每件事都由其定奪，校長是整個學校的價值與原則中心，成員（教師、職員、學生與家長）皆以其為依歸。即 C. B. Handy 所說的權力 (power) 文化。

2. 科層體制文化 (bureaucratic culture)

科層體制文化中，組織有清楚的命令層級與工作順序。每個成員的角色定義明確，亦可稱之為角色 (role) 文化。這類組織中，領導者的權力來自於其所居地位的法定職權，依既定原則與程序來發揮其影響力。

3. 有機文化 (organic culture)

有機文化所表現的是，學校中的領導、管理工作並非完全由校長承擔，而是利用小組合作方式 (teamwork)，以工作為中心組成各專業小組來解決問題，讓每一個成員參與工作計畫，也就是 Handy 提到的工作 (task) 文化。這種組織如同一有機體，相當有彈性，能應付迅速變遷的環境。

4. 無政府文化 (anarchic culture)

無政府文化的特徵是由專家（教師）經營學校，而組織的結構與層級只是為了服務、支援個人。強調個人的地位（個人文化），每個人都有影響力，因此組織中常沒有高層的共同目標，除非團體中成員彼此同意，否則管理工作很難進行。

依一般行政組織的分類，組織的存在可能有下列四種方式：直線式 (line) 或層級式、職能式 (functional) 或幕僚式、混合制 (line and staff)、委員會或合議制。我國現行學制，學校分成國民小學、國民中學、高級中學（職校）、專科學校（五年制、二年制）、大學（學院）等。層級雖不同，但其組織型態大致相同，多採混合制及委員會組織，但是在觀念上與作法上多實施首長制，即多以校長馬首是瞻。因此，所形成的組織文化如同 Jones 和 Handy 所強調的，並沒有任何學校或組織完全符合某種文化，比較有可能的是某種文化的色彩較濃。

當我們考慮學校中的組織文化時，另一個需考慮的因素是，我國傳統歷史文化對國民的薰陶，形成了一些根深蒂固的國民性格，深深影響今日國人做人處事的態度。文化傳承間接直接地也塑造了我國行政組織的某些基本特徵，一般而言我國學校行政組織仍有下列的特徵：

1. 重視家族與人情關係：中國人講究特殊關係（如同學、同事、同鄉、同宗），形成許多派系，彼此互相爭鬥較勁；亦出現了許多拉關係、跑門路、談交情的行為，造成法治不彰。

2.服從權威蕭規曹隨：由於權力的集中，造成人員行動趨於被動性、依賴，組織間普遍存在上下的權力關係，對於組織業務多循例，害怕革新。

3.形式主義 (formalism)：即理論與實際脫節，制度、法律不太發生約束和規範作用。可分成兩項因素：「社會的異質性」及「制度的重疊性」，前者是指新舊觀念並存、中西制度並置等問題；後者指組織職掌相互重疊（張麗芬，民 79）。

▌第二節　學校組織文化之變革

學校組織與一般組織不盡相同，因此在學校組織文化的變革方面也顯現出比較獨特的一面。基本上，學校組織中影響文化的變項包括：

1.隱晦的教育目標；

2.複雜的學習過程；

3.標準化的實施；

4.自主性的教師；

5.機械性組織的運作；

6.缺乏誘因的教學生活。

學校是一個學習的組織，學校組織文化的改變需要由目標的確認開始，重新去界定好學校的意義。所謂好學校，過去強調的好是效能學校 (effective school)，而目前追求的則是卓越學校 (excellent school)。卓越的學校不是只求達到基本的要求而已，卓越學校需要全員的參與以及投入，展現超常的表現。這種超常的表現，需要優良組織文化的支持。因此要帶動教育界，迎向未來，追求卓越，應從學校文化的改造著手。要如何進行整個學校文化的變遷？以下就有關學校文化變遷的管理作說明：

一、瞭解計畫與執行

個別學校文化的變遷應從學校本位（校基）的發展 (school-based development) 著手，要從計畫到執行做一全面的瞭解。

首先，要考慮組織真正的需要，瞭解學校組織的優點與弱點，設定一些優先的目標去回應教職員、學生、家長的真正需求。不過所謂的真正需求，會隨時間做改變。

其次，學校改變的目標以及改變的計畫應由教職員以及其他有關人員參與。一般說來，改變範圍的大小取決於成員的參與程度。變遷過程之初，承諾並不那麼重要，但是變遷付諸實行，則需要承諾此一條件之配合。

第三，要具備計畫與發展的技能。需有好幾種相關的技能才會有助於實行這個階段，如個人層面的技能以及群體層面的技能。

第四，要呈現新的規準與開放、發展導向的氣氛。做得妥當的話，信賴與承諾將結合在一起，協助組織文化的變遷。

最後，管理層級的態度與行為是變遷實行階段的主要關鍵。

二、方案的管理

學校組織文化改變的方案，最重要的策略是去完成學校組織目標的界定，而改變過程中也需要有很明確的目標。發展的目標可細分為許多可達成的方案，這些方案最好都有操作性的具體目標。計畫本身是一種計畫性的干預，運用各種資源去引導發展，也提供組織學習的機會。

三、發展領導與學校改進

領導的觀點包括結構性、人力資源、政治性與象徵性的觀點四種。學校組織與其他工業組織不同，如果考慮結構方面，過度的強調組織結構與正式面可能不是那麼重要。相對地，如果能強調群體的發展、協助問題的解決，以及衝突的解決將有助於內外的溝通，這也是重要的變遷管理技巧。政治性的觀點提供另一個角度，讓我們瞭解學校改變、資源分配與優先次序的轉變等等現象。象徵性的觀點提供瞭解學校組織情感性與象徵性的意義，這一層將更接近於運用文化的特質去支持改變的努力。

四、管理的態度與技巧

　　管理需要瞭解過程的複雜，需要具備敏感性，敏銳的感覺學校發生的事情，感覺計畫如何去改變傳統的價值與規準，學校中的人如何感受這種轉變；需要具備診斷的技巧，真正掌握學校的情況；需要行動的能力，能去溝通、化解有關的問題與衝突。

五、評估與發展學校文化的概念性架構

　　學校文化雖與社區有互動的現象，但是一旦學校文化形成，生活在學校組織中的個人，將受到此一相當獨特的價值觀與行為模式所制約。在圖13.1 中我們可以看到學校文化具體與象徵的部分，概念性抽象的基礎包括價值、哲學與意識形態。而這些文化的內涵與概念性／語文、視覺／物質與行為顯現有密切的關係。

1. 概念性／語文方面的顯現包括
   - ⑴目的與目標
   - ⑵課程
   - ⑶語言
   - ⑷隱喻
   - ⑸組織故事
   - ⑹英雄事蹟
   - ⑺組織結構

2. 視覺／物質方面包括
   - ⑻設施與設備
   - ⑼人為的紀念物
   - ⑽格言
   - ⑾制服

3. 行為顯現方面包括
   - ⑿典禮
   - ⒀紀念儀式
   - ⒁教與學
   - ⒂運行的程序
   - ⒃規則及獎懲
   - ⒄心理與社會支持
   - ⒅家長與社區的互動型態

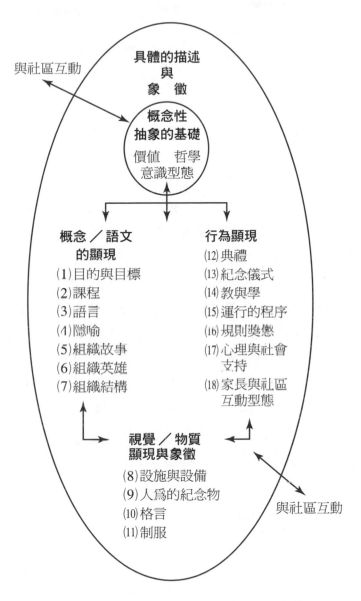

圖 13.1 評估與發展學校文化的概念性架構

資料來源："Creating an excellent school," by Bear, H.,
Caldwell, B. J. & Millikan, R. H. (1989), p. 176.

▌第三節　建立優質的學校

在探討如何建立理想學校的言論中，廣受注意的改造策略包括：

1. 校基管理：如何增加學校的自主空間，透過自主空間的確立，來鼓勵建立各具特色的學校。增加學校的自主空間也意味著如何將權威轉移至學校。一般討論中，最主要的建構是政治和行政的分權化。

2. 家長選校：近年來國內外在改進教育的努力中，一般也都堅信學校必須成為注意的焦點，資源和權威的改變必須以家長為主要的考量，因為他們是和學習者關係密切的人。家長代表教育服務的對象，他們的自由選擇學校可以打破僵化的學校制度。

3. 教師授權：教師在教學過程中扮演重要的角色，尤其是班級教學的決定與領導角色關係學生學習的成效。尊重教師的專業，充分授權學校的教學活動，將有助於建立教學自主的學習環境。

4. 能理解的教學：教師的教學應與學生的學習產生互動，教學應以學生為本位，安排學生所能理解、接受的教材與活動。

本節經由分析地方自主的型態，來檢視學校權威和管理的結構。在重建學校中，學校自主化標榜的五個範疇分別是：目標、預算、人事、課程及組織結構。

一、地方自主性的型態

1. 校基管理 (school-based management)

校基管理 (school-based management) 有多種的定義方式，例如 Clune、White 及 Lindelow 強調權威轉移至學校；Malen 和她的同僚同樣地也強調管理結構的改變。校基管理，是透過增加學校人員的權威來改進教育的一種制度 (Clune & White, 1988)。校基管理也是一種教育行政制度，學校是分權化之後的教育決策最主要單位 (Lindelow, 1981)。校基管理可以被視為是管理結構的正式改變，地方分權的一種形式，學校是改進教育最主要的單

位 (Malen, 1989)。權威的轉移是校基管理之基本概念，在此種管理制度之下，學校從上層的行政結構中得以鬆綁。在地方學校的控制及影響力日漸擴增的情況下，也賦予學校更大的責任來管理學校自己的事。改進教育的策略從「由上而下」轉變為「由下而上」。這種轉變的預期好處是，希望能看到較好的教育方案、較好的學生表現及較令人滿意的學校人事。

2. 共享決策 (shared decision making)

近年來的教育改革一直都在呼籲，要擴展教師在決策中的角色。提出這種改革策略的基本假設是：

⑴教學是一種專業的性質。專業包括在決策中具有相當的自主性 (Goodlad, 1984)。

⑵教學是一種道德層面的活動。因為教學是一種道德的活動，因此在教學過程中必須對教師有相當的授權，教師必須具有根據他們認為的最佳判斷而去行動的自由 (Bolin, 1989)。

⑶顧客導向的哲學。居於產品應盡可能與顧客接近的哲學，每個地方的學校單位應具有學習和教學決定的能力，以保持這種優勢。教師可能比任何遠離教室的決策者更知道學生的需求 (Harvey & Crandall, 1988)。

基於這種假設，一般人也相信，真正的教育改革必須仰賴授權給教師，由學校教師來主導，改革才會落實。因此學校重建的策略應包括：

⑴提供教師正式做決策的權威及其他發揮影響力的管道，以便幫助教師參與學校管理。

⑵建立促進專業發展的機會。

⑶在行政的層級中創造支持教師專業的規準。

3. 法規限制的合理化

先進國家的學校，一般享受自由的程度受到工會合約和州、聯邦法令的限制。國內的教師組織運動才剛起步，因此學校的限制大多來自行政命令或法令。如何免於外力過度的控制，是學校轉型改革的關鍵部分。如何突破組織環境的限制，促進行政流程的暢達，在美國教育制度重建的討論中，曾受到相當的重視。以下的例子或許可以提供我們思考法規限制合理

化的問題。

(1)工會合約:

工會合約通常用來規範傳統的管理與勞力工作安排的條件。比較急進的合約，常希望藉著取代工業的交易模式，企圖提升校基管理及決策共享的實質。他們所仰賴的基礎是合作和專業，相對於工業交易模式的自我利益及科層控制。另一種比較具有說服性的策略是，基本的合約仍然存在，但是個別的學校能自由免除一些監督，例如對班級大小的限制。合約的訂定通常透過組織與組織來進行，因此合約的訂定方式都透過專業談判為之。

(2)州和聯邦的法令:

在州與聯邦的法令環伺之下，工會合約的影響力未必能完全發揮。於是需要形成一種有效的策略，用來平衡州及聯邦的法令對校基管理的限制。

第一種策略是完全授權的校基管理概念，把整個法令架構下放到學校層級。在這種運作模式之下，學校自行訂定目標，並且為辦學結果擔負起績效責任。換言之，學校在選擇達成目標的過程、執行的策略與活動方面具有相當的決定權。例如，美國北卡羅來納 1989 年學校改進及績效責任法案，即是全州鬆綁的例子。另外的例子則是，美國南卡羅來納和馬里蘭鬆綁後表現良好的行政區。在南卡羅來納規定，具有優良學術成就歷史的學校（大約有 10%）得以免於州法律的約束。

第二種策略是增強的彈性，這種用來增進地方自主性的策略是，減少政府單位公布的法令數目。運用這種策略，各行政單位可以檢視他們自己的法令架構，指出教育方面過度受到約束而可以刪除的地方。

第三種方法是同意學校和行政區免於受到現存法令的約束。這是一種最理想化、最新而且最被期望普遍使用的策略，這樣才能全盤來過。

4.學校社區的整合

另外一個導向是授權給父母，擴大社區參與，需要重建的學校能充分授權給教師和社區成員。希望家長能夠比現在對學校的決策過程發揮更大的影響力。在管理的安排中，將權威正式轉移到學校社區裡的公民。例如，芝加哥的每所學校是由十一人組成的委員會來管理，這些成員包括社區中

的八位代表和三位專業人員（二位教師、一位校長）。這種委員會對學校的
課程、資源的分配、人事的聘用有相當大的權威。此外也包括致力於擴大
學校社區，將家長、專業教育人員、大學等，統合成一股集體的力量，以
便促進學校的進步。如果要教育成功，政策和方案不能單獨著重在學童身
上，必須同時宣稱兩代之間共同參與的必要性。

　　有關家長選擇這個概念，許多重建學校的理論主張，在教育中採用市
場競爭的哲學，也就是要為家長開放註冊的形態和選擇的機會。在美國這
種現象已形成相當的共識。Coloradio、New Jersey、Arkansas、Iowa、
Nebraska、Ohio、Washington 及 Idaho 都跟隨著 Minnesota 州的選校概念去
發展。實施家長選校的先驅行政區，如 Richmond、California、New York
City's District 4 的選擇計畫，已經為其他想跟進的行政區鋪好了路。在所有
可以選校的區域中，很明顯的權威已經轉移至家長身上。是家長而不是行
政人員被認定應為孩子該上哪所學校擔負起較大的責任。

二、地方自主範疇的確認

　　將權威轉移至學校社區層面意味著，以往由上級行政單位所做的許多
決定，現在改由學校人員和家長來決定，有時由學生及一般公民做決定。
地方分權的策略包括，校基管理、授權給教師以及家長選擇等。理論上學
校裡的成員對於預算、人事、課程、目標及組織結構等五個範疇有相當的
決定權。如果能充分享有當有助於建立具有特色的學校，但是這五個權力
範疇的大小，事實上是因地而異。

　　1. 目標：地方分權讓學校對組織所要追求的方向，有更多的控制權。
達成該種方向所需的目標與策略主要都是由學校自己來決定，這可以促使
每所學校發展出獨特的文化。

　　2. 預算：假若地方人員沒有重新分配資源的能力，校基管理的其他面
向，將無法發揮影響力。我們知道課程及人事的安排大部分仰賴對預算的
掌控。地方分權的預算指的是分配給學校的專款是一個總額，而不是事先
決定好支出的類別（如多少錢用來購買設備、多少錢用來支付薪資）。也就

是說讓學校自己而不是行政區，來決定如何運用這筆專款，使其發揮最大的效用。很不幸地中外皆然，學校的預算權受到層層的節制，簡直到了綁手綁腳的地步。

3.人事：與預算決定有密切關聯的是人事聘用與發展的控制。在最保守的地方學區中，教師職位的分配是由上級行政單位決定的。相對的地方自主的學區，地方學校社群的成員對於由誰填補缺額幾乎擁有全部的控制權。教師不再是由上級行政單位派任到學校來，而是由教師和行政人員與候用教師面談後做最後的決定，並將他們的決定告知上級行政單位。在地方自主的模式中，專業職位的分配不是事先決定的。學校有選擇人事的自由，他們也有運用專款於特定目的之自由。

4.課程：在校基管理的制度下，學校對於課程有幾近全部的權威。以學校為基地的課程，意味著每一所學校的成員決定使用何種教材。此外也意味著校長和教師決定何種成員發展活動最適合該校的需要。這個理念與鄉土教學的精神是相通的，唯一不同的是校基管理以自發性為主，而現行學校的作法是經由中央的教育部一聲號令才去著手進行。

5.組織的結構：中小學的結構如何重新改造？可以鼓勵學校創造各種教育方案，甚至改變根據年齡分班和根據能力教學的情形。在國外的學校改造運動中，許多地方自主性的學校正在實驗選擇性的方案、核心課程及以結果為導向的教育。基本上，這些改革的構想無非是變更學校組織的結構以完成教學目標，扭轉並改變組織結構限制教育功能的事實。

問題與討論

1.何謂組織文化？如何去確認學校組織中的文化？

2.試進一步探討與說明學校組織文化的概念性架構。

3.如何建立學校卓越的文化？試說明您的看法。

4.地方自主的意義為何？校基管理在國內實施的可行性如何？

第十四章　學齡人口改變與教育發展

本章從臺灣近年來的出生人口減少談起，探討的重點以出生人口減少又面臨出生人口結構的改變此一問題，文中分別就人口結構改變的影響、新住民配偶以及其子女的議題、人口老化等問題，探討未來面對的挑戰以及可能的因應對策。

▌第一節　人口結構改變對教育的衝擊

由於經濟壓力與社會價值觀的轉變，女性生育期受到晚婚之趨勢而相對減短，婦女總生育率預期將呈現下降的型態，臺灣未來將面臨人口零成長而後轉為負成長。出生率下降是許多歐美國家的共同現象，臺灣在轉變為以工業為主的都市化結構之後，人口維持低度的成長，期間的出生率已緩慢下降。在 1990 年時，臺灣的生育率已低於替代水準。

一、出生率與出生人口下降

內政部的統計數字顯示，在民國 30 及 40 年代，臺灣每名婦女生育高達 6 個子女，到了民國 73 年起降為兩個子女。近年來，臺灣地區出生率由民國 80 年的 1.57% 降到民國 90 年的 1.17%，至民國 93 年出生率正式跌落 1.0% 以下，民國 100 年的出生率只有 0.85%。出生人口數下降的趨勢亦從民國 80 年的 321（千人）降至民國 97 年的 196（千人），顯示人口轉型趨勢由成長進入穩定發展後又轉為衰退，如表 14.1，各項人口成長數據亦呈現下滑的趨勢（內政部戶政司，2012a）。未來的出生人口低於 20 萬是否為常態？我們的教育發展又應如何因應？

表 14.1　歷年臺灣的出生數及粗出生率

年　別	出　生　數（人）			粗出生率(%)
	計	男	女	
民國 63 年	357,696	184,750	172,946	2.266
民國 64 年	359,472	185,012	174,460	2.236
民國 65 年	425,886	219,639	206,247	2.597
民國 66 年	395,260	203,749	191,511	2.362
民國 67 年	413,270	213,989	199,281	2.425
民國 68 年	423,266	218,942	204,324	2.436
民國 69 年	413,177	213,066	200,111	2.334
民國 70 年	415,808	214,999	200,809	2.306
民國 71 年	403,143	208,331	194,812	2.196
民國 72 年	382,313	197,375	184,938	2.050
民國 73 年	370,078	191,613	178,465	1.955
民國 74 年	344,101	177,601	166,500	1.793
民國 75 年	307,363	159,087	148,276	1.583
民國 76 年	314,245	163,431	150,814	1.602
民國 77 年	343,208	178,349	164,859	1.730
民國 78 年	313,768	163,373	150,395	1.564
民國 79 年	337,042	176,759	160,283	1.662
民國 80 年	320,384	168,145	152,239	1.563
民國 81 年	321,405	168,306	153,099	1.552
民國 82 年	325,994	169,360	156,634	1.560
民國 83 年	323,768	168,764	155,004	1.535
民國 84 年	326,547	169,482	157,065	1.535
民國 85 年	324,317	168,961	155,356	1.513
民國 86 年	324,980	169,422	155,558	1.502
民國 87 年	268,881	140,063	128,818	1.231
民國 88 年	284,073	148,456	135,617	1.291
民國 89 年	307,200	160,529	146,671	1.385
民國 90 年	257,866	134,310	123,556	1.154
民國 91 年	246,758	129,141	117,617	1.099

民國 92 年	227,447	119,218	108,229	1.008
民國 93 年	217,685	114,349	103,336	.961
民國 94 年	206,465	107,697	98,768	.908
民國 95 年	205,720	107,578	98,142	.901
民國 96 年	203,711	106,570	97,141	.889
民國 97 年	196,486	102,768	93,718	.854
民國 98 年	192,133	99,948	92,185	.833
民國 99 年	166,473	86,804	79,669	.719
民國 100 年	198,348	102,948	95,400	.855

資料來源：內政部。

　　從整體發展趨勢來看，按內政部之預估，臺灣地區出生人口之趨勢將持續下探。如果沒有出現有效的獎勵措施，恐不易扭轉此種發展趨勢，如圖 14.1。

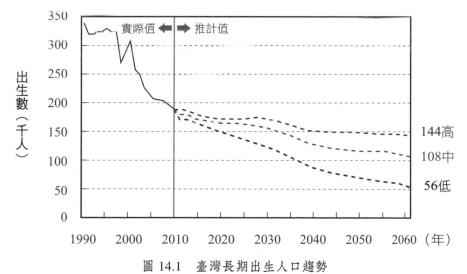

圖 14.1　臺灣長期出生人口趨勢

資料來源：內政部。

　　就出生人口改變對教育的衝擊來分析，過去臺灣地區國小學生總數一直維持在 190 萬人至 210 萬人間，每年小一新生也維持在 30 萬至 32 萬人之間。由於出生人口逐年減少，民國 93 年 8 月國民小學一年級入學的學生數首次跌破 30 萬，實際僅 28 萬 4000 多人。依據出生人口的改變趨勢，未來的小學就學人數將面臨更嚴苛的逐年遞減，諷刺的是，近年來學校數仍不斷地增加；然而區域分布不均，部分地區中小學已無法倖免地受到出生人口銳減的嚴重衝擊。

　　除了出生人口數逐年下降對中小學的衝擊之外，國內大學也無可避免地必須與中國大陸重點大學或世界知名大學競爭招收學生。近幾年來，國內一般大學院校的容量擴充，以往中後段大學生報到率都在九成以上，但目前有的學校報到率跌到八成以下，或者更低；由於這種結構性的發展趨勢是不可能立即改善的，可以預見，臺灣高等教育的經營將面臨空前的挑戰。試想目前高等教育的招生名額約有 36 萬人（不含二技及研究所的招生名額），其中日間學制招生名額已達 24 萬人。高等教育的供給量已大於出生人口的就學需求。國小入學人口減少是「現在式」，反映在未來的高等教育市場，招生不足已經展開，未來相當部分的高等教育學校招不到學生，乃至於倒閉都是可能發生的事。

二、移入人口結構改變

　　依據內政部的結婚登記資料，民國 90 年大陸配偶有 26,198 人、港澳地區有 140 人。外國籍方面，東南亞地區有 15,570 人，其他地區只有 276 人。民國 100 年，新住民配偶有 12,483 人，其中大陸 12,117 人、港澳地區 366 人，外國籍東南亞地區 4,336 人，其他地區 600 人。相較於十年前因婚姻移入的人口目前已大幅縮減，如表 14.2（內政部，2012b）。

表 14.2 結婚人數按配偶原屬國籍分（按發生日期）

年　　別	總　　計	本國籍	大陸、港澳地區			外　國　籍		
			合　計	大陸地區	港澳地區	合　計	東南亞地區	其他地區
民國 87 年	140,010	120,256	11,452	11,303	149	8,302		
民國 88 年	175,905	145,981	17,005	16,849	156	12,919		
民國 89 年	183,028	140,865	22,956	22,784	172	19,207		
民國 90 年	167,157	124,973	26,338	26,198	140	15,846	15,570	276
民國 91 年	173,343	128,500	27,767	27,626	141	17,076	16,746	330
民國 92 年	173,065	124,665	31,353	31,183	170	17,047	16,600	447
民國 93 年	129,274	99,846	11,840	11,671	169	17,588	17,198	390
民國 94 年	142,082	117,486	13,963	13,767	196	10,633	10,227	406
民國 95 年	142,799	122,365	13,871	13,604	267	6,563	6,111	452
民國 96 年	131,851	110,563	14,003	13,775	228	7,285	6,817	468
民國 97 年	148,425	130,429	12,149	11,887	262	5,847	5,315	532
民國 98 年	116,392	98,331	12,519	12,270	249	5,542	5,101	441
民國 99 年	133,822	116,308	12,333	12,065	268	5,181	4,666	515
民國 100 年	165,305	147,886	12,483	12,117	366	4,936	4,336	600

資料來源：內政部。

　　新住民配偶所生子女之比率，民國 87 年為 5.12%，92 年則高達 13.37%。有關臺灣近年來新住民配偶所生之子女增加的情況如表 14.3。根據內政部的統計資料 (2012b)，以民國 92–100 年的出生嬰兒來分析，本國籍所占比率由 86.63% 提升到 92.17%；相對地大陸、港澳地區或新住民配偶所生的比率則由 13.37% 降低到 7.83%。對照近年來新住民婚生子女及本國出生子女人數比較，呈現一個往下衰退，一個往上成長的趨勢；新住民出生的高峰在民國 92 年，而這些成長中的小孩已陸續進入教育系統就學。

表 14.3　臺閩地區近年嬰兒出生數按生母國籍分　　單位：人；%

年　別	嬰兒出生數		生母國籍（地區）			
			本國籍		大陸、港澳地區或外國籍	
	人　數	百分比	人　數	百分比	人　數	百分比
87 年	271,450	100.00	257,546	94.88	13,904	5.12
88 年	283,661	100.00	266,505	93.95	17,156	6.05
89 年	305,312	100.00	282,073	92.39	23,239	7.61
90 年	260,354	100.00	232,608	89.34	27,746	10.66
91 年	247,530	100.00	216,697	87.54	30,833	12.46
92 年	227,070	100.00	196,722	86.63	30,348	13.37
93 年	216,419	100.00	187,753	86.75	28,666	13.25
94 年	205,854	100.00	179,345	87.12	26,509	12.88
95 年	204,459	100.00	180,556	88.31	23,903	11.69
96 年	204,414	100.00	183,509	89.77	20,905	10.23
97 年	198,733	100.00	179,647	90.40	19,086	9.60
98 年	191,310	100.00	174,698	91.32	16,612	8.68
99 年	166,886	100.00	152,363	91.30	14,523	8.70
100 年	196,627	100.00	181,230	92.17	15,397	7.83
合　計	3,180,079	100.00	2,871,252	90.29	308,827	9.71

說明：　1. 93 年以前生母原屬大陸、港澳地區或外國籍已定居設戶籍者，列入本國籍
　　　　　統計。
　　　　2. 86 年以前未有是項統計。
資料來源：內政部戶政司 (2012b)。

　　鑑於臺灣新住民配偶的數量曾經快速擴增，許多新住民涉及文化適應
的問題，教育程度也有偏低的疑慮，因此配偶本人及其子女的教育問題都
必須給予更多的關注，以免造成社會問題，進而影響國家整體的人力素質。

三、人口老化

　　臺灣的老年人口於民國 82 年已達 149 萬人，占總人口 7%，開始邁入

「高齡化社會」(aging society)。依據行政院經建會預估到民國 106 年，我國將邁入高齡社會 (aged society)，老年人口比率達 14%。民國 115 年，我國 65 歲以上人口達 4,981,000 人，占總人口數比率為 20.90%，如表 14.4。此一比率將把臺灣推進超高齡人口的國家。未來的社會約每 3.2 個 15–64 歲工作年齡者，須負擔 1 個 65 歲以上高齡者。

有關高齡化的社會趨勢，除了 65 歲以上人口占全人口比率之外，第二項指標就是「人口老化指數」以及「扶老比」或「對 65 歲以上人口扶養指數」。「人口老化指數」係指 65 歲以上人口數除以 14 歲以下人口數得出的比率，又稱為「老幼人口比」；當一個國家的人口老化指數不斷上升，反映其「高齡化且少子女化」的情形愈來愈明顯。另一方面，65 歲以上人口數除以 15 至 64 歲人口數之比值的「對 65 歲以上人口扶養指數」若愈高，也象徵一個國家勞動階層扶養老人的負擔愈重（內政部戶政司，2012b）。面對人口結構日漸老化現象，如何規劃老人福利等相關措施、滿足老人各項需求及因應伴隨高齡化社會所衍生之老人問題，為政府當前重要施政目標之一，而老人的適應與樂齡學習也已納入教育部的施政項目。

表 14.4　我國年齡別人口結構

年　別	年底人口數（千人）				老年人口比例 (%) (C)/(A)×100	每老人依賴之 工作人口數 (B)/(C)
	總人數 (A)	0–14 歲	15–64 歲 (B)	65 歲以上 (C)		
97	23,037	3,905	16,730	2,402	10.43	6.97
98	23,042	3,789	16,797	2,456	10.66	6.84
99	23,123	3,672	16,962	2,489	10.76	6.81
100	23,200	3,556	17,109	2,535	10.93	6.75
101	23,275	3,438	17,225	2,612	11.22	6.59
102	23,346	3,376	17,260	2,710	11.61	6.37
103	23,415	3,299	17,285	2,831	12.09	6.11
104	23,479	3,197	17,316	2,966	12.63	5.84
105	23,539	3,143	17,254	3,142	13.35	5.49

106	23,593	3,097	17,186	3,310	14.03	5.19
107	23,642	3,069	17,093	3,480	14.72	4.91
108	23,686	3,048	16,982	3,656	15.44	4.64
109	23,724	3,035	16,844	3,845	16.21	4.38
110	23,757	3,023	16,697	4,037	16.99	4.14
111	23,786	3,015	16,557	4,214	17.72	3.93
112	23,809	3,002	16,404	4,403	18.49	3.73
113	23,824	2,985	16,242	4,597	19.30	3.53
114	23,834	2,966	16,078	4,790	20.10	3.36
115	23,836	2,945	15,910	4,981	20.90	3.19

資料來源：內政部統計處內政統計月報、行政院經建會「中華民國臺灣 97 年至 145 年人口推計報告」。

第二節　人口結構改變與融入教育

　　臺灣新住民學齡人口將近 10%，因此，新住民子女的融入問題也格外引起關注。影響新住民子女的教育表現相當複雜，尤以家庭與學校兩因素為其關鍵，包括新住民女性家庭父母的社經地位、父母的教育程度、家庭經濟、學校因應措施等因素皆攸關其子女在校表現（李瑞娟，2007；顏妙書，2011；張憲崇，2011；蔡瑜馨，2012）。大致而言，母親為華裔背景或中文程度好，有助於新住民子女的學習；而父親的教育程度、職業專業度愈高，其子女之學業成就也愈好（李瑞娟，2007；劉萬來，2009）。新住民子女是否顯現學習上的弱勢？許多研究的結果不盡相同，有的研究者指出這些學童並無學習上的問題，有些研究者則持相反意見。

一、政府部門的因應對策

　　為因應此一新的發展趨勢，過去政府部門曾積極地推動不少工作。教育部在經建會的研討會 (2004 年 8 月 5 日) 中就提出「落實多元文化教育，

重視新住民教育」的構想與作法（行政院經濟建設委員會，2004）：

1. 新住民配偶教育

⑴補助縣市政府辦理新住民配偶成人基本教育班(識字班)，民國93年計有五百八十八班，約一萬二千人參與學習，並鼓勵賡續進入補習及進修學校就讀，共建學習社會。

⑵舉辦全國新住民配偶成人基本教育教材教法研習觀摩會，於民國93年共計一百人參與，促進多元文化學習及溝通瞭解。

⑶編印新住民配偶成人基本教育教材及教師手冊（中、越語文）各三冊，結合民間團體製播成人基本教育電視節目，並將教材公告於網站以利資源分享。

⑷民國92年度補助澎湖縣等十一縣市家庭教育中心規劃辦理新住民配偶家庭教育活動及相關成長活動，並補助社教館、社教工作站及民間團體等推動新住民配偶成長教育活動。

⑸委託國立嘉義大學辦理「建立新住民配偶家庭教育學習團隊計畫」，並補助進行「新住民配偶家庭適應現況普查——以雲林縣為例」專案計畫，以調查及行動研究方式，瞭解新住民配偶家庭教育需求，並建構對其有效之家庭教育推展模式與課程架構，以利未來提供辦理單位之執行參考。

⑹教育部未來將著重協助新住民配偶及早適應家庭生活，將請各縣市家庭教育中心持續辦理新住民配偶家庭教育活動，並配合招募輔導員，對於需要進行個別家庭教育之新住民配偶及其家庭，採取就近訪視輔導或線上輔導（包括電話及網路）等方式進行。

2. 新住民配偶子女教育

⑴納入「教育優先區計畫」：推動親職教育活動、辦理課後學習輔導等，盡量讓有需要之新住民配偶子女接受更好的教育照顧。民國92年相關之教育補助納入教育優先區計畫內容中，總計服務學生已超過33,340人次。

⑵補助偏遠地區國民小學增設幼稚園經費，讓新住民配偶所生子女提早進入學校教育系統，分擔新住民配偶教育子女的責任，讓新住民配偶子女獲得較佳的教育服務。

⑶針對有學習或生活適應困難學生,各縣市學校視需要設立資源班(包括分散式及集中式),輔以特別之另類課程,使其獲致最佳的學習效果。

⑷鼓勵學校教師多進行家庭訪問,針對該等家庭之特別情況,因個案需要予以最佳的輔導。

⑸配合地方之社會福利系統並結合學生課後照顧,給予有需要之「新住民配偶」子女在學習上、生活上獲得更好的教育服務,給予該等學童必要之協助,或因個案需要施以補救教學。

事實上,照顧新住民配偶及其子女,可能包括三個系統的工作。新住民配偶的融入教育當然是第一優先,各縣市的社教單位、家庭教育中心應統整其工作;新住民配偶的子女部分包括托育與教育兩部分,托育部分由內政部負責,教育則納入各縣市政府教育局的業務。因此,從中央到地方政府,工作的有效統整與分配是當務之急。

二、融入教育的落實

1.重視新住民配偶的學習權

受教權為基本人權之一,新住民配偶接受臺灣教育應獲得法律上的支持與保障。再者,社會的融合是進步的基本條件(黃富順,2003)。基本教育是新住民配偶融入我國社會的踏腳石,教育新住民配偶的意義在於使其認同自己的角色定位,不再以「外來者」自卑。

John Rawls 的「正義論」認為機會均等是不可能的,而且認為「『自然』優勢與『社會』優勢是同樣武斷的」,「沒有理由認為所得和財富的分配不能由歷史和社會條件來決定,但可以由自然屬性的分配來決定。」所以在機會平等之上還要再加上他所謂的「差異原則」(difference principle),也就是「如果某些人有所得,處於不利地位的人也應有所得。」(林本炫,1999)。

新住民配偶以識字作為融入臺灣社會的基礎,作為促進個人拓展其生命視野的途徑,向來為許多學者所強調(何青蓉,1995、1999)。主要是能藉由識字的學習,除了適應生活環境之外,進而更深度地觀照個體與世界的互動情形,而以不同的思維及行動回應外在世界。因此識字與否,對新

住民配偶移入臺灣社會後的生活適應及發展，是相當重要的關鍵。

2. 縮小代間教育程度或文化的差距

　　臺灣是一個自然資源不足的國家，人力資源成為重要的發展依靠，因此人力素質的好壞直接影響發展。人力的素質不僅要具備生產的知識與能力，國民基本生活素養的提升也非常重要。一個社會的發展最主要的原動力來自優良素質的國民，而優良素質的國民首重生活素養。所謂生活素養包括日常生活的基本禮儀、生活規範、守法精神、人文關懷、團隊精神、良好生活習慣、生理／心理健康、親子關係、社區生活、幸福感、愛鄉愛土情懷等。就新住民配偶而言，這些能力的獲得需要透過非正規的教育來充實。黃富順 (2003) 指出新住民配偶個人生活調適問題：如語言隔閡、飲食習慣、風俗文化、年齡差距、生活習慣、教養子女的態度等差異，由於認知落差、觀念不同對下一代的教養易產生問題。因此，教育新住民配偶不僅是要幫助她們盡早融入臺灣社會生活，更必須要擔負起提升國民生活素養的功能。

　　雖然新住民配偶在臺生活調適程度與其結婚年齡、教育程度及娘家的家境有密切關係；結婚年齡較高者通常能代表其教育程度較高，她們在處理與夫家成員的關係上呈現較佳的情況，對子女的語言教育也較能提供幫助（蕭昭娟，2000）。但是研究也發現新住民配偶過度保護子女的態度會影響到學校教師與其子女的互動關係，而其子女也會在種族、文化認同上產生自卑心理（陳美惠，2002）。因此如何減低代間教育程度或文化差距的影響，是教育新住民配偶必須正視的課題。總之，新住民配偶在臺的學習與適應能力，也影響著其子女的學習與成長，教育新住民配偶除了生活素養之外，也應提供她們教養子女必要的知能。

第三節　未來的因應對策

　　自從 1968 年美國芝加哥大學校長 Hutchins 首度提出「學習社會」(The Learning Society) 的理念以來，世界各國紛紛見諸行動；1972 年聯合國教科

文組織 (UNESCO)「國際教育發展委員會」(The International Commission on the Development of Education) 委員長 Faure 即提出《學習發展：今日與明日的世界教育》(*Learning to Be: The World of Education Today and Tomorrow*) 為主題的報告書，指出學習社會中，教育不再是菁英分子的特權，亦不是某特定年齡層的專利品，它是全體社會中，每一個人所應擁有的「學習權」，提供終身學習之機會是這個社會責無旁貸的事（林海清，2002）。

一、面對人口結構的異質化

面對新的問題，相關的機制也已啟動。例如，補習和進修教育的推廣，是為了補充國民生活知識、提高教育程度、傳授實用技藝、培養健全公民，以促進社會進步（教育部，2001）。補習教育相當於成人基本教育，是著重成人基本閱讀能力和生活技能的養成；而進修教育在於提供成人繼續接受教育的機會，以提升人力素質。據此，教育部特別要求加強各縣市對新住民配偶的學習輔導及親職教育，藉由識字班及生活輔導專班的設立，推廣新住民配偶的學習。

鑑於臺灣人口結構改變，新住民配偶子女快速增加，將衝擊我們的教育體系，乃至於整個社會體系，或許我們可以朝下列的思考方向來改善此一問題：

1.建立長期人口趨勢的資訊與教育政策因應的機制。此一人口趨勢宜包括出生人口、人口結構、地區分布以及改變的趨勢以作為中央或地方教育發展規劃參考之資訊。中央教育部門宜建立此一領域的因應小組，進行長期的追蹤與研究，並做出正確的建言。

2.城鄉差距所帶來的不同情況，必須有不同的處置策略。學校規模、就學區域的調整，因城鄉差距所帶來的差異十分懸殊，任何政策或措施都很難一體適用，處理城鄉差距的教育問題，必須個別化，因地制宜來面對。尤其應以專業的角色來扮演，避免政治的考量。

3.因應新住民配偶及婚生子女的適應問題。諸如語言、生活、教育、文化等方面，都與社會發展息息相關。政府當局宜展開後續的追蹤研究，

以擬定可能的對策。建議內政部、教育部以及縣市教育局、處所直屬的中小學校所推動的新住民配偶及子女的教育工作，宜進行統整，以期更有效地發揮所投入的資源。

　　4.重新思考社會安全機制的內涵與必要措施，落實建立臺灣的社會安全機制。尤其是人口控制的議題與環境、產業息息相關，人口素質的確保與生活品質亦密不可分，宜審慎面對。對於移入人口宜建立更嚴謹的措施，以減低社會成本，維護社會安全為目標。

二、建構活到老學到老的終身學習體系

　　活到老學到老是一個理想的學習型社會，如何深化民眾終身學習的行動力，實現有品質之全民教育與終身學習？目前政府已推動了一些措施，例如（教育部社教司，2012b）：

　　1.針對辦理學習型城鄉計畫之縣市進行實地諮詢輔導，逐步提升全國學習型城鄉普及率。

　　2.整合學習型城鄉計畫及社區多功能學習中心，連結地方學習據點，提供多元學習機會。

　　3.深耕永續經營，推動社區大學發展能力，加強非正規課程認證制度，核發學分證書，以利學習轉銜高等教育。

　　4.配合非正規教育學習成就認證辦法之修正，研修相關法令，擴大宣導、輔導終身學習機構申請學程學分課程認證。

　　在整合高齡學習資源方面，也期望能建立無年齡歧視之社會。教育部已規劃執行下列措施（教育部社教司，2012c）：

　　1.逐年於全國368個鄉鎮市區設置樂齡學習中心，並結合學校空間辦理在地化的老人學習活動。

　　2.強化各縣市政府編列老人教育預算，落實高齡者學習權益，並輔導各縣市政府強化樂齡學習督導制度。

　　3.創新多元化的樂齡學習管道，發展樂齡大學，推廣世代融合教育。

　　4.建立各縣（市）政府具觀摩、在地的「樂齡學習示範中心」，以提升

縣市執行高齡教育政策能力。

　　5.研發適性的高齡教育專業培訓教材，全面擴大培育樂齡學習專業人員，並建立高齡教育專業人才資料庫。

問題與討論

1.學齡人口減少的趨勢為何？此一趨勢的發展對教育而言利弊何在？

2.新住民子女人數的成長可能面臨哪些問題？您認為應該如何因應？

3.融入教育在其他國家的發展經驗中，是否有值得借鑑之處？

4.臺灣的人口結構的狀況為何？對教育體系的衝擊為何？想想看有何因應之道？

5.樂齡學習是何種性質的學習？主要推動的重點為何？

第十五章 學校教育與社區發展

「社區」是一個心理與生理的生活空間，它是以地區的風土、習性為基礎，追求生活的自律性和文化的獨特性。現代社區規劃所具有之教育意涵包括：

　　1.理想的社區是兒童、青少年階段與「重要他人」共同生活的場所。有形教育的一切活動，須參考此一基本事實。

　　2.社區是青少年必須認識學習的主題，青少年透過社區生活中的各種學習，實際體驗人生、環境與社會的關係。

　　3.社區包含豐富的教材、教具等資源，學校的教學可以積極的活用社區資源。

　　4.社區是學校設置的基礎，也接受各種學校教育活動的成果，社區進一步期望學校教育文化的指導。

▌第一節 學校與社區的關係

　　時代的巨輪不停地在轉動，目前的運轉速度，給人的印象似乎是特別得快，頗有瞬息萬變的趨勢。過去人們的想法、作法，有的早已被揚棄，有的則必須改弦更張，否則難以在時代巨輪的滾動之下繼續生存。在這股變異的風潮中，學校表現的往往是一個相當保守的機構，甚至今日的學校，常被人批評為社區生活中的一個孤島，而社區的發展在新式建物規劃的限制下，已為理想的統合埋下相當的變數。

一、學校與社區關係的重要性

　　近年來憂心社會發展問題的人士，又重新提出社區發展的理念，建立社區意識，整合各種社區中的資源，以提升生活的品質。一般認為理想的

社區發展應包含:

1.社區發展的範疇是綜合性的，包含政治、經濟、社會、文教等各項要素，各要素間必須兼籌並顧，互相配合。

2.社區發展是一種動態的過程，在社區發展過程中，必須強調有恆、合作、協調及統合。

3.社區發展是朝向理想的目標邁進，應強調自律、自覺、及自動原則（蕭增塘，民77）。

我們實施國民教育的主要場所在國民中小學，以往人們把國民中小學當作實踐教育理念的地方，是教育孩子的理想環境。家長只要把孩子送到學校、交給老師，就可以高枕無憂，因為教師受過教育專業訓練，應該把孩子教好；也有許多國民中小學的教師抱持「只問耕耘，不問收穫」的心態，認為只要盡其在我，發揮教育愛，則毀譽於我何有哉？教育的權責在轉變間，家長、教師之間往往模糊了彼此應有的角色。學校與社區之間也互踢皮球，難以完全勇於承擔國民教育成敗的責任。事實告訴我們，教育下一代的責任，是一種共同的承諾，不應只落在教師、學校及政府的雙肩，學校所在地的社區也應承擔相當的責任。沒有社區的支持，學校教育將陷於孤立無援。

國民中小學與其所處的社區如同唇與齒，密不可分。學校如果自絕於社區之外，或社區將教育責任完全推給學校，袖手旁觀於學校圍牆之外，則國民教育的品質必定難以提升。我們知道許多青少年問題都是「肇因於家庭，形成於學校，而惡化於社會」（師大教授張春興名言）。如果學校與社區配合，可以補足家庭教育功能的衰微，在消極方面，至少可以有效防止青少年問題的惡化；在積極方面，則彼此相互利用資源，相輔相成，促成國民教育品質的提升。改進國民教育的管道固然很多，但是強化學校與社區的關係，實為當前迫切而重要的方法。過去學校教育人員或未發現其重要性，或未與社區充分建立良好的關係，但是在高唱建立社區意識，關懷生活品質的今天，現代的教育不能沒有學校與社區的堅強關係。

二、 可供社區發展的學校資源

從社區發展的觀點來看，學校資源可分成人力資源，物力資源及知識資源，皆能對社區發展產生重大的貢獻，這些可供發展的資源如下：

1. 人力資源

學校的人力資源，可以分成校長、教師與學生三種。這三種人力資源對社區的發展都可以提供相當的貢獻。

⑴校長對社區發展的貢獻：

校長在學校與社區的關係中扮演關鍵的角色，校長對社區發展的態度以及對社區現況的瞭解，將影響辦學態度與對校外事務的參與意願。因此，社區如能主動將有關資訊提供給學校校長參考，諮詢校長對當地社區的意見，將使校長從社區的認識而發揮更深遠的影響。另一方面，社區也可以利用校長在社區的聲望和地位，參與解決社區的衝突，調解社區的爭端。以校長對社區的參與，引導社區民眾的投入，以校長對社區活動的贊同，引導社區民眾對社區活動的響應。如能將校長塑造成有利社區發展的意見領袖，則校長在傳統社會中的聲望很快地將發揮功效。校長與社區具有相互依存的關係，校長本身亦應充實專業的知能，主動接觸社區民眾，參與社區事務，如能在辦學績效上贏得民眾的信賴和讚揚，則這種社區領袖的魅力將發揮最大的功效。

⑵教師對社區發展的貢獻：

教師是社區發展中最佳的人力資源，對社區發展有深入研究的教師可聘為社區理事會的總幹事，各方面專才的教師則可擔任指導老師、會議主席、訓練師資或團隊負責人，例如各種運動團隊的指導老師或負責人，學校教師是最適當的人選；媽媽教室中各項講座的師資、組織童子軍、土風舞社、歌唱班、插花社、手藝社，學校中皆能提供優良的師資；就志願服務團體的負責人而言，學校教師亦是最佳人選。但是，在利用教師擔任社區發展各項工作的同時，必須考慮到教師的角色和地位，對社區發展及學校教育所造成的影響。首先，教師平日所接觸的學生都是社區民眾的寶貝

子女，社區民眾對於教師的期望甚高，參與社區發展的教師，必須顧及原有的社會形象，否則可能引起反效果。因此，教師參與社區工作，應以符合本身的專業為原則，使得社區民眾瞭解教師的專長，而更有信心將子女託付予其教育。其次，教師在學生心目中有其權威性，在社區工作中不會因此受到貶損，更會受到學校學生的尊敬和信服。再者，教師在社區的言行舉止，亦應慎重。社區民眾及學校學生視教師為表率，教師表現自不能損及社區發展。最後，利用教師從事家庭訪問的機會，宜主動宣揚社區發展的觀念，向民眾闡釋自助人助的社區意識，這種主動的教育過程，應避免類似傳教士強迫推銷的手法，以避免造成反效果，損害了教師的形象。

(3)學生對社區發展的貢獻：

學生一方面是社區發展的推動者，亦是受益者。首先，社區發展工作，許多項目皆可由學生來推動，例如志願服務工作，各級學校的學生皆可擔任。經由學生傳播其社區發展的觀念及訊息，也是一種很好的傳遞媒介；學生可擔任社區調查的資料蒐集工作，一方面可以增加他們對社區的認識，一方面所蒐集到的資料可提供社區決策作參考。其次，學生是社區活動的主要參與者，例如童子軍活動，社區青少年育樂活動，在各項活動的參與中，學生也可以享受社區發展的成果。透過社區發展，改善了社區環境，也間接使學生受益。但是在推動學生從事或參與社區發展工作時，不應與學校正規活動相衝突，更不應為了參與社區活動而影響學生的課業。學校與社區兩者充分連繫，相互配合是相當重要的。

2.物力資源

可供社區發展之用的學校物力資源，大略可分下列五項：

(1)校園綠化環境開放：

社區發展的工作項目中如小型公園、運動場及兒童樂園的闢建，正當娛樂的提倡等等，遠不如校園開放來得快速有效。校園綠化環境是社區民眾最佳的休憩場所、娛樂場所和運動場所。一方面可以提高社區民眾的生活素質，另一方面得以瞭解其子女受教育的場所，關心學校教育環境上的疏忽與不當處，進而督促學校改善。至於養成公德心，愛護校園公物及花

木，則更是學校教育與社區教育的共同工作，實在不應將開放的校園任其遭到破壞而最後以關閉校園作為結束。這並非肩負教育民眾責任的學校所應有的態度，而社區在此方面亦應配合學校全力宣導，將移風易俗，培育社區的公德心也納入社區發展的目標之一。

⑵運動器材及運動場所開放：

一般學校內皆具有相當完善的運動場所和器材，例如運動場包括有田賽場、徑賽場及各種球類比賽場；體育館的各項設備，如柔道教室、體操教室、拉環等；許多學校還有游泳池、韻律室……。這些設施絕對不是目前一般社區所能提供的。這些設備在上課時間由學生使用，但是在放學後即遭閒置，如果能提供給社區民眾使用，則可充分發揮學校設施的功效，對社區民眾提供實質的效益。

⑶圖書閱覽室：

鼓勵閱讀風氣以倡導書香社會是全民努力的目標，一般社區閱覽室及圖書室難以滿足社區民眾的需求，而社區的圖書室在功能上，亦容易與學校的圖書室重疊。因此，如果能充分發揮學校的圖書室及閱覽室的功能，自然這些圖書室、閱覽室便成為學校與社區最佳的接觸場所。社區民眾如果能常利用學校的圖書室及閱覽室，自然也容易培養社區閱讀的習慣。當然社區民眾對於學校提供閱覽室及圖書室亦應有所回報，例如擔任義工辦理借閱整理工作，提供經費設備以擴增館藏等，則這項資源共享的構想將互蒙其利。

⑷教室開放供社區民眾辦理研習：

目前的社會講求終身學習的理念，一般學校也能積極扮演此一角色。例如辦理民眾補習教育、辦理各種知性的研習、辦理媽媽教室研習、辦理家庭教育、親職教育、衛生保健……等各項活動。學校教室可以提供現成的設備，因此，學校教室是推動社區教育活動的理想場所。

⑸集會場所：

社區民眾從事的許多集會活動可以利用學校現有設施，例如借用禮堂開辦社區大會、辦理婚喪喜慶活動、舉辦表揚活動……等。社區借用學校

集會場所，也必須體認這是一個教育場所的設備，活動皆應具備教育效果。因此，行為舉止必須合乎國民生活須知與國民禮儀規範。社區與學校應體認到這是一種相互依存的關係，兩者如能同心協力，不但學校教育得以發揮效果，社區發展亦得以蓬勃發展。

3.知識資源

學校對於社區發展的貢獻，除了上述的人力資源和物力資源外，最重要的是知識資源。因為學校是一個知識研習的場所，不但傳授知識，兼且創造知識，社區發展亦應特別運用此一知識資源。對社區發展特別有助益的知識資源，包括組織團體的知識、教育性的知識、人際關係的知識以及其他專業性的知識，說明如下：

(1)組織團體的知識：

如何將民眾加以組織使能發揮分工合作的功能；如何組織社區委員會，使社區發揮自治的功能；如何組織社區中各種運動性社團、休閒性社團、營利性社團、自助性社團、公益性社團、學習性社團等，學校是供應這些知識的大本營。

(2)教育性的知識：

社區發展是一種教育的過程，如何教育社區民眾，涉及到教育環境的布置、教育內容的選擇、教育方法的配合、教育人員的培訓、教育風氣的改造、教育效果的評量……等。學校是最常利用這些知識的場所，因此學校已成為社區發展的軟體工廠，許多社區的事可以多向學校諮詢。

(3)人際關係的知識：

社區發展在結合個別民眾之力以成眾人之力，如何讓民眾能和諧相處，相互扶持，相互規過勸善，遇到爭端能理性對待，若有衝突能合理解決等，這些都屬於社會技巧或人際關係的技巧，學校教育能提供這方面的知識和經驗。

(4)其他專業性的知識：

對修築社區設施的規劃、對環境衛生的清理、對土地資源的開發利用、對宗教信仰的淨化導正、對不良習性的革除……等等，可以透過與學校的

意見交流，對有關問題獲得較佳的認識和處理。

　　社區發展是社區以及社區民眾自我成長的重要過程，善用學校的硬體資源可加速社區發展，善用學校的人力資源可以獲得有效的助力，更重要的是學校的知識資源，可以提供社區更新的基礎，重新注入一股發展的清流。

▌第二節　學校與社區的資源共享

　　以青少年為中心，環繞青少年的是家庭、學校與社區組織三個體系，如果是一種健全的發展，則這三個體系構成了一種社會支持。家庭包括父母、兄弟與主幹家庭的成員；學校包括教師、行政人員、學生同儕與職員；社區組織則包括健保與衛生組織、自願組織、企業界、宗教等。有些是直接的連結，有些則是間接的連結，如圖 15.1。

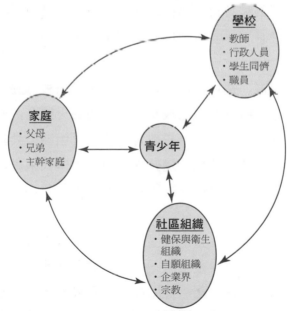

圖 15.1　青少年與所處的社會環境

資料來源：Price, P. H., Cioci, M., Penner, W. & Trautlein, B. (1993), Webs of influence: School and community programs that enhance adolescent health and education. *Teachers College Record*, 94 (3), p. 489.

從教育的觀點看，學校、家庭與社區的依存關係是相當重要的，社區有那些資源可以提供學校使用，不可不察。

一、可供學校運用的社區資源

社區運用學校資源可促成社區進步，同樣的，學校運用社區資源也可以增進學校的教學效果，學校可以從社區中擷取的資源包括：經費資源、人力資源與環境資源。

1.經費資源

學校系統所需的經費龐大，如果完全依賴政府的稅收支應，辦學成效必定受到相當的限制。社區內關心教育的個人或是企業團體，便是教育經費最佳的來源。例如，捐助獎學金、捐助體育設施、教學設備、圖書設備、球隊訓練經費、科學活動經費，甚至捐助旅遊參觀經費等。社區人士的這些舉措不但擴大了學校教育的彈性，而且活潑了學校教學的內容。當然在這種資源共享的理念下，受益的仍然是學生及社區人士。

2.人力資源

社區內所有民眾，都可以成為義工，也都是學校可動用的人力資源。例如，學校可動員組織社區內之校友會；可組織母姊會，關心子女教育的問題；可組織家長會，以討論學校教育措施；可組織公共教育參與團體，以發揮教育督導和支援的功效。這些團體無論由學校來負責召集，或由學校透過社區組織來設立，都可以對學校教育有所貢獻。

3.環境資源

學校的校園範圍有限，整個社區環境可以當成學校的校園。社區活動中心的設備，亦是校園可資運用的一部分。如果能將學生的家庭生活、社區生活與校園生活結合在一起，社區民眾視學校為自己社區的一部分，學校視社區如自己的校園一般，則學校社區化，社區學校化不再只是一個空泛的理想（林振春，民 72）。

二、運用學校資源協助社區發展

如何運用學校資源以協助社區發展？以下所提出的措施，可供發展社區之參考：

1. 積極開放學校場所

由於臺灣地區地狹人眾，尤其都市人口密集，房舍櫛比，公園綠地等休閒活動場所不足以滿足社區民眾之需要。另一方面分布於臺灣各角落之國民中學，其豐富的設施和優美的校園卻未善加利用，甚為可惜。一般中學可以考慮根據社區的需要，擬訂開放學校場所及設施的辦法，鼓勵民眾運用學校資源，以發揮教育功能。

2. 辦理仁愛工作，推行小康計畫

此項方案可從下列幾方面予以推展：(1)師生共同編組成立仁愛工作隊，展開仁愛服務及急難救助。(2)配合社區需要辦理各項技藝訓練班，如中文電腦打字、英文文書處理、珠算等。(3)輔導國中畢業生及社區青少年就業轉業。

3. 美化綠化社區環境

(1)培養學生良好之衛生習慣，進而影響家庭及社區。(2)師生編組定期清掃社區。(3)協助警方整頓社區交通秩序。(4)推展學校、家庭和社區之心理衛生工作。

4. 推展社區基層文化活動

社區文化活動應注意多樣性、普遍性、通俗性與持久性。其具體辦法有：(1)配合國家慶典、民間祭祀、辦理遊藝會等，以提升民眾生活品質。(2)利用家長會、媽媽教室等活動，宣導敦親睦鄰、守法重紀等觀念。(3)協助改善寺廟的宗教活動，輔導其推展文化活動（蕭增塘，民77）。

▋第三節　建立學校與社區的良好關係

一、學校如何與家長建立良好關係

學生家長是學校最重要的「外部公眾」，根據吳武典、林繼盛（民74）

所作的研究發現，加強學校與家庭聯繫有助於促進父母管教方式合理化。也就是說教師以多用獎勵少用懲罰的方式影響父母的教育態度，鼓勵家長可增加家庭親子的互動，進而改善學生的家庭學習環境。也因此，可以提高學生的學業成就、成就動機和對學校抱持積極的態度。由此可見家庭和學校聯繫的重要性。很遺憾的，隨著社會結構的改變，多數婦女投入就業市場，子女和父母相處的機會減少，相對的，不易掌握與瞭解孩子的心理和學習狀況，而學校教師與父母的聯繫也備感困難。加上傳統班級人數多，教師要關照到每一個學生相當困難，而教師和家長社會背景不同，觀念不一，雙方要取得和諧關係，必須透過各種活動才可能促進彼此的瞭解，以下就有助於此一關係建立的方法進行探討。

1.成功的教學

　　學校欲與家長建立良好的關係，首要的條件乃是教師克盡職責，達成應盡的任務。學校教學的好壞是影響建立良好關係的成敗關鍵。試想教師敬業樂業、認真教學、關愛學生，家長怎能不讚譽教師的教學，怎能不去感念教師的辛勞？學生在學校習得的知識與行為，將影響往後的生活與學習。孩子長大進入社會之後，要做個社會的中堅分子造福百姓，被人尊崇，還是淪落為害群之馬，破壞社會秩序，為人所唾棄？學校成功的教學則扮演重要的角色。近年來，企業組織都極力藉由改進產品的品質以及服務的品質，來維持消費大眾對他們的信任。學校教育也邁入「買方市場」的時代，以教育服務的對象為考量的主體。因此，教師們展現「成功的教學」，將對學校的形象產生決定性的影響。

2.書面聯繫

　　學校經常採用直接信函邀請家長參與教育活動，或視實際需要擬訂問題徵求家長的意見。例如，是否贊成孩子參加學校社團活動、是否讓孩子參加暑期課業輔導等。學校也常利用成績單，於學期末通知家長有關學生在校的表現。成績單固然能夠促進相互之間的瞭解，但是所能提供的資料往往僅限於學生學科上的成績、名次，或是導師四、五個字的評語而已。學習表現理想的溝通方式，應該讓家長充分瞭解子女的學業情況。成績報

告不該只採用表格式而應採用「敘述性的報告」，將學生學習的因難、個別差異、某學科的特殊成就告訴家長。此外大多數的學校都建立家庭聯絡簿制度，這種制度可以幫助家長更深入而立即的瞭解孩子在學校的學習狀況。如能加強使用「家長的話」及「老師的話」，作為學校與家長意見交流的橋樑，效果將會更好。聯絡簿等書面聯繫方式，如果確實使用「即規定學生必須確實記載，並攜回交予父母簽名」，將有助於學校與家庭的聯繫。

3. 發行簡訊

不少學校委由輔導室定期發行簡訊，大多採行月刊或雙月刊，其內容包括校聞、學生榮譽榜、親職教育、學生優良作品等。簡訊也可以增闢意見欄，提供家長反映意見之用。只是，學校往往委由學生將簡訊帶回家，許多學生竟將簡訊當成垃圾丟棄。因此，以簡訊當成溝通的形式應考慮其真正溝通的效果。

4. 製作公用日曆

學校在年初把一年中的教育大事（如：開學、放假、休業、招生等的日期及應注意事項等）、特別活動（如學校舉行音樂比賽、運動會、各校校慶日等）、時令故事（如兒童節、教師節、中秋、重陽等節日的意義、禮俗及典故等）、鄉土教材（如學區物產、交通、名勝古蹟、名人鄉賢逸事的介紹等）、教育統計（如學校數、學生數、教育經費分配情形等），以及社區內有關兒童福利的公私機關團體的名稱、地址、社會熱心教育人士的姓名及其支持教育事實等，都可編印在日曆及手冊上。使家長因為應用日曆及手冊，而每日或經常的接觸到與學校有關的資料，自然而然會對學校產生關切之情。

5. 成立家長會

在歐美許多國家大多數的學校都置有家長會，用以增進學校與家庭的聯繫。德國的家長會組織以班級為單位，每學期由導師主持一次或二次的家長會，報告該班各科教材的選擇、教法綱要、學生的福利、訓育方針等。家長參與討論，提出建議。而我國各學校根據有關的「各級學校學生家長會設置辦法」設置家長會。一般而言，家長會的功能並沒有完全發揮。目

前家長會功能不能發揮的主要原因是：

　　⑴家長委員誤解其職責只在於提供學校財力上的支援，於是家長委員只是在學期初將款項交給學校，對於所召集的家長委員會議並不感興趣，如此一來，著實很難發揮家長與學校之間溝通的功能。

　　⑵家長委員有時仗其權勢，對於學校編班、人事問題、課程教授及採購等事宜進行關說，影響校務運作。

　　有鑑於此，學校與教師應與家長會代表溝通，使其瞭解設置家長會的目的及其本身應負的責任。使其能夠一方面代表學校解釋學校的辦學方針及各項重要措施，爭取社區人士的支持；另一方面確實將社區與家長的意見轉達給學校，使學校所提供的服務與產品，能真正符合社區的需要。

6.學校舉辦參觀活動

　　大多數的家長喜歡觀賞自己孩子的表演，而孩子本身也具有強烈的表演慾，學校倘能定期或配合教學參觀日、畢業典禮等，舉辦一些表演活動如音樂會、戲劇表演，便可滿足家長與孩子的需求。目前各國民小學每學年均舉辦許多教育活動，其中最讓家長們感到興趣的是運動會。舉辦運動會對學校來說，得花較長的時間以及較多的人力來籌備，無異加重教師的行政負擔。如果平時能選擇一星期假日，邀請學生家長參觀教學，讓家長從參觀教學以及學生在校活動，進一步瞭解學生的學習生活。這樣不但方便家長進一步的配合輔導，也能增進家長對學校的瞭解，進而支持學校。

7.家庭訪問

　　對於平日很少利用書面聯繫或是從不參與教育活動的家長，這類學生在學習上或生活適應上如果發現問題，教師需要進行家庭訪問。藉由面對面的溝通，能清楚地知道學生的學習方式、父母的管教態度以及管教方式，讓學生得到適當而有效的輔導。

　　歐美的許多國家十分重視「歡迎新生入學」的工作。透過這種活動，在學生入學之前，學校即寄送相關資料給家長或進行家庭訪問、安排家長集會，以便事先聯繫兩者之間的關係。入學後，安排高年級學生協助新生瞭解環境，適應學習生活，並邀請家長到學校參觀，與教師或校長座談，

進一步瞭解班級活動（陳慧玲，民 83）。

二、建立學校與社區良好關係的作法

　　根據系統理論的觀點，一個開放的系統除了內在的運作之外，必須保持與外在環境的交互作用。系統接受適當的投入，才能進行合理的轉化，進而產生合乎品質要求的輸出。學校系統的運作原理也是如此，學校必須與社區進行有效的交流，維持和諧的關係，彼此才能共蒙其利。過去學校一直被視為是孤立的機構，圍牆高聳、大門深鎖，儼然獨立於社區之外。學校的課程、教材、教學活動均局限於學校門牆之內，致使學校教育與生活分道揚鑣。在今日多元化的社會裡，學校與社區已經形成相互依存的關係。學校直接領導社區，提供社區教育的機會，協助社區發展；而學校經費來自地方，自然無法脫離社區而談經濟獨立，社區各項資源亦可以提供學校教學之用。

　　學校與社區關係的建立，涉及社區人士。純就教育的觀點來看，社區中主要包括學生家長與一般民眾。家長通常透過學生傳遞消息，至於一般民眾關係的建立則有賴學校活動的設計，要建立彼此的良好關係，下列的作法可供參考：

1.開放學校資源

　　公立學校屬於公眾所有，社區人士理應有權使用學校設備。學者們小肯定學校資源開放的政策，開放學校資源是社區與學校間建立良好關係之重要途徑。根據民國 72 年教育部所修正頒布「各級學校辦理社會教育辦法」第四條之規定：國民中小學應開放運動場所、集會場所、圖書閱覽室供民眾使用。因此，學校應開放校園資源予民眾使用。不過，由於社區民眾未能有計畫、有組織的利用，反而有許多不良青少年到校內滋事破壞，徒增學校管理維護上的困擾。開放學校可以參考下列的建議來實施（林啟峰，民 77）：

　　⑴各校主動邀集社區人士組成規劃小組進行社區需求調查，並據此擬定合適的校園開放方案。

⑵將民眾利用學校場地設備的需要納入學校建築設計或環境規劃中。

⑶民眾使用或借用學校場地設施應酌予合理收費，以利場地設施之維護及整理。

⑷鼓勵民眾組成支援校園開放服務隊，協助場地管理。

2. 推展義工制度

學校擬訂「義工」(volunteers) 計畫，妥善運用人力資源，不僅可以減輕教師的負擔（如義工協助教師進行補救教學、交通導護工作、圖書館管理工作……），也可以減少學校的開支。

在美國的一般小學中「家長義工」或「社區義工」早已蔚為風尚，而國人志願服務的風氣並不興盛，許多學校亦缺乏周詳的計畫，未能有效利用這股潛在的人力資源，的確很可惜。國內的學校應參酌有關義工的制度，及早加以規劃，以落實社區人力資源的充分使用。

3. 辦理社區知性活動

學校有計畫地舉辦各項社區知性活動，不僅可以提供社區民眾學習新技能的機會，同時增加學校與社區之間溝通的機會，使社區人士對學校變得更友善，也更支持學校。學校宜衡量學校本身的人力、物力，辦理符合社區人士需要而且有興趣的社區知性活動，相信這種活動將有助於兩者之間關係的建立。例如，組成「社

圖 15.2　學校可善用校外資源，促進學校、學生、社區三方的溝通與瞭解。

區媽媽合唱團」、辦理親職教育講座及「父母成長團體」協助家長輔導子女，或安排電腦課程供社區人士選讀等，均可納入考慮。

4. 徵求溝通的關鍵人物

學校除了可以利用大眾傳播工具傳遞學校訊息之外，「關鍵溝通人物」（key communicator，簡稱 KC）亦有助於學校消息的傳播及謠言的澄清，在美國各級學校大多已著手規劃關鍵溝通人物方案 (key communicator program)。此一方案包括:

第一、徵詢教師和家長的意見，瞭解社區中哪些人士經常接觸民眾，在社區中較具有影響力。

第二、將所蒐集到的名單列表，由校長分別去函邀請他們擔任關鍵溝通人物之角色。

第三、邀請「關鍵溝通人物」參加聚會，說明關鍵溝通人物的工作性質並聽取他們對學校的建議。

第四、請求「關鍵溝通人物」當獲悉有關學校之批評、傳聞時，能夠盡快通知學校，以便證實或澄清。

第五、學校定期向「關鍵溝通人物」提供資料，讓「關鍵溝通人物」對學校的發展有清楚的認識。

第六、協助「關鍵溝通人物」和教職員間良好關係的建立。關鍵溝通人物和學校校長、教職員工結合為一體，共同為學校和社區的進步努力。關鍵溝通人物方案的作法，頗值得我國一般中小學仿效，尤其對非學生家長的民眾，更可藉由關鍵溝通人物為學校傳播消息，如果學校能有計畫地建立這種關鍵溝通人物的制度，必將有助於社區民眾與學校良好關係的建立。

5.利用社區資源

學校妥善利用社區資源於教學活動之中，不僅能擴大學生的學習領域，使教學更加有效；同時可促進學校、學生、社區三者之間的瞭解和溝通教育觀念，更有助於社區居民對學校產生歸屬感，從而協助學校建設。學校可透過一些可行的途徑，包括舉辦學生參觀旅行(例如參觀社區行政單位、社會福利機構、衛生設施等)、邀請社區技藝人員協助教學、社區人士到校演講、社區人士或機關團體捐助學校建設等。對熱心教育人士或機關團體所捐助之經費、物品等應利用機會公開向全體同仁報告，期使同仁瞭解利用社區資源推動校務工作之一般情形。除上所述，學校可邀請社區人士參與運動會，或聯合幾個學校共同舉辦「學生校外表演」。學校可藉此機會表現教學成效，社區人士亦可從中瞭解學校。此外學校可徵求若干對教育活

動深感興趣的社區人士，共同組成諮詢性質的社區顧問委員會。定期邀請委員參與公共關係方案的計畫、推行與評估，盼能經由這些組織成員的研討和意見的溝通，共謀學校教育之發展（林啟峰，民 77；陳慧玲，民 83）。

▌第四節　新教育與社區發展

人生而平等，但是貧窮卻是人類的天敵。除了一些高度發展的國家之外，世界各地無不充斥著貧窮的現象。尤其是第三世界或是存在於富裕社會中的弱勢族群，貧窮與貧富差距的擴大，已形成人類社群中強烈的對比。如何透過福利、教育及公益系統的建立來創造新的地球村經濟？這是目前從事非營利事業有志之士所努力的目標。新世紀的來臨讓我們充滿新的希望，但是也讓世人面對許多無情的衝擊與挑戰。

一、美麗人生的七部曲

　　1.足夠的生存空間；
　　2.生活品質的提升；
　　3.和睦安康的家庭；
　　4.通達順利的事業；
　　5.對社區的關懷回饋；
　　6.投入國家社會的經濟建設；
　　7.參與國際交流，建立環保的世界。
　　「心生活運動」標榜的是從個人出發，由個人、社區、社會而推展到整個地球村。個人的部分最根本的是從「心」做起，建立「心的生活」。

二、買賣天空與大地

　　1852 年印地安酋長西雅圖對美國政府官員的演說指出，怎麼能買賣天空、買賣大地？「倘若我們考慮把土地賣給你們，你們必須記得，要以手足之情對待河川，珍惜空氣的可貴。」「大地是我們的母親，所有發生在土地

上的事，必然降臨到她孩子身上。萬物相連，生命之網並不由人類編織，人類只是網中的一條線，人類對生命之網的所做所為，都會報應到自己身上。」

天空與大地是我們的生命所依託，然而時至今日，人類過度的發展已經污染了空氣，破壞了臭氧層，造成地球暖化的現象。青翠的山林，因林木的砍伐而破壞殆盡。美麗的河川，也因為工業廢水無情的長期摧殘，而污濁不堪！在臺灣的土地已被支解得差不多了！雪上加霜的是，這塊土地還要歷經各種化學藥品、殺蟲劑、除草劑的洗禮。我們是用什麼樣的心情面對我們的天空與大地？我們又要用什麼樣的態度與心情去教導我們的下一代善待我們的大地？西雅圖酋長的警語，是多麼的發人深省！

在功利主義的歪風席捲之下，社會上的巧取、豪奪已司空見慣，臺灣的山河在流血流淚，人們賴以為生的大地已然遭到無情的破壞。而人們賴以生活的社區，其功能亦面臨解組。原本看好的經濟發展，在內外環境的影響下，急劇的萎縮，已面臨前所未有的衝擊。面對這樣一個新世紀的來臨，我們似乎充滿著希望，但是轉眼間一切的努力又好像虛無飄渺。

三、價格轉換成價值

人生的追求，不要一直停留在價格上，要將價格轉換成價值。或許實業家與生意人最大的不同在於社會責任。我們的社會擁有太多的生意人，在進行社會資源的取用時，很少人會去關心社會責任的問題。現實也逼得現代人無法想得遠、看得遠，只追求眼前的近利。人們在這種風氣的感染之下，追求物質享受而忽略精神層面的重要性。

有人批評現代人「只想擁有，不懂得讓其流暢」。的確，「擁有」如果是屬於個人的，充其量只是將物質掌握或是維持在某一種價格上，追求這種價格是短暫的，而且只停留在物質的層面上。如果能將這種「擁有」從價格轉換成價值，則這種擁有已經是一種分享，至少分享的過程或是結果存在著太多太多物質無法發揮的價值。更重要的是，要明白地告訴社會，我們在「創造」、「整合」，並且產生「妙有」，有別於目前的社會「爭取」、

「分配」、「花掉」。

四、人心的轉變要「心靈教育」

心生活的推動以實踐為本，心生活運動要推動的兩個面向是：夢幻之旅與心靈之旅。

1.夢幻之旅：要達成的目標是讓人們生活條件有保障，如財物、成長、物質、別墅、車子等生活所需沒有匱乏的窘境。

2.心靈之旅：在人生的過程中，要快樂、圓滿需要心靈的生活。當個人能從功利的取向轉變成公益的取向，這個人的心也就更為成熟了。這種轉變要教育，需要從力行實踐的教育中去體驗去轉變。

五、先福利、教育再公益

目前臺灣存在著許多「呆人」、「呆物」、「呆錢」、「呆屋」的現象。這種現象不能破除，自然而然地變成社會壓力的來源。

失業是一種「呆人」的現象。孩子從學校畢業後，因沒有社會教育，教育與社區之間形成一種落空。失業沒有輔導，失業似乎與社區一點關係都沒有。這是一個理想與現實嚴重脫序的社會。事實上青年的就業也要靠社會教育，我們應該規劃一套社區的經建藍圖，重新建立社會的安全系統。才能確保立足臺灣。

目前的社會「呆物」的現象也不少，在產銷制度不健全的情況下，原產地的物質無法有效、適時地運送到消費的地方，這種現象就造成了「呆物」。呆物的現象如果沒有一套因應之道，當全球化經濟來臨之際，狀況會更加不樂觀！進入 WTO 在經濟層面上就是一種嚴苛的考驗，臺灣的農村經濟能承受多少衝擊？未來的農村又如何走出自己的發展特色？呆物的解決也迫在眉睫。

「呆錢」的現象也不少，有人形容，「早期的臺灣人靠儲蓄來成就，現代的臺灣人則靠投機來成就。」早期在開發資金有限的情況下，國人的儲蓄變成了一種美德。目前的金融體系，在利率走低的趨勢下，過度的儲蓄若

沒有開創性的投資開發案，這些銀行的存款則形同「呆錢」。個人努力賺來的錢，如果只知道儲蓄一途，基本上這些錢也算是「呆錢」。

目前「呆屋」的情況更嚴重，君不見臺灣從南到北不論是都會區或是鄉村都有許多空屋的存在，閒置沒用的房子可以視為「呆屋」。空屋，不但浪費寶貴的社會資源，也讓許多個人或是金融體系的資金陷入其中進退不得。呆屋問題如果沒有好好的因應，很容易形成呆帳，從金融問題衍生出許多的社會問題，衝擊社會的安全體系。以鄉鎮的開發為基礎，臺灣的 319 個鄉鎮如果都能有效地消除「呆人」、「呆物」、「呆錢」、「呆屋」的現象，則一種完善的社會安全系統已然建立。

六、行政組織的建構

「地球村經濟」（Earth Country Economy，簡稱 ECE）是一種理念也是一種實踐，透過非營利組織來實踐無體行銷的理念。其目的在建立福利共生、教育共贏、公益共同的體系，使個人的生命、社區的生活與社會的生存融為一體。也讓個人的經濟與福利、公益結合為一體，創造一種新的生存機制，提供建立社會安全的新保障。

地球村經濟的建設以發展心生活運動為宗旨，此一心生活運動的行政組織定位在公益事業性質。這裡的公益事業定位包含非營利與營利兩項意義。（非營利事業以協會、基金會、功德會、志工學院為主、營利事業以資訊公司、互助合作社、俱樂部為主）。如圖 15.3。

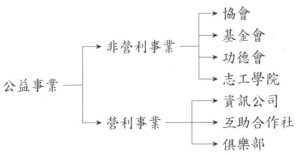

圖 15.3　地球村經濟無體行銷組織

七、未來的展望

1. 如何從傳統的社會中建立「超常」的經濟福利作業系統？

2. 如何透過新型的組織架構建立「反向」的企業化經營模式？

3. 如何透過「基金化」的模式建立有效率的財務運作？

4. 如何發展結合福利、教育與公益的新體制，以有效推動心生活運動？

5. 如何跨出第一步，建構地球村的經濟？亦即如何將理念化為實際的服務？

在實際作業上，如進入某一需要發展的地區（村），首先要建立組織，來改善地區性的經濟發展狀況。並從資產、基金、公共造產、建教合作等來發展村民的經濟建設。推動的方向是由「村」發展到「鄉／鎮」然後發展到「縣／市」並遍及到整個「國家」最後到「全球」。

問題與討論

1. 社區有哪些資源值得學校經營團隊來開發或整合？試舉例說明。

2. 學校與社區的關係應如何定位？您有何看法？

3. 建立社區義工進入學校或是由學校建立志工進入社區，這兩種策略有何不同？

4. 看了新教育與社區發展這一節，您的看法為何？

第六篇
教育問題探討

本篇以教育問題為探討的重點，一共提出 14 個主要的教育議題，可以作為教學討論或思考教育問題的素材。這 14 個教育問題分別是：

討論一： 教育目的與理念追求；

討論二： 教育目標──布魯姆分類的四十年後；

討論三： 自由化──教育鬆綁；

討論四： 卓越與公平的追求；

討論五： 回顧 1990 年代臺灣高等教育擴張；

討論六： 二十一世紀高等教育發展；

討論七： 大學多元入學；

討論八： 十二年國民基本教育；

討論九： 社會公義的挑戰；

討論十： 學校本位課程；

討論十一： 公民基本素養；

討論十二： 教師組織的目的與運作屬性；

討論十三： 教師福利；

討論十四： 教育國際化。

討論一　教育目的與理念追求

　　教育是人類所特有的活動，也是一種有意識有目的之活動。教育目的規範要培養什麼樣的人，反映了社會對新一代培育的理念，也確立了教育工作者的工作方向。有關教育目的的看法，過去有主張應把培育個人的目的列舉出來，也有主張不應有人為的教育目的。

　　主張應有教育目的者，可以簡略的分為個人本位與社會本位兩種論點。個人本位的論點認為教育的目的是由人的本性、本能需要決定的。教育的目的就是要促使人的本性、本能高度的發展，成為健全發展的個人。以盧梭 (Jean Jacques Rousseau, 1712–1778) 的自然主義教育目的，洛克 (John Locke, 1632–1704) 的個人修養的教育目的為代表。遠在十七世紀，新興資產階級教育家洛克在《教育漫談》裡，曾提出以培養德、智、體各方面都得到發展的紳士為教育目的。社會本位的教育是根據社會的要求來確定目的，這種教育目的論也有人稱之為「社會效率論」。其基本論點是：個人一切發展有賴社會；教育除社會外，無其他目的；教育結果只能以社會效率加以衡量。教育結果主要看為社會貢獻了什麼，培養的人對社會起了什麼作用。此論以赫爾巴特 (Johann Friedrich Herbart, 1776–1841)、涂爾幹 (Emile Durkheim, 1858–1917) 等人為代表。

　　美國學者杜威則主張「教育無目的論」，在杜威 (John Dewey, 1859–1952) 的理論中，「教育本身就是一種生活的歷程，是一種經驗的重組和改造，教育即生活，教育即生長。教育這個過程中，本身就是一種目的，因此，不需要外在的目的」。後來教育哲學的分析學者皮德思 (R. S. Peters, 1919–) 對此一論題進一步發展，提出三大教育的規準。他認為教育之所以為教育，則教育的過程應符合「價值性、認知性與自願性」。民主社會的教育，在保障個人自由的發展，如果定了一個固定、偏狹的教育目的，則對兒童的發展將是有阻礙的。

　　中國大陸的五育說是在 1984 年 11 月，教育部門在南京召開的「新時

期教育方針表述」研討會所獲致的共識。認為應當把德、智、體、美、勞動技術等五育完整的寫進教育方針中。大陸學界一般也認為「教育要面向現代化、面向世界、面向未來（三個面向），教育要為無產階級政治服務，同生產勞動相結合，使學生在德、智、體、美、勞諸方面得到生動活潑的、主動的、全面和諧的發展，成為有理想、有道德、有文化、有紀律（四有人才）的社會主義建設者和保衛者。」

臺灣的中小學教育也由原來的德、智、體、群「四育並重」改成以德、智、體、群、美「五育並重」均衡發展為目的。激進的教育改革者甚至認為目前國內的教育反映出來的是「五育病重」。「五育並重」的均衡發展，演變到「五育病重」的結果，絕非我們所樂見。但是，很少人針對我國教育目的中五育均衡的可行性提出檢討。只要教育追求的是「有教無類、因材施教」的理念，在個別差異的現實之下，這種均衡的追求可能相當的辛苦。國內也有人倡議，在教育的追求上應退而求其次，重新思考「德育為重、四育並進」的可行性。德育是目前社會發展所必須依賴的共同標準，德育標準的實施並沒有因個人的智能、學術發展而有所差別。也就是說，德育應該是一視同仁，所追求的是高標準。完成學校教育之後必須符合德育的高標準。至於智、體、群、美四育，因個別差異的事實，允許考慮個別的四育並進之發展。「均衡」的教育目的之追求轉變成為「德育為重、四育並進」的追求，這種轉變是否更合理？是否更符合我們的需要？可以留下很多討論的空間給讀者。

討論二　教育目標——布魯姆分類的四十年後

　　目的、宗旨與目標三者都是為某種行為活動發展的方針，用來規範發展的方向。它們的功用基本上是相似的，但是一般認為目的與宗旨的概念指的是概括、籠統的概念，較抽象而不易達成；目標所指的則是分析的、列舉的，比較具體、明確，易於實現（黃光雄，民 79：40）。

　　1948 年心理學會中，美國大學教授提出建立教育目標體系的要求。經過多年的討論，終於在 1956 年由芝加哥大學教育學者布魯姆 (Benjamin S. Bloom) 編輯完成《第一本教育認知目標分類手冊》(*Taxonomy of Educational Objectives, The Classification of Educational Goals, Handbook I: Cognitive Domain*)；1964 年，又由克拉斯霍爾 (David R. Krathwohl)、布魯姆、馬細亞 (Bertram B. Masia) 等人編成《第二冊教育情意目標分類手冊》(*Taxonomy of Educational Objectives, The Classification of Educational Goals, Handbook II: Affective Domain*)；1972 年再由綏勒 (Saylor J. Galen) 和哈羅 (Anita J. Harrow) 等人提出《教育的技能目標》(*Taxonomy of the Psychomotor Domain*)。同年辛普森 (Elizabeth J. Simpson) 亦提出另一《技能目標分類手冊》(*The Classification of Educational Objectives in Psychomotor Domain*)。從以上一段教育目標發展的簡史可以看出，教育目標的得來並不容易，這些教育先進們努力的心血值得我們尊敬。但是當我們面對這些教育的分類目標時，是要照單全收？還是有待進一步的批判？這些目標對目前的課程、教學、評量有什麼用？思考這些問題可能比瞭解教育目標如何分類更為重要。

　　自從布魯姆提出認知領域的教育目標分類，四十年後許多測驗、評量、課程發展、教學及師資培育的探討都參考此一標準。布魯姆的目標分類已獲得相當高度的肯定，並享有長期的榮耀歷史。針對認知領域，布魯姆細分為知識、理解、應用、分析、綜合、評鑑六個層次，這個教育目標的分類，光是在 1992 年一年的《社會科學引用索引》(*Social Science Citation*

Index) 中，就曾有 150 篇論文曾經引用此一手冊。但是好學深思的學術界並不以此為滿足，1993 年美國學界曾就此一目標的分類做一反思，並將學者批判的文章蒐集出版一本《1993 年全美教育研究學會年刊》(*Ninety-third Yearbook of the National Society for the Study of Education*) (Anderson & Sosniak, 1994)。

其中就過去累積的經驗中，對教育目標分類最主要的批評如下 (Postlethwalte, 1994)：

　　1. 目標分類中任何兩個層級的區別可能不夠明確；

　　2. 目標分類不是階層的，而可能只是一套類別而已；

　　3. 目標分類的序階性不論是根據哪一個面向（如複雜性或困難度）都顯得相當的幼稚。

許多實證的研究都無法完全確認布魯姆所謂認知領域中六大分類的序階性，不過部分內容的序階性倒是研究中普遍的發現。例如有發現「知識」到「應用」的分類序階中，「分析」在另一分支中，而「綜合」與「評鑑」則在另外一分支中。也有研究發現「知識」無法納入此一分類的序階中，但是從「理解」到「評鑑」的分類中則發現有序階性 (Kreitzer & Madaus, 1994)。

許多學者紛紛提出教育目標分類修正的意見，例如 Christin McGuire 認為「應用」的分類不夠完善，因而提出新的修正意見 (Krathwohl, 1994)：

1.1 細目 (ITEM) 測驗顯示單獨資訊的回憶；

1.2 細目測驗強調意義的辨別；

2.0 通則化：細目要求學生選擇有關的通則去解釋特定的現象；

3.0 熟悉型態的問題解決；

　3.1 細目需要學生做資料的簡單解釋；

　3.2 細目需要學生應用簡單的原則或標準去面對熟悉的情境；

4.0 不熟悉型態的問題解決；

　4.1 細目需要資料的分析；

　4.2 細目需要學生應用一獨特的原則組合去解決原型的問題；

5.0 評鑑：細目需要整個情境的評鑑；

6.0 綜合：細目需要將各種不同知識要素綜合成原創且有意義的整體。

布魯姆最後也提出自己的認知領域目標修正，分別為：記憶、瞭解、應用、分析、評鑑、創造。此六個目標也廣為教育界應用於教案編寫、學習評量與試題分析。

Jeffrey Stewart 與 David R. Krathwohl 則提出下列的結構，企圖整合認知、情意與技能目標於一體 (Krathwohl, 1994)：

0.0 基本運動（儘管並非分類中真正的部分，但是 Harrow 的分類目的是針對幼兒及殘障者）

　0.1 非四肢的運動

　0.2 操作的運動

　0.3 四肢運動

1.0 準備度

　1.1 線索的敏感性

　1.2 線索與行為的選擇

　1.3 心向

　　1.31 心智面

　　1.32 情感面

　　1.33 精神面

2.0 運動技能發展（強調技巧）

　2.1 心智的意像轉變為肌肉的感覺

　2.2 正確行為的產生

3.0 運動型態的發展（強調統整的運動型態與結果的成熟）

　3.1 運動型態的產生

　3.2 運動型態的成熟

4.0 適應與組織運動型態

　4.1 適應運動型態（強調自動性與團隊的反應）

　4.2 選擇與適應運動型態（強調行原創性）

討論三　自由化——教育鬆綁

　　民國 83 年教育部舉辦第七次全國教育會議,會後教育部根據會議中的主要結論組成九個專案小組,就所提出較關鍵性的主題深入而密集的研討。稍晚教育部教育研究委員會與教育資料館,再請有關人士根據這些結論,以及各主管司處提供的資料,彙整成《中華民國教育報告書——邁向二十一世紀的教育遠景》,指出以「紓解升學壓力」與「教育自由化」為發展的主軸。並指出未來教育革新的十大原則(教育部,民 84):

　　　1. 強調前瞻發展;
　　　2. 促進機會均等;
　　　3. 重視人文精神;
　　　4. 提升專業素養;
　　　5. 追求民主開放;
　　　6. 邁向自由多元;
　　　7. 推動自主自律;
　　　8. 採行分權分責;
　　　9. 鼓勵全民參與;
　　　10. 力求精益求精。

　　面向二十一世紀,教育的哪些方面該鬆綁?自從民國 83 年初的民間教育改革訴求提出,以及民國 84 年行政院教育改革委員會成立以來,「教育鬆綁」即成為眾所矚目的觀念。按「鬆綁」是 deregulation 的翻譯,deregulation 一般譯作「解除管制」,或者當作「自由化」的另一種說法(行政院教育改革委員會,民 84a)。教育既然是公共事務,某種程度的管制是無法避免的。管制的主要目的是要保證教育的品質,然而經過長時間的運作之後,在民主化、多元化的趨勢裡,高度管制的不良副作用即日漸凸顯。特別是一些非教育因素對教育的約束,更是改革派迫切需要鬆綁的標的。

教改會提出的教育鬆綁原則有三：

1.在推動鬆綁的同時，要強調自律與負責。鬆綁的事項也應視具體的時空條件與成熟度，妥善規劃執行。

2.目前教育資源的分配仍有不合理的地方，因此在鬆綁的過程中，特別要注意到避免傷及教育機會的均等。

3.重視受教者的主體性與學習權，保持人的基本價值與尊嚴，教育才能成為自我實現的歷程。

教改會建議的鬆綁項目包括教育資源分配鬆綁、教育結構鬆綁、教育內容鬆綁以及教育行政鬆綁，說明如下：

一、教育資源分配鬆綁

1.地方教育財源應增加：地方政府在國民教育上的花費，超過地方總經費的半數，但是財政收支劃分法使地方政府無法自籌財源。

2.私人興學應鼓勵：憲法中積極或消極鼓勵、保障私人興學的精神，還沒有充分落實。家長為子女選擇所受教育的方式與學校類型的權利，仍然遭遇到不必要的障礙。

3.學費政策鬆綁的精神：嚴謹的學費管制對民辦學校會造成不良的影響。但在自由學費政策下，為保持教育機會的均等，應研議「補貼就學者而非補貼辦學者」的辦法。

4.經費運用的合理架構：經費使用受限制固然造成發展校務的一些困擾，但是公立大學設備費用也時有浪費之嫌。因此不分公私立學校，為達到經費運用合理及有效，問題的關鍵在於如何設計分配與使用教育資源的決策架構。

二、教育結構鬆綁

1.高中、高職比例彈性調整：這個問題的核心是人才分流的問題，不過重點並非在尋求固定的百分比。目前政府劃分各分流百分比時，主要考慮社會需求的取向，而使教育政策淪為人力政策的下游產品。

2.大專系、所的調整：教育部管制系、所的設立，招生數額的多寡，其著眼點經常過分依賴所謂的就業市場趨勢。高等教育與勞動市場的關係

與分界，其實需要更細緻的分析與理解。

3.彈性學制：現行的教育學制設計，日漸無法適應多元而變遷大的現代社會。兼具彈性與選擇空間的學制需要參酌本國及國際的實情，深入檢討與仔細設計，並做好調整學制時的周邊準備工作。

三、教育內容鬆綁

1.文憑、學籍的形式應鬆綁：封建考試「欽定」選才的傳統，仍然保存在教育部管理文憑、學籍，以及文官考試任用的制度中。由於文憑的形式勝於個人的實力與表現，因此誇大了考試的效力，造成惡補流弊。

2.教材、課程自主：對於教材的選擇與課程的訂定，在中小學應加強學校自主、家長參與、社區監督等功能，在大學除應尊重大學自主之外，更要維護學術自由獨立的精神。

四、教育行政鬆綁

1.組織運作權責的分立：在中央、地方與學校教育權限劃分上，多偏重由中央控制。應檢討教育法令規章的適宜性，重新調整與釐清各級組織的教育權責。

2.人事制度僵化的打破：教育人員的任用、進修、考核與淘汰多流於形式化，人才運用常無法與組織目標契合，而制度僵化的結果又使得無法去蕪存菁。

3.地方政治影響之消除：地方教育重要決策權在縣市首長，以目前政治生態環境而言，難免有受政治考量影響之虞。

4.師資培育之多元化：師資培育的管道要寬闊，師資品質要持續改進，建立合理的教育學程及檢定程序，維持基本的師資水平。

5.入學制度多元化：不應把入學方式局限在考試一種方法，但是在多元化的甄試推薦過程中，要避免瑣碎與機械式的評量（李國偉，民 84）。

除此之外，還有哪些方面的教育需要鬆綁？也考慮一下，哪些方面的教育不該鬆綁？教育部、行政院教育改革審議委員會和民間，目前對教育改革最大的共識，是教育自由化。但是教育部及教改會不主張追求極度的自由化，而是主張要維持一定的品質，不能漫無目標地改變管制，必須遵

循某些共同的規範，套句教改會的用語是「鬆綁」並非「不綁」。而何者該「鬆」，何者該「綁」，就是教育部及教改會目前面臨的最大問題，也是民間、官方及體制內教改機構最難達成共識的地方。

比較有關教育鬆綁的看法：

一、教育部對鬆綁的看法

教育部發表的第一部《中華民國教育報告書》就是以「教育自由化」為主軸，也認為國內的教育體制必須脫胎換骨，加緊自由化。《教育報告書》中指出，自由與多元是現代教育開放的趨勢，所謂自由是尊重市場調節機能，減少不必要的干預；多元是提供多種不同的方式以供選擇。在此前提下，教育部正檢討修訂各種法令規章，希望在公平的基礎下建立遊戲規則，保障師生的權利義務。教育部雖然認同教育自由化的基本原則，但方向與民間教改會略為不同。

1.教育部認為，雖然在教育自由及多元化的前提下思考，仍必須考量機會均等及受教者的權益，更重要的是教育品質的提升。教育自由化非一蹴可幾，必須等開放的社會有一套較完整的競爭規範，避免教育事業的惡性競爭，甚至造成教育界的金錢污染。教育部在《教育報告書》中說，自由開放就要有好的監督系統、評鑑系統，這樣不但能在公平的基礎下保障師生的權利義務，還能維持教育的品質。

2.在大學增設系所及師資培育方面，教育部堅持為了維持品質，仍不能過於自由化，教育部尊重各大學的自主權，但仍強調必須保障一定品質，否則培育出來的人才及師資不但不能達到水準，對受教者也不公平，教育部強調必須做好把關的工作。

3.85學年度起國小教科書開放民間編印，是教育部近年來大幅開放自由化的措施之一。但教育部仍繼續編寫各級學校的課程大綱，理由就是維持教育內涵的一定品質。

4.教育部目前在教育自由化上所做的努力有：入學管道多元化、85學年度起國小教科書開放民間編印、大學經費自主、師資培育多元化、開放私校設立等。

二、行政院教改會的鬆綁看法

　　教改會提出「鬆綁」的觀念，認為這是目前教育改革的首要目標，希望未來教育能開放，去除不必要的限制，走向自由化，讓學生得到適性的發展。教改會主張，在推動「鬆綁」的同時，要強調自律與負責，鬆綁的事項也應妥善規劃，再加上目前教育資源的分配仍有不合理的地方，因此在鬆綁的過程中，特別要注意到避免傷及教育機會均等，並重視受教者的主體性與學習權；與教育部的部分立場相吻合。

　　1.教改會認為目前師資雖然多元化，教育學程的規範仍掌握在教育部的手中。教材雖然開放民間編印，但是目前課程標準分量太重，這些教改會有意見，並列為下一步改革的重點。

　　2.教改會主張，教育改革就是要追求教育現代化，有現代化的教育，才能培育出廿一世紀的現代人，因此當前的教育改革必須不斷提升「受教者的品質」，兼顧個人發展與社會發展的人本取向。

　　3.廿一世紀是人本化、多元化、民主化、科技化、國際化的社會；未來的教育應培養學生適應「五化」的社會環境及生活方式。

　　4.根據教改會提出的初步結論,較重要的鬆綁項目包括地方教育財源、私人興學、學費政策、經費運用、高中職比例、大專系所的調整、學制、文憑、學籍、教材、課程、人事制度、入學制度、地方政治影響、師資培育等。

討論四　卓越與公平的追求

教育政策經常受到政治口號的影響，這種口號往往讓人難以拒絕。政治的口號如果不是真正在引導教育，則教育的發展將不知所止。例如，「有教無類」、「終身學習」、「五育均衡發展」、「教育機會均等」、「追求卓越」、「全方位教育」、「全面品質教育」等等。聽了這些口號，到底我們的教育該何去何從？的確令人相當迷惑。

教育上一直對「卓越」(cxcellence) 與「公平」(equity) 情有獨鍾。所謂卓越是靠自己努力求取成就，一般應採用這種功績主義的追求卓越觀點？還是在公平中追求卓越？同樣的，當我們使用了「有教無類」，我們是否真的瞭解它的內涵？許多的可能意味著，所有少數民族或是受壓抑群體的小孩，都能像那些社經地位較好或是統治階級的孩子一樣？如果有這種認知，「有教無類」、「因材施教」這些口號就會變成提醒我們善待所有學生，增進他們成長的公平性。教育口號是一種假設，而實現真實的學校結果，才能滿足一般的需求。

當美國的教育界在探討如何追求教育的卓越時，日本人已經悄悄地在實行全面品質管理，這股風氣也由企業界影響到教育界。教育的卓越是要透過教育品質的追求來達成的。企業界全面品質管理的精神與內涵是值得參考的，這些有關品質的管理概念包括：

1. 顧客是品質的最後決定者；
2. 品質提升在於組織過程而非結果；
3. 預防而非偵錯；
4. 重視團體而非個人；
5. 由上而下的承諾；
6. 持續性的努力。

應用這些概念在國外已發展成「全面品質教育」，進一步將追求卓越的表現予以具體化。國內學者亦提出下列的發展方向，以追求更高的教育品

質（吳清山與黃旭鈞，民84）：

　　1.建立長遠的教育目標；

　　2.瞭解並滿足教育系統中服務對象的需求；

　　3.持續不斷地追求教育品質；

　　4.不斷地改進教育系統；

　　5.全員參與共同努力提升教育品質；

　　6.加強教育人員在職進修；

　　7.改進傳統的考試與評量方式。

　　至於公平方面，政府近年來一直提倡城鄉均衡的教育發展，並從改善入學考試的方式去實現公平的意義。但是公平也有好幾種不同的定義，其中機會均等 (equality) 是目前教育追求的公平理念，而在社會正義方面，對少數弱勢團體或族群提供差別待遇，這種觀念也頗為社會所接受。近年來特殊教育方面的發展，是一種社會正義公平之實現。

　　由於受教年限的長短是決定收入與社會地位的主要因素，公平導向的教育改革，主要目的在增加經濟機會的公平。公平化的進入高品質的教育系統，將扮演平衡這場社會競爭的重要角色。各國公平導向教育改革推展的情形如下：

　　在基礎教育方面，要提高「低收入學生群」的素質，尤其是基本能力方面的強調。1990 年泰國 Jomtien 所舉辦的「全民教育世界高峰會」(The World Conference on Education for All) 已提出。這項改革有些是財政問題，有些是師資問題，有些則是課程問題。

　　在 OECD 國家方面，公平導向的改革目標鎖定以特定的危險群（低收入群）與特殊需求學生為主；主要改革的焦點在於增加他們在學校的成功機會；改革策略包括提供特殊的學程以改善這類學生的「留校比率」與「學業成就」。

　　值得我們進一步思考的是：在教育改革的過程中，追求的目的是什麼？在教育實施中，教育工作者所把持的方向是什麼？在整個教育改造中，公平與卓越之間如何重新定位?全面品質的理念是否有助於這種理想的實踐？

討論五　回顧 1990 年代臺灣高等教育擴張

　　1990 年代，臺灣高等教育發展之基本政策為（教育部高教司，民 81）：

　　1.掌握質量並重之原則：至西元 2000 年，預估大學校院在學學生占總人口數之比率，將提高到 18‰。在量的擴充同時兼顧質的提升，以逐步躋身國際一流大學之林。

　　2.人文與科技均衡發展：調整高等教育資源之分配，側重人文素養之提升，以矯正重理工輕人文之發展。

　　3.建立各大學發展特色：規劃高等教育學術網路，鼓勵各大學配合社會需求及本身條件，選擇發展重點。

　　4.重點發展研究所教育：研究所教育列為高等教育發展之主要重點，研究生在高等教育所占比重逐步提升。

　　近年來在教育部的規劃案之中，把高等教育質的提升與學生人數成長之控制，作為發展遵循的原則。從教育部高教司所編訂的《教育部對十二所國立大學中程校務發展之政策》，可以看出在主要國立大學方面，系所的增設與學生人數之成長，預先做了一些原則性的規範（教育部高教司，民 81）。例如：

　　1.配合整體大學教育人力之規劃，現有之十二所國立大學未來發展應側重質的提升，量的擴充宜適度控制，由新設大學在量的擴充上扮演較重要的角色。

　　2.十二所國立大學整體學生人數，占大學院校學生人數之比例不超過 30%，碩士生成長 10%，博士生成長 13%。

　　3.國立大學未來仍應以研究所教育為較主要的重點。

　　4.國立大學系所之增設，應考量未來人力需求、學校特色，同時考量整體高等教育學術網路之規劃，兼顧地區之均衡發展。

　　在數量的追求方面已不是迫切的重點。數據並沒有為廣設大學的訴求提供任何有利的證據。1990 年代進行廣設大學也帶來一些困擾，例如：

1. 新校地取得的困難；

2. 政府的財政能否負擔的問題；

3. 臺灣的大學數量並不嫌少，應設在哪裡？

4. 高學歷高失業率攀升的問題。

與其廣設大學不如適度地擴充現有學校的規模。以美國高等教育發展的經驗來看，在美國 100 所研究大學中，約有 250 萬人，平均每校超過 2 萬人。100 所具有博士學位授予能力的大學，擁有 120 萬人，平均的學校規模超過 1 萬人。此外，約有 600 所綜合學院或大學平均每校約 5,500 人。

依據國內 1994 年的教育統計資料顯示，28 所公立大學校院中平均每校規模約 5,300 人（包含日夜間部）；23 所私立大學校院平均學生人數只有 7,600 人。公私立大學中人數超過 2 萬人的只有臺大、文化、逢甲三所大學。扣除夜間部學生，則只有臺灣大學一所學生人數超過 2 萬人。在 51 所大學校院中，大學約占四成，學院約占六成。這還不包括將來有潛在升格能力的 70 幾所專科學校。

以數量來看臺灣的高等教育學府數量並非不足，問題的主要關鍵在於學校規模太小。除了有必要進行學校整合之外，適度擴充大學院校的經濟規模也是一個值得考量的方向。如果以歐美研究大學規模的標準來看，臺灣的大學尚不足以構成研究大學的經濟規模，各校在規模的擴充上仍有很大的發展空間。以這種方式成長一樣可以達到擴充高等教育就學機會的目的。因此，未來的高等教育政策要不要廣設大學？臺灣有沒有更多的發展空間來廣設大學？增設新大學一定會比發展既有的大學院校來得經濟有效嗎？如果調整大學的規模一樣可以達到擴增大學、增加大學入學機會的目的，這是值得嘗試的策略。

從以上的探討可知，1990 年代廣設大學的立論基礎相當值得商榷，對緩和升學的壓力幫助也有限。就發展策略而言，數量成長不應是高等教育發展主要追求的目標，質重於量更能符合當前及未來社會發展的需要。當我們衡量設校的經濟成本、設校對現有學校的衝擊等因素時，調整結構的策略是否要比重新建構的策略來得容易執行呢？

討論六　二十一世紀高等教育發展

　　從《高等教育白皮書》來分析，臺灣在高等教育量的擴充方面已進行控制，教育部推動總量管制即是這種改變的代表策略。數量管制之外，品質提升的問題也有相當的著力點。

一、總量發展審核機制

　　在《大學教育白皮書》中提到，大學系所及招生名額採行總量發展審核機制，根據各校基本資源條件決定可發展的總量規模，在總量規模範圍內由各校自主調整所設置之系所及招生名額，使人才的培育更為機動靈活（教育部高教司，2002）。

　　未來大學的發展，依其規模性質可分為綜合大學、單科大學或學院；依其特色，可區分為研究型、教學型、社區型。其中研究型大學特別注重研究所的發展，偏重學術研究。教學型大學則以大學本科為主，強調教學，並兼重推廣及服務功能。社區型大學以招收當地學生為主，是一種強調就業導向的大學。不同性質之大學在功能上如何區隔，應為當前高等教育改革重點之一。但是大學發展的總量管制、功能定位已引起廣泛的討論，共識仍有待進一步地凝聚。

二、面對 WTO 發展的衝擊

　　對剛加速發展的大學系統而言，加入世界貿易組織（World Trade Organization，簡稱 WTO）可能是另一件衝擊。根據統計至 2012 年 8 月止WTO 共計 157 個會員。在 WTO 的框架下，對我國高等教育有些什麼樣的衝擊？以下幾點是值得我們的高等教育行政加以重視的：

　　㈠買方市場的來臨

　　加入 WTO 之後，對臺灣高等教育的衝擊是供需機制的轉變。我們必須面對賣方市場（提供者）轉變為買方市場（需求者）此一供需機制之轉變。過去臺灣的高等教育一直是需求大於供給，目前需求轉弱，供給過剩，其間的差異已形成某種問題。未來隨著高等教育入學人口的減少，島內及

島外提供者的增加，如國外知名大學、中國大陸的高等教育市場吸引力，將使臺灣高等教育的經營面臨更嚴苛的挑戰。

㈡管制機制的調整

當然，衝擊不一定是負面的，有可能刺激組織或是運作形態的改造。臺灣在 WTO 的衝擊之下，宜思考高等教育管理最適切的、最有效的運作模式，而不是祭出籠籠統統的市場機制概念作為策略性的發展。臺灣沒有美國市場機制的完整性，沒有美國市場的廣度與深度，也經不起完全的市場化衝擊。因此，在國家控制與市場運作精神之間找到一個發展的平衡點是當務之急。

圖 16.1　尋求國家控制與市場機制之間的平衡點

㈢國際的認可機制

面對國際認可評鑑機制的發展，大學的發展以及行政管理亦應考慮以尋求國際認可為目標。在 WTO 的架構下，無法自外於此一發展趨勢，如果臺灣的大學達不到國際認可的水平，必然形成內弱外強的不利態勢，將更不容易鞏固現有的市場。國際認可機制將強力挑戰大學既有的僵化管理體系。

三、未來發展期望

二十一世紀是一個知識經濟的時代，高等教育的成敗，是決定競爭力的主要關鍵。臺灣的高等教育，近十年來在數量上快速擴增，已從傳統的菁英教育轉變為大眾化的教育。在環境快速轉變的過程中，如何因應多元社會之需求，發展多元類型之高等教育學府？如何兼顧高等教育質與量的發展？如何建立一個更公平而有效率的教育資源分配機制？這些都是高等教育未來發展的期望。在面對外來教育機構的衝擊，臺灣高等教育機構的運作應如何調整，以提升國際競爭力？

1. 調整經營心態

教育發展不能炒短線，教育是長久的經營。若以炒短線的方式來經營，面對外來衝擊時會不堪一擊。不能只固守現況，應以更開闊的心胸去迎納各種外來的挑戰，吸收外來的各種發展型態與各種策略。尤其是面對全球化的趨勢，國際化的策略不能只當成口號來運用，要強化及落實 E-learning 的理念以及語文的訓練。

2.合理經濟規模與彈性規劃

應思考面對未來須具備何種競爭的架構、應有何種規模需慎思考量，尤其應重視大學階段的經營規模與彈性規劃。近年來市場變化快速，臺灣高等教育的規劃與培養機能的反應還是比較緩慢。例如：現在需要培養生物科技人才，但是從籌劃設立生物科技方面的大學部、到真正設立招生、完成人才培育的這段時間非常漫長。讓大學有更多的彈性來自行調整科系招生人數，因應產業界變動，應有更多彈性的作法，或許是一個重要的考量點。

3.建立品質保證機制

從供需的角度來看，未來臺灣就學機會的供給面增加，但是需求不變甚至隨著學齡人口的減少而降低。如此一來，必須檢視所提供的教育是否符合需求？提供的教育是否具備相當的品質？包括整個教育的服務系統、服務品質、學習者如何學習、學習者畢業後如何與產業結合？以及產業界對這些人的認同與滿意程度如何？我們可從三個條件來評定高等教育系統的品質：

第一，顧客滿意度：也就是教育界所培育出來的畢業生被業界認可。若畢業生無法獲得業界的認同，就無法強迫說自己學校的教育品質有多好。

第二，維持一定的標準：各校的大學、研究所之畢業生是否能達到一個平均的學術以及素質標準。倘若現在的大學、研究所畢業生比以前還要差，或者是甲校畢業生品質明顯比乙校來得差，這就是品質上的落差，對一個教育系統來說，這種差異要降得愈低愈好。

第三，檢驗的機制：想要建立穩定的系統培養一定水平的學生，就需要相當的檢驗機制來不斷地反省與應對這個系統的品質問題。除了自我評

鑑之外，也要能經得起國際間認證機構的品質檢驗。

倘若高等教育系統能具備這三個條件，相信在發展策略正確的情況下，高等教育本身必能減少內在與外來衝擊所造成的負面影響。當然，我們仍必須設想的是，除此之外，還有哪些是我們所該關注的？

討論七　大學多元入學

　　依據行政院教育改革審議委員會提出之《教育改革總諮議報告書》，建議推動多元入學制度（行政院教育改革審議委員會，1996）。民國 88 年 6 月，大學招生策進會審議通過試行多元入學制度。91 學年度 (2002) 正式實施大學多元入學方案，希望透過新方案彈性的設計，較以往傳統大學聯招「一試定終身」的單一考試方式，給予學生更多的選擇機會。亦期盼藉由此項入學制度的變革，達到提升教育品質、緩和升學壓力的目標（曹學仁，2002）。

　　91 學年度開始實施之大學多元入學方案，將舊有的三個大學入學管道──「申請入學」、「推薦甄選」、以及「聯招」融合而成為兩類。第一類是「甄選入學制」，包括申請入學及推薦甄選兩種方式，其內容與作業方式與過去相同，各校可同時採用。第二類是「考試分發入學制」，係藉考試篩選學生，並依其考試階段、考科、成績採計及分發方式之不同，區分為甲、乙、丙三案，由各大學校系擇一採行（大考中心，2003）。

　　為了使大學入學考招分離及多元入學之精神落實，招生制度更符合「公平」、「多元」、「簡單」之原則，並達到各校選才之目標，教育部訂於 93 年實施大學多元入學的改進方案。此方案係由各大學依其特色訂定招生條件，招收適才適性之學生入學。招生管道有二，第一種為「甄選入學」，由「大學甄選入學彙辦單位」及大學校系辦理；第二種為「考試分發入學」，分發作業由「年度聯合分發委員會」辦理，說明如下（大學招生委員會聯合會，2003）：

　　1.甄選入學制：將 92 學年度實施之「推薦甄選」及「申請入學」兩種大學入學方式簡化為「甄選入學」，兼顧現行「推薦甄選」之特殊取才精神與縮短城鄉差距之目的，以及「申請入學」的招生彈性。

　　2.考試分發入學制：將 92 學年度「考試分發入學」之甲、乙、丙三案整合為一案，大學校系可採用學科能力測驗作為檢定標準，並計 3～6 科指

定科目考試（含術科考試）成績。訂於 93 年實施的大學入學改進方案，流程如圖 16.2 所示。

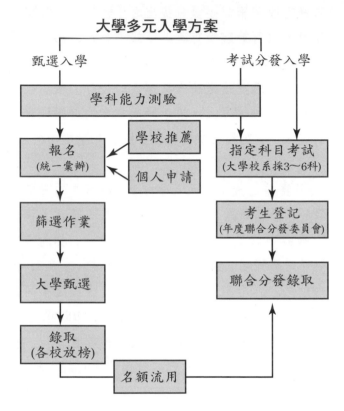

圖 16.2　多元入學方案流程
資料來源：「大學多元入學方案」，大學招生委員會聯合會，2003，
擷取自 http://www.jbcrc.edu.tw/樣式頁.htm。

　　甄選入學雖可以讓各校依照學系需求選才，學生亦可依照本身性向及特殊才能進入理想大學，但實施多年後，造成另一個現象：每年 4、5 月份甄選放榜後，可以見到各大報及電視媒體爭相報導，頂尖大學錄取的高中分布，每年情況皆同，臺大甄選入學放榜幾乎都是都會高中天下。國內公立大學之招生名額，僅占全體大學招生名額之三成三左右，入學機會相對顯得不足；而部分知名大學之學生來源又有過度集中的現象，更使得所謂

「明星高中」及跨區就讀等老問題始終存在（楊玉惠，2012）。教育部為改善因實施大學多元入學後，仍無法解決高中教學的正常化及入學公平性的問題，乃自 2007 學年度實施「大學繁星計畫試辦計畫」。繁星計畫自開辦以來，增加許多偏鄉地區或弱勢高中學生進入頂尖優質大學的機會。實際的成效如下：

1. 繁星計畫試辦四年內 (2007–2011)，已累計 585 所高中、共 934 人錄取 33 所優質大學，相較於學校推薦及其他管道，更能達成「高中均質、區域均衡」之目標。

2. 社區高中的學生錄取人數大於都會地區的明星高中，對鼓勵就近入學高中職有正面效果。

3. 繁星計畫較其他升學管道更能達成「高中均質、區域均衡」之目標，引導國中生就近入學。

從教改的立場來看，大學多元入學方案實施後，入學機會是否更公平？升學壓力是否更紓解？這些核心的問題仍是改革最需要關切的，也需要長期的實證資訊來支撐下一步的改革動作。

討論八　十二年國民基本教育

　　規劃十二年國民教育，進而提升國民素養及國家競爭力，對解決高級中等教育階段的諸多問題，其重要性不言可喻。

　　76 年臺灣高中職容量已遠超過國中畢業生數，國中畢業生就學機會率更達到 105.15%，此後高中職提供的入學機會都大於 100%，如表 16.1。機會的增加也說明了高級中等教育已供過於求，國中畢業生只要想繼續求學，都不是問題。但是，國中畢業生的升學壓力仍未見減緩，主因在於對明星高中的追求、不同型態高中職的喜好、城鄉差異、公私立學校的差距等因素的影響。因此，從免試入學切入的十二年國民基本教育，能否消除民眾對學校選擇的疑慮已成為成敗的關鍵。

表 16.1　國中畢業生就學機會率 (%)

年	平均	男	女	年	平均	男	女
70	89.86	89.56	90.18	86	106.52	107.10	105.90
71	95.42	96.59	94.13	87	108.46	109.76	107.09
72	91.69	91.84	91.52	88	109.45	110.92	107.91
73	95.21	95.29	95.13	89	108.17	109.36	106.92
74	95.66	96.62	94.63	90	107.51	108.57	106.39
75	103.14	101.25	105.15	91	106.95	108.11	105.71
76	102.70	101.08	104.40	92	104.94	105.51	104.32
77	104.56	103.29	105.88	93	105.75	106.31	105.14
78	104.01	104.75	103.25	94	104.70	105.04	104.33
79	107.75	108.39	107.10	95	105.51	106.42	104.51
80	105.24	106.20	104.26	96	105.67	106.89	104.33
81	104.74	105.37	104.09	97	105.07	105.95	104.13
82	106.06	107.09	104.98	98	104.96	106.11	103.71
83	104.38	104.75	104.00	99	105.65	106.69	104.53
84	105.24	106.02	104.42	100	105.28	106.03	104.46
85	106.00	107.00	104.95				

資料來源：教育部統計處，2012。

　　多年來由於升學壓力的存在，導致國中教學難以正常化，九年一貫課程、教科書一綱多本、高中職多元入學方案等教改政策，在升學競爭環境下，特別不利於經濟弱勢的學生。長期存在這種現象不僅有違教育機會均等的理想；後期中等教育未能全面提升公民基本素養，亦違背現代教育發展趨勢。在主客觀條件逐漸成熟下，推動十二年國民基本教育的腳步似乎更近了。終於，政府計畫將在103年實施十二年國民基本教育。

　　有關十二年國民基本教育的實施與配套方案如表16.2。相關的資訊也可以從主題網站中去瀏覽。讀者如果對當前所推動的方案想做進一步的瞭解，可以從表中所提供的資訊去探索（教育部，2012）。事實上，十二年國民基本教育並非單一的方案，需要一項一項去落實，才能達成目標。行政院100年9月20日所核定「十二年國民基本教育實施計畫」，其內容涵蓋規劃入學方式、劃分免試就學區、實施高中職免學費、推動高中職均優質化、落實國中正常教學、適性輔導及品質提升、規劃財務及法制作業等 7 大工作要項及 10 項方案；另訂定學前教育免學費、中小學課程連貫與統整、學生生涯規劃與國民素養提升、學校資源分布調整、精進高中職師資人力發展、高中職評鑑與輔導、技職教育與產業發展、推動大學支持高中職社區化、高中職身心障礙學生就學輔導、鼓勵家長參與十二年國民基本教育及政策宣導等 11 項配套措施，共計 29 個方案，以落實政策。

表 16.2　十二年國民基本教育實施計畫配套措施

配套措施	方　案	主題網站	主政單位
1.學前教育免學費	1-1 五歲幼兒免學費教育計畫	全國幼教資訊網	國教司
2.中小學課程連貫與統整	2-1 建置十二年一貫課程體系方案		國家教育研究院
3.學生生涯規劃與國民素養提升	3-1 國中與高中職學生生涯輔導實施方案 3-2 國民小學及國民中學補救教學實施方案	3-1 教育部學生適性輔導全球資訊網 3-4 教育部學生輔導資訊網	訓委會中部辦公室 訓委會

	3-3 高中職學生學習扶助方案 3-4 國中小學生輟學預防與復學輔導實施方案 3-5 國中畢業未升學未就業青少年職能培訓輔導方案 3-6 提升國民素養實施方案	3-4 教育部學生輔導資訊網：中輟資源之網站 3-5 少年 On Light 計畫	青輔會
4.學校資源分布調整	4-1 高中高職學校資源分布調整實施方案		中部辦公室
5.精進高中職師資人力發展	5-1 提升高中職教師教學品質實施方案	·普通高級中學課程學科中心入口網站 ·普通高級中學課程課務發展工作圈 ·職業學校群科課程綱要推動工作圈	中教司 中部辦公室
6.高中職評鑑與輔導	6-1 高級中學學校評鑑實施方案 6-2 高職學校評鑑實施方案 6-3 高中職發展轉型及退場輔導方案	6-1 高級中學評鑑 6-2 高職學校評鑑實施方案	中部辦公室
7.技職教育與產業發展	7-1 教育部推動產學攜手合作實施方案 7-2 技職教育宣導方案	7-1 產學攜手合作計畫資訊網 7-2 技職教育宣導方案、技職教育資訊網	技職司
8.推動大學支持高中職社區化	8-1 擴大辦理大學「繁星推薦、技職繁星」—引導就近入學高中職方案	·科技校院繁星計畫聯合推薦甄選委員會 ·大學多元入學 ·101 學年度科技校院繁星計畫聯合推薦甄選招生變革說明	高教司 技職司
9.高中職身心障礙學生就學輔導	9-1 高中職身心障礙學生就學輔導發展方案		特殊教育小組

10.促進家長參與推動十二年國民基本教育	10-1 促進家長參與學校推動「十二年國民基本教育」實施方案	教育部十二年國民基本教育家長參與	國教司
11.政策宣導	11-1 十二年國民基本教育宣導方案	教育部十二年國民基本教育主題網	中教司

　　試從這些方案中選擇其中一或兩項進行更深入的瞭解，以及批判其可行性。

討論九　社會公義的挑戰

根據 John Rawls 的說法，社會公義或稱社會正義 (social justice) 包含（姚大志譯，2003）：

㈠機會平等原則 (fair equality of opportunity)：他們從屬的職位和地位應該在公平的機會與平等的條件下對所有的人開放。

㈡差異原則 (difference principle)：他們應該讓社會之最不利成員獲得最大好處；換句話說，對於社會與經濟上的不平等、處境最不利的成員，能獲得最大的利益，才能達到自然自由的體系 (the system of natural liberty) 之平等。John Rawls 希望達到一種事實上的平等，然而這種平等需要以一種不平等為前提。

教育界面對公義的提倡，有時候會以公平 (equity) 或文化差異為主，有時會述及容忍、尊重人權與認同，有時又會以成就落差或民主與社區意識、歸屬感或族群的融入 (inclusion) 為主。許多先進國家在面對多元的社會結構時，其教育政策與教育領導會著重於社會公義的探討。以身為民主國家老大哥的美國為例，其發展的動向一直影響著這個世界。面對社會公義，相關政策的制定者要如何去面對人口、文化差異與認同的問題？學校教育要如何去面對貧窮尤其是少數族群、經濟不利學生在學習上的表現？為了獲得公平性的結果 (equitable outcome)，他們又要如何培育教育工作者來面對這些問題？

Marshall & Oliva (2010) 出版《Leadership for Social Justice: Making Revolutions in Education》一書，指出學者和政策制定者討論如何制定政策，可是他們缺乏和學校系統直接接觸，學校行政人員及教育領導者才是傳達社會公義及公平願景的靈魂人物。該書提供了中小學或其他教育機構人員解決社會不公問題的理念與作法，可以提供一些解決問題與在教職生涯中落實社會公義的參考。

對於熱忱的教育家來說，最痛心的就是看到學校或社會上，個體或社

群被邊緣化或被壓迫。尤其是當我們生存在一個宣稱沒有種族、性別或國籍歧視、戰爭的年代，但事實上，這種不公義的現象仍是隨處可見。

　　此時此刻，教育人員需要一些革命性的策略，在各種情境下落實社會公義的理想。什麼樣的情境會造成落實社會公義的困難呢？這就要講到社會公平、多元文化、對人權及認同的尊重。有時候答案就在於學業成就差異、民主、社群歸屬感、思想或不同文化、語言及宗教；有時候不公發源自市場競爭、經濟政策、政治以及菁英分子的特權；有時候，地區性的差別、多元文化及身分也會造成社會不公。

　　許多教育與社會問題，例如，如何面對學生人口異質化的狀況？當少數學生在小學已成為弱勢學生，面對這樣的學生族群，如何制定政策改善他們的高輟學率和低學業成就呢？在高等教育方面，如何幫助準備不足的學生，或者學業成就落後的學生？面對這些紛擾的教育現象，如何重新檢視社會公義的理念，愈顯得重要。

　　在教育環境中的社會公義，有三個目標：

　　1.社會公義的領導者必須提高校內所有學生的學習表現。

　　2.領導者推動社會公義必須讓學生在社會中成為批判性的公民。

　　3.社會公義的領導者必須確保學生在異質性、融入性的班級學習。

　　社會公義強調道德價值、公義、公平，關懷並尊重種族、族群、階層、性別以及學生教育結果的不利。身為教育工作者，要相信學生、鼓舞學生，並能運用卓越、公平的願景來領導，唯有秉持如此的信念與熱情，才能逐漸消弭這種不公平的現象。

討論十　學校本位課程

從九年一貫課程來看學校本位課程將發現課程革新的三項要點：

1. 九年一貫課程以培養學生基本能力為目標，強調帶著走的「能力」而非背不動的「書包」。

2. 九年一貫課程的設計主張鬆綁，賦予學校發展課程的權責。學校成立發展委員會，由全校教師協同家長，共同規劃百分之二十的彈性課程。

3. 課程設計將現代社會的重大議題融入各領域（包含兩性、環保、人權等）。

學校本位課程 (school-based curriculum) 係指由學校本身對於學生之學習內容或活動所進行的設計、實施和評鑑。換言之，就是以學校為主所發展出來的課程，所以它是「由下而上」(bottom-up) 的課程發展，而不是「由上而下」(top-down) 的課程發展。因此，就其本質而言，學校本位課程是由學校教育人員所發動的一種草根性和自主性活動。

一、為何要發展學校本位課程？

學校本位課程的適當性為何？以下的論述可以作為強化推動學校本位課程的理由：

1. 去集中化：教育專業權已有由中央轉移到地方的呼籲，學校是教育改革最重要的基地，也是教學發生的最重要地方。

2. 垂直連貫：國小與國中學習活動的連貫，要透過基層的學校。

3. 水平統整：七大學習領域的統整（語文、健康與體育、社會、藝術與人文、數學、自然與科技、綜合活動）發生的主要場域是學校。

學校本位課程發展在學校教學中有許多優點，這些優點也是另一股支持學校本位課程發展的力量：

1. 提供適當課程，以符合社區學校及學生的需要。

2. 提升教師參與課程的滿足感與成就感。

3. 降低課程發展與課程實施的差距，促進課程的落實。

4.提高學校課程自主權力，促進教師專業發展。

二、學校本位課程發展的程序

有關學校本位課程發展的程序，張弘勳（民86）綜合國內外學者對於學校本位課程的發展提出下列程序（張弘勳，民86：40-41）：

1.由主管教育行政機關統一訂定教育目標和課程與教學的基本標準。

2.學校根據上述教育目標和基本標準自行設計課程與教學計畫。

3.學校可自行決定課程內容、教學材料、教學方法及選用教科書等。

4.學校課程實施與教學，以達到教育行政機關所訂定之教育目標為主，達成教育目標後，可自行設計補充教材，以配合地方需要及學生的興趣。

5.教育行政機關應提供教學計畫、課程大綱及教材供各學校參考。

三、學校本位課程發展的組織

教育部於民國87年9月30日公布《國民教育階段九年一貫課程總綱綱要》，要求各校組織「課程發展委員會」審查全校各年級的課程計畫。

1.課程發展委員會的組織

學校組織的「課程發展委員會」，成員有學校行政人員、教師、家長及社區代表等，是以參與的人員可區分成：個別教師、教學研究會、全體教職員及社區人士。

2.透過課程發展委員會，進行學校課程計畫

根據課程總綱的規定，各校應成立「課程發展委員會」。透過「課程發展委員會」審查全校各年級的課程計畫，以確保教育品質。學校課程的推動宜考量：

(1)學校條件、社區特性、家長期望、學生需要等相關因素，結合全體教師和社區資源，發展學校本位課程，並審慎規劃全校總體課程方案和班級教學方案。

(2)訂定學年課程實施計畫，其內容包括「目標、每週教學進度、教材、教學活動設計、評量、教學資源」等課程實施相關項目。

(3)因應地區特性、學生特質與需求，選擇或自行發展合適的教科用書和教材，以及設計彈性教學時數所需的課程。

3.結合教師專長，設計七大學習領域

學校本位課程發展，賦予教師發展課程的專業地位，由教師發展學校課程總體方案和班級教學計畫，教師不再只是教學者，更是「課程設計者」。學校教師成立「課程設計小組」，進行七大學習領域課程之間橫向聯繫與統整；注重學習領域與學生生活經驗統整、社區需求與學校情境等特性，避免科目林立，知識支離破碎。

討論十一　公民基本素養

　　迎向全球化的挑戰，哪些關鍵能力是未來公民所應具備的？所謂的「關鍵能力」(key competence) 是指每個人都需要的能力，以完成個人之自我實現與發展、社會融入與就業等能力（劉蔚之，2007）。換言之，關鍵能力是一套個人看世界、看事物的架構，是一種深度思考、系統思考的習慣，具備這樣的能力，才足以因應未來變動的年代。

　　在教育研究上，關鍵能力、核心能力或稱基本能力 (key skills 或 key competencies) 係指學生應該具備重要的知識、技能和素養，以適應社會的生活。「關鍵能力」一詞各國有不同的說法，也有不盡相同的定義。澳大利亞稱為 "key competencies"，紐西蘭稱為 "essential skills"，美國稱為 "workplace know-how"，英國則稱之為 "core skills"。另外如 "transferable skills"、"transition skills"、"enabling skills"、"basic skills" 和 "core competencies" 等亦有人稱之。臺灣有學者稱「關鍵能力」，有學者稱「一般能力」，另還有「核心能力」的說法，而教育部的「國民課程總綱綱要」則稱「基本能力」（賴姿伶，1999），其稱謂不一，基本的概念也不完全一樣。「公民關鍵能力」係指教育體系培育的人在進入社會之後，能履行現代公民生活之基本能力。

　　1996 年聯合國教科文組織 (United Nations Educational, Scientific and Cultural Organization, UNESCO) 在《學習：內在的寶藏》(*Learning: The Treasure within*) 報告書〈Task force on education for the twenty-first century〉中提出「四大學習支柱」：學習認知 (learning to know)、學習做事 (learning to do)、學習與他人相處 (learning to live together)、學習自我發展 (learning to be)，2003 年並增加了學習改變 (learning to change)。知識社會的學習尤重培養能力的學習，這種能力發展導向的學習已廣受 UNESCO、經濟合作暨發展組織 (Organization for Economic Cooperation and Development, OECD) 及歐盟國家重視（吳明烈，2005）。至此，以培養「關鍵能力」為主軸的教

育在各國掀起風潮，無論是正式教育或非正式教育系統，尋求契合學習者發展潛能的研究與機會不斷地被提出來討論。

2002 年，歐盟會議提出了關於未來教育應提供民眾具備終身學習的「八大關鍵能力」(Commission of the European Communities, 2005)，其內容架構如下：⑴母語溝通能力；⑵外語溝通能力；⑶數學算數能力和科學與技術能力；⑷數位能力；⑸學習如何學習；⑹人際、跨文化以及社會能力和公民能力；⑺企業與創新精神；⑻文化表現。

二十一世紀技能聯盟規劃出培育二十一世紀人才核心能力之架構，包括：生活與職涯能力 (life and career skills)、學習與創新能力 (learning and innovation skills)，及資訊、媒體與科技能力 (information, media and technology skills)。美國關鍵能力的具體內容則主要分為核心課程、二十一世紀議題、學習與創新的技能、資訊媒體與科技的能力、生活與職業技能，以及建立二十一世紀教育支持系統 (Partnership for 21st Century Skills, 2009)。

澳洲發展之「公民關鍵能力」是指 (Mayer Committee, 1992)：⑴準備就業的基礎；⑵所有類型職業都適用的一般能力，而非某些產業所需的特定能力；⑶使個體能有效地參與社會環境，包括工作與成人生活的環境；⑷包括對知識和技能的整合與應用；⑸可學習的；⑹必須能夠有效地評量。

從歐盟、美國、澳洲「公民關鍵能力」的發展經驗得知，歐盟是單獨一套系統，但因時、因地制宜；美國不是單獨一套制度，而是各州有些差異；澳洲則是單獨一套政策，並且是傾全國之力在規劃執行。臺灣發展「公民關鍵能力」不僅是要檢驗個人進到社會之能力，也應回溯過去，並思考各教育階段需要完成培養的能力。我們必須思考，面對這些公民素養的要求，未來的學校教育要如何因應？

討論十二　教師組織的目的與運作屬性

民國 76 年在「人民團體組織法」的規範下，「中華民國全國教育會」以及「教師人權促進會」先後成立。這兩個組織都是由教師所組成，是一個長期性的組織，訂有入會標準及組織規範。兩者雖在組織目標與運作方式方面不甚相同，但是對於國內的教師都曾發揮了團體的影響力。近年來廣受社會大眾矚目的「教師法」，對教師組織的約束亦有明確的條文規定。如果按照「教師法」的規定，國內教師團體的運作形態，勢必需要經過一番重新調整。面對這種調整，我們應該考慮哪些問題？由於篇幅的限制，本文就教師組織的目的以及運作的屬性進行探討。

一、教師組織存在的目的

一般說來，教師組織成立的主要目的在於為成員「爭取福利」，並能協助成員「提高專業水準」。以爭取福利而言，教師組織提供的條件是，如何有效地進行專業談判，以維護教師團體的基本利益，而盡量避免不必要的抗爭甚至罷教。以提高專業水準而言，教師組織通常會設定許多的規約，對進入教師組織的成員進行約束，以維持整體的形象；另一方面，組織也會主動爭取或提供教師專業成長的進修機會。這種專業水準提高的目的，將促進教師團體走向專業化。

二、教師組織的屬性

教師組織要能夠滿足專業談判與促進專業化的要求，必須具備下列的性質：

1. 多元化

基本上，教師的組織形態應表現多元化，以垂直整合來看，目前臺灣的教育架構至少應維持全國性與地區性以及學區性等級的教師組織運作。尤其是應配合議會運作的方式來設立對等的教師組織。以橫斷面來看，基層教師有權充分表達他們的期望，選擇理想的教師組織來代表他們。因此，在教師組織的代表方面應該提供多元的選擇，以建立健全的代表制。

2.專業化

教師組織應以探討教育專業的問題為主，教師個人福利的爭取為輔，如果兩者的主從關係倒反，則將步上許多先進國家痛苦的發展經驗。教師組織愈發達教育界的事端也愈多，最後受害的是學生的受教權益。因此，教師組織的設立宗旨應該非常明確，約束成員的行為，以集體行動的力量建立專業談判的制度，維護教師團體的基本尊嚴。

3.自主性

教師組織的自主性，應建立在具備完全獨立運作的形態上。經費的運用、工作人員的安排，都應具有超然的立場。尤其是處在當前臺灣的多元政治環境裡，應設法維繫這種獨立性，不依附在政黨之下，也不屬於官僚體系。如果不能形成這種共識，各級教師組織恐將難以擺脫政治的干擾，一旦淪為政客的工具，將更加模糊教師組織的功能。

4.自律性

教師組織健全的會員規約或是倫理規範是基本的自律條件，除了具有妥善的規約之外，更重要的是教師組織本身能對既有的規約做有效的執行，能有效監督倫理規範的實踐。教師組織成立的功能必需要具備實踐自律的能力，對侵害專業形象的教師能進行有效的約束，這種自律性對教育專業的建立才會有所幫助。

三、未來的展望

㈠教師組織發展面對的問題

在教師組織建立之後，運作上可能面臨下列的問題：

1.誰來維護與發展教師組織？

由各地有理想的教師，形成教師組織的骨幹去推動組織的業務？還是由教師組織自行聘請職員去推動業務？前者由於本身工作的性質，能投入的程度大大受到限制，而後者則容易讓組織擴大之後走向僵化。因此，當教師組織全面設立時，組織真正運作所需的人力從何而來？將是一個必須思考的問題。

2.誰將企圖控制教師組織？

當教師組織成立之後可以發揮基本的功能時，誰最想介入這個組織？政治人物？還是行政官僚？或是兩者都想介入。而教師組織又如何能抗拒這種外力的介入？這是未來教師組織發展過程中將面對的問題。

3.誰來監督教師組織的運作？

教師組織健全後，能發揮一些基本的力量，一旦各地的教師組織結合起來將形成一股龐大的力量，這個時候，誰來制衡這股力量？誰來監督這股力量的正當運用？這也是發展教師組織的過程中必須考慮的遊戲規則。

4.教師組織的談判對象為誰？

教師組織要維護教師團體的權益，要去進行專業談判，專業談判的對象為誰？以我國現行的體制，應該是議會，但是我們常常將各級教育行政體制作為教師組織談判的對象。至於專業談判的內容也應該有所規範，哪些能談，哪些不能由地方的教師組織來談，應有更明確的共識。

(二)理想中的教師組織

1.哪一層級的教師組織對教師最有利？

依現行規範，教師組織的成立可以分成好幾個層級，到底哪一層級的教師組織對教師最有實質的幫助？以國民中小學的權責來看，應該是地方教師組織的運作最重要，但是國內過去的發展經驗，本末倒置忽視地方，造成頭重腳輕，無法反映基層教育問題。

2.哪種形態的教師組織對國內教育最有幫助？

三級制的教師組織對國內教育發展有沒有實質的幫助？尤其是「校級」的教師組織，贊成設立學校教師組織的出發點，好像針對學校的行政體制而來。事實上，學校行政體制在設計上是協助教師的，並沒有衝突對立的必要。學級教師組織設置到底對誰有助益？有必要進一步釐清。我們同時應該思考，教師組織應扮演何種角色對教育的發展較有利？

討論十三　教師福利

　　一般而言，教師福利包括：薪資較一般公務員優渥、每年有寒暑假、上班時數較短、上班 9 個月可領 14 個半月的薪資（包含 1 個半月的年終獎金以及 1 個月晉級獎金）。而教師的社會地位方面，目前雖較淡化，但是社會上仍保持一定的尊重。有關一般職業與教職的比較，如表 16.3 所列。

表 16.3　一般職業與教職之福利、社會地位之比較

	一般職業	教職
福利	享勞健保、薪資視營運狀況與主管印象，年終獎金從數千元至 2 個半月、底薪並無一定、工作壓力較大、上班常超時、未來生活較無保障	薪資較一般公務員優渥、每年有寒暑假、上班時數較短、上班 9 個月可領 14 個半月的薪資
社會地位	不一定因為個人能力而有升遷	傳統受敬重的社會地位，教化無數學子

　　一般教師的待遇分為本薪、加給與獎金三種。高級中等學校以下的教師本薪以學經歷及年資敘定薪級。目前的薪級規劃有二十六級加年功俸三級。加給又分為職務加給、學術研究加給及地域加給三種。

　　薪級與薪額是相對應的，教師所領的薪水是根據薪級、薪額換算為新臺幣。每年教師的晉級是指薪級的調增，當然薪額也會跟著調整，教師實領的本俸則按薪級、薪額轉換為新臺幣。我們常看到政府宣布今年不調整軍公教待遇，指的是不調整薪額所轉換的新臺幣及加給。有關教師之薪額、本俸、學術研究費，以及主管職務加給如表 16.4 所列。

表 16.4 教師薪額、本俸、學術研究費，以及主管職務加給

薪 級	薪 額	本 俸	學術研究費	主管職務加給
年功三	770	53,075	1.校長支 31,320 元	1.高中校長以簡任第十職等支給 11,750 元；國中及國小校長均以薦任第九職等支給 8,700 元
年功二	740	52,410	2.教師支本薪 475 元以上者，學術研究費支 31,320 元。（須具有博士、碩士學位或 40 學分班結業者）	
年功一	710	51,745		
1	680	49,745（博士畢業者最高薪）		
2	650	48,415（碩士畢業者最高薪）		2.高中教師兼主任者，以薦任第八職等支給 6,740 元
3	625	47,080（大學畢業者最高薪）	3.教師支本薪 350 元至 450 元者，學術研究費支 26,290 元	3.國中 70 班以上教師兼主任：
4	600	45,750		(1)支本薪 290 元以下者，以薦任第七職等支給 5,140 元
5	575	44,420		
6	550	43,085	4.教師支本薪 245 元至 330 元者，學術研究費支 23,160 元	
7	525	41,755		
8	500	40,420		(2)支本薪 310 元以上者，以薦任第八職等支給 6,740 元
9	475	39,090	5.教師支本薪 230 元以下者，學術研究費支 20,130 元	
10	450	36,425		
11	430	35,425		
12	410	34,430		4.國中未滿 70 班之教師兼主任、國小教師兼主任、附設幼兒園教師兼主任以薦任第七職等支給 5,140 元
13	390	33,430		
14	370	32,430		
15	350	31,430		
16	330	30,430（博士畢業者起敘）		
17	310	29,435		5.高中、國中、國小及幼兒園教師兼組長：
18	290	28,435		
19	275	27,435		(1)支本薪 290 元以上者，以薦任第七職等支給 5,140 元
20	260	26,435		
21	245	25,435（碩士畢業者起敘）		
22	230	24,440		(2)支本薪 275 元起至 245 元
23	220	23,770		

24	210	23,105		者，以薦任第
25	200	22,440		六職等支給
26	190	21,775 （新制大學畢業起敘）		4,220 元
				(3)支本薪 230 元
				以下者，以委
27	180	21,110 （舊制大學畢業起敘）		任第五職等支
				給 3,740 元
				6.國中副組長一律
				以委任第五職等
				支給 3,740 元

資料來源：教育部人事處 (2012)。

　　關於教師退休後的保障，首先民國 84 年以後進入職場的教師已不再有所謂 18% 的優退存款，而近年來軍公教的退休制度亦被提出檢討，合理的退休年齡為何？所得替代率也一直被向下修正，合理的所得替代率為何？這些問題都有理性討論的空間。因此，教師的福利、退休的保障、吸引怎樣的優秀人才進入教職，是環環相扣的，對整體社會的影響亦十分深遠。

討論十四　教育國際化

「全球化不是一種選擇，而是一個必須面對的事實。全球化與臺灣發展息息相關，面對日趨多元的文化體系，教育需要擴大深度與廣度，進一步與國際接軌。21 世紀的臺灣公民，必須具備國際觀和地球村概念，提昇國際參與跨國競爭的實力。」（教育部，中小學國際教育白皮書，2012）。

所謂高等教育的國際化，聯合國教科文組織 (UNESCO) 定義為教師、學生、課程、大學或提供者，及課程資料跨越國界的一種情況。跨界教育可能包括由公立或私立以及非營利／營利提供者所提供的高等教育，且涵蓋從面對面（如學生海外旅行、海外分校）到遠距學習（科技或 e 化學習）的各種形式。國際化是國際觀點與教育結合的過程，需要組織定下願景來激勵所有人以全球思考方式來做改變，以面對不斷變化且越趨多元的外在環境 (Mitra, 2010)。

《國際高等教育百科全書》(*The International Encyclopedia of Higher Education*) 定義國際高教育包括國際內容、教師和學生從事與教育研究相關的國際活動，及教育體系從事跨國界、技術援助與教育合作計畫。國際化是社會或大學回應全球化各項需求的策略，也是大學培育全球化人才的方法。各大學進行國際化的過程包括在地國際化 (internationalization at home) 及海外國際化 (internationalization abroad) 二大行動面向。「在地國際化」指的是在大學校園內的國際化，包括課程增加全球或國際比較觀點、招收國際學生、邀請國際學者及增加國際師資等，為增加校園國際化的元素；「海外國際化」則是讓大學及利害關係人走向世界，例如選派學生出國研修、在海外建立分校及與國外學校建立夥伴關係等 (Altbach, Reisberg & Rumbley, 2009)。

從地球村的角度看，高等教育的國際化包括橫跨國界的網路學習、國與國之間往來的學習、機構的設立以及學者在教學與研究的往來等等。

教育國際化從高等教育開始，已逐漸推向中小學教育。按目前中小學

國際教育之推動，學校要能透過國際化課程與國際交流活動，教導中小學生理解、尊重與欣賞不同文化，接觸並認識國際及全球議題，學習跨文化溝通的知識與技巧。中小學國際交流的方式，一般包括「教育旅行」、「增進國際視野」、「國際高中生獎學金」、「境外遊學」、「姊妹校交流」、「國際志工服務」、「參與國際會議或競賽」、「教育專題訪問交流」、「英語村」、「參與網路國際交流」等（教育部，2012）。

教育部在推動的策略上也選定了一些作法，舉例而言，學校辦理國際教育課程與教學發展計畫，其補助項目就包括（教育部，2012）：

1. 研發中小學國際議題融入課程與跨學科整合教學模式。
2. 研發中小學國際交流數位教學模式 (ICT)。
3. 個別或跨校舉辦國際教育課程或教學研習活動。
4. 與社區夥伴機構合作辦理國際教育教學活動。
5. 試辦或正式辦理國際教育課程融入教學相關活動。
6. 中小學開設外語及文化課程，以及辦理相關活動。
7. 建立區域性中小學外語及文化教育資訊系統。
8. 以策略聯盟方式辦理中小學生外語及文化交流活動。
9. 參加具公信力的外語檢測，並連結校內教學計畫。
10. 規劃及輔導設立外語或文化特色學校。
11. 辦理外語接續教育相關計畫。
12. 補助學校教師從事國際教育課程與教學的行動研究。

延伸探討：可否就這些議題，試擬一個小型的執行計畫？

參考文獻

一、中文部分

內政部 (2002)。重要內政統計指標。2002 年 9 月 18 日,擷取自內政部網站 http://www.moi.gov.tw/W3/stat/。

內政部戶政司 (2012a)。人口政策白皮書。擷取自 http://www.ris.gov.tw/zh_TW/252。

內政部戶政司 (2012b)。內政統計年報。擷取自 http://sowf.moi.gov.tw/stat/year/list.htm。

內政部統計處 (2002a)。外籍配偶人數統計分析——專題分析。2003 年 4 月 20 日,擷取自 http://www.moi.gov.tw/。

內政部統計處 (2002b)。外籍配偶人數統計。內政部統計通報,九十二年第六週。2003 年 4 月 20 日,擷取自 http://www.moi.gov.tw/。

內政部警政署刑事警察局的統計 (2012)。歷年兒童嫌疑人、少年嫌疑人、青年嫌疑人人數比較。擷取自 http://www.cib.gov.tw/crime/Crime_Stat_content.aspx?id=00051。

方德隆 (民 82)。課程與教學的研究:教育學理論之建立。國立高雄師範大學學報,4,121–139。

方慧民 (民 74)。離婚因素、親子關係、及學童之適應。國立臺灣大學心理學研究所碩士論文,未出版。

王以仁 (民 71)。臺灣省國民小學所在地區、規模大小與教育素質有關因素之調查研究。政大教育研究所碩士論文,未出版。

王家通 (民 81)。比較教育。臺北:五南。

王國華 (民 71)。私立學校董事會之職權與限制。會計與管理,660,401–402。

王莉玲 (民 77)。簡介美國家庭、學校、社區合作的方式。社區發展季刊,42,57–58。

王瑞宏 (民 84)。成人基本教育教師提高學生出席率減少學生中途輟學現象可行方式之探討。教育資料文摘,204,163–178。

王鍾和 (民 82)。家庭結構、父母管教方式與子女行為表現。國立政治大學教育研究所博士學位論文,未出版。

江岷欽 (民 78)。組織文化研究途徑之分析。行政學報,21,65–92。

江岷欽 (民 82)。組織分析。臺北:五南。

行政院主計處 (民 82)。中華民國臺灣地區社會指標統計——民國八十二年,臺北市。

行政院青年輔導委員會 (民 78)。青少年休閒輔導理念的建立與實務之規劃。為青年開拓更廣闊的休閒天地研討會專輯。

行政院教育改革委員會（民 84a）。第一期諮議報告書，臺北市。

行政院教育改革委員會（民 84b）。第二期諮議報告書，臺北市。

行政院經濟建設委員會 (2002)。經發會週年檢討會議資料。2002 年 10 月 11 日，擷取自 http://www.cepd.gov.tw/service/board/ru/edac.htm。

行政院經濟建設委員會 (2004)。人口老化相關問題及因應對策研討會會議資料。民國 93 年 8 月 5 日，公務人力發展中心，臺北市。

行政院經濟建設委員會人力規劃處 (2002)。臺灣地區未來人口推計及生育下降問題。2002 年 11 月 15 日，擷取自 http://www.cepd.gov.tw/people/report910520.pdf。

何青蓉 (1995)。我國成人識字教育的迷思與省思。臺灣教育，535，23–26。

何青蓉 (1999)。學習社會中的識字教育。成人教育雙月刊，50，2–9。

何信助（民 62）。臺北市國民中學中途離校原因之調查分析。國立政治大學教育研究所碩士論文，未出版。

何春枝（民 81）。我國高級中等教育政策演變之研究。國立政治大學教育研究所碩士論文，未出版。

何清欽（民 69）。波爾諾對「教育學的科學性質」之看法。教育文粹, 9, 22–26。

何緯山 (2006)。外籍配偶子女自我概念、學業表現與生活適應之相關研究。國立臺東大學教育研究所碩士論文，未出版，臺東縣。

吳坤山（民 83）。淺談中途輟學學生的輔導策略。教與愛，45，16–17。

吳明烈 (2005)。UNESCO、OECD 與歐盟推展終身學習之比較。終身教育，2005(2)，29–38。

吳武典、林繼盛（民 74）。加強家庭聯繫對兒童學習效果與家庭氣氛的影響。教育心理學報，18，97–166。

吳政達 (2002)。加入 WTO 對我國教育投資環境之影響評估。發表於中正大學第十次教育行政論壇，中華民國教育行政學會、中華民國學校行政研究學會及臺灣教育政策與評鑑學會主辦，2002.5.25。

吳政達（民 83）。教育優先區之研究——以臺灣省初等教育發展為例。教育研究，39，14–24。

吳清山（民 81）。學校效能研究。臺北：五南。

吳清山（民 83）。美國教育行政與組織。臺北：五南。

吳清山、黃旭鈞（民 84）。提升教育品質的一股新動力：談全面品質管理及其在教育上的應用。教育資料與研究，2，74–83。

吳焰修（民 75）。組織文化之研究——理論與應用之探討。政治大學公共行政研究所碩士論文，未出版。

吳舒靜 (2003)。外籍配偶教育策略之研究。國立暨南國際大學教育政策與行政學系碩士學位論文，未出版。

吳靜吉（民 77）。教導心理學研究。臺北：遠流。

吳璧如（民 78）。國民小學組織文化與組織效能關係之研究。高雄師範大學教育研究所碩士論文，未出版。

呂承芬（民 80）。高職校園安全輔導。諮商與輔導，71，14–17。

李純真（民 82）。學校與社區的教育資源相結合：加強宣傳組織、推動社區教育的丹鳳國中。社教雙月刊，57，10–11。

李國偉（民 84）。教育鬆綁。教改通訊，4，10–13。

李園會（民 74）。九年國民教育政策之研究。臺北：文景。

李瑞娟 (2007)。新住民配偶子女國小一年級國語文學習成就之研究——以新竹縣竹北市、竹東鎮為例（未出版之碩士論文）。中華大學，新竹市。

杜啟華（民 81）。企業文化與組織變革策略之關係研究。中興大學企管研究所碩士論文，未出版。

沙依仁（民 72）。人類行為與社會環境。臺北：五南。

兒童福利聯盟文教基金會 (2007)。校園「霸凌」影響深遠。2010 年 9 月，擷取自 http://www.children.org.tw/database_p0.php?id=199&typeid=26&offsct=15。

兒童福利聯盟文教基金會（2011 年 02 月 15 日）。臺灣校園霸凌現象調查報告。兒童福利聯盟基金會。擷取自 http://www.children.org.tw/database_report.php?id=349&typeid=4&offset=0。

周愚文（民 81）。大陸現行學制與教育行政制度概述。臺灣教育，502，1–10。

林文達（民 72）。教育機會公平性之研究。國立政治大學學報，48，87–115。

林本炫 (1999)。教育資源分配與社會正義。91 年 11 月 8 日，擷取自 http://netcity1.web.hinet.net/UserData/lin66/paper5.htm。

林生傳（民 65）。影響學業成就的社會環境因素分析與探討。高師學報，4，167–221。

林邦傑（民 69）。青年與家庭、同儕的關係。刊於胡秉正等著，青年心理學（頁 147–166）。臺北：中國行為科學社。

林美玲（民 84）。優良教師的特質。臺灣教育，533，18–22。

林振春（民 77）。學校教育與社區發展相互用。中等教育，39 (1)，18–24。

林海清 (2002)。知識管理與教育發展。臺北：元照。

林啟峰（民 77）。臺北市國民中小學校園開放問題之規劃之研究。國立政治大學教育研究所碩士論文，未出版。

林清山（民 81）。心理與教育統計學。臺北：東華。

林勝義（民 80）。青少年問題的形成與對策。行政院青輔會主辦之全國青年輔導會議，80 年 11 月 24 日。

邱文忠（民 83）。中途輟學影響因素暨模式及其輔導策略之探討。教育研究，36，32–41。

邱志峰（2009）。澎湖縣新移民子女生活適應之研究—與本國籍子女比較。國立臺北教育大學教育政策與管理碩士在職專班碩士論文，未出版，臺北市。

邱國和（民 77）。如何輔導中途輟學學生返校後的生活與適應。輔導月刊，24 (6–7)，44–48。

邱琡雯（1999）。在地國際化？外籍新娘在地化：就讀嘉義地區國小補校的外籍新娘之社會生活。臺灣社會問題研究學術研討會手冊，28–40。中央研究院社會問題研究推動委員會。

邱琡雯（2000）。在臺東南亞外籍新娘的識字／生活教育：同化？還是多元文化。社會教育學刊，29，197–219。

姚大志譯（2003）。從「正義論」到「正義新論」。全國律師，7，35–49。

施常花譯（1994）。命隨心改。臺北：大村文化。

段秀玲（民 77）。中途輟學國中生與一般國中生在生活適應及親子關係上差異之比較研究。輔導月刊，24 (2–3)，31–34。

胡夢鯨（民 78）。全人教育理念下的大學通識教育與改革芻議。淡江學報，7，33–155。

唐曉杰（民 84）。中國基礎教育的內部效率：文獻評述。教育研究，42，56–65。

夏曉鵑（1997）。女性身體的貿易——臺灣／印尼新娘貿易的階級、族群關係與性別分析。騷動，4，10–21。

夏曉鵑（2000）。資本國際化下的國際婚姻——以臺灣的外籍新娘現象為例。臺灣大學社會學系（編）。全球化下的社會學想像——國家、經濟與社會研討會論文集，56–73。

孫震（民 75）。教育投資、人力資源與國家發展。中央月刊，19 (4)，92–95。

馬友群（民 78）。藥物濫用行為的輔導。諮商與輔導，41，42–45。

馬信行（民 76）。我國各級學校未來學生數之預測。政治大學學報，56，85–118。

馬信行（民 82）。我國教育分佈之均等度及未來高等教育發展的策略。國立政治大學學報，62，1–28。

高強華（民 84）。未曾許諾的玫瑰園——「教育概論」的教學省思。教育概論教學之省思與展望學術研討會。

高強華、郭為藩（民 76）。教育學新論。臺北：正中。

高熏芳（2009）。數位原生代的特質。2009 年 10 月 26 日，擷取自淡江大學新聞稿 http://www2.tku.edu.tw/~ac/981news/981026.htm。

國立教育資料館（民 83）。我國技術職業教育發展現況與評估之研究，臺北市。

康雪卿（民 82）。中途輟學學生的輔導。諮商與輔導，88，45–46。

張人傑（民 83）。改進輟學研究需解決的問題。教育研究，37，28–35。

張世平（民 80）。我國國民教育機會均等問題之探討。教育研究，17，39–44。

張坤鄉（民 80）。山地與平地國中學生中途離校狀況之比較研究。屏東：明正國中。

張芬芬（民 76）。大學通識教育理論與實施。淡江學報，25，1–25。

張建成（民 77）。有關教育學研究的幾點省思。國教世紀，23 (6)。

張清濱（民 81）。中途輟學的社會學分析及其輔導策略。教育研究，25，48–56。

張鈿富（民 83）。教育政策的制定與執行。刊於民間教育改革會議編，臺灣的教育改
　　革（頁 165–198）。臺北：前衛。

張鈿富、林松柏與周文菁 (2012)。高中學生學習投入影響因素之研究。教育研究集刊，
　　54，23–57。

張碧娟（民 83）。我國大學校院學雜費政策之探析。教育與心理研究，17，203–231。

張德聰（口述）高惠琳（整理）(2011, 12)。善用正向管教，班級經營不困擾。張老師
　　月刊。擷取自 http://magazine.n.yam.com/view/mkmnews.php/734445/。

張潤書編譯（民 74）。組織行為與管理。臺北：五南。

張憲崇 (2011)。新移民子女學習風格與學習成就之研究－以南投縣為例（未出版之碩
　　士論文）。國立嘉義大學，嘉義。

張麗芬（民 79）。學校組織文化與領導。臺灣教育，475，19–21。

教改會教育理念與目標組織（民 84）。教育鬆綁的理念、原則與項目。教改通訊，4，
　　9–10。

教育部 (2001)。授獎於成人基本教育研習班績優縣市。教育部公報，316，41。

教育部 (2001)。教育統計，臺北市。

教育部 (2003)。中華民國教育統計，臺北市。

教育部 (2011)。認識校園霸凌。擷取自 http://140.111.1.88/news/detail/22。

教育部 (2012)。中小學國際教育白皮書。擷取自 http://www.edu.tw/files/site_content/
　　B0039/100.04 中小學國際教育白皮書 .pdf。

教育部 (2012)。教育部十二年國民基本教育實施計畫。擷取自 http://12basic.edu.tw/
　　draft/index.html。

教育部 (2012)。教育部防制校園霸凌專區。擷取自 https://csrc.edu.tw/bully/。

教育部 (2012)。教育部電子報。擷取自 http://epaper.edu.tw/news.aspx?news_sn=5350。

教育部（民 82）。中華民國教育統計，臺北市。

教育部（民 83）。中華民國教育統計，臺北市。

教育部（民 83）。第七次全國教育會議分組研討結論報告，臺北市。

教育部（民 84）。中華民國教育統計，臺北市。

教育部（民 84）。中華民國教育報告書：邁向 21 世紀的教育遠景，臺北市。

教育部（民 84）。教育部公報，242，6–7。

教育部社教司 (2012a)。大陸及外籍配偶與嬰兒出生數。擷取自 http://www.edu.tw/
　　statistics/content.aspx?site_content_sn=8956。

教育部社教司 (2012b)。101 年終身學習行動 331。擷取自 http://www.edu.tw/society/
　　content.aspx?site_content_sn=31006。

教育部社教司 (2012c)。教育部樂齡學習網。擷取自 http://moe.senioredu.moe.gov.tw/。

教育部高教司 (2002)。大學教育政策白皮書。2003 年 1 月 20 日，擷取自
　　http://www.high.edu.tw/white_paper/indexc.htm。

教育部高教司（民 81）。教育部對十二所國立大學中程校務發展之政策，臺北市。

教育部統計處 (2002)。國民教育學生人數長期預測（90 至 140 學年度）。2003 年 1 月
　　20 日，擷取自 http://www2.edu.tw/statistics/index.htm。

教育部統計處 (2002)。教育統計指標。2003 年 1 月 20 日，擷取自教育部統計處網站
　　http://www2.edu.tw/statistics/index.htm。

教育部統計處 (2003)。教育統計指標，臺北市。

教育資料文摘編輯部（民 83）。高職學生退、休學占 46%。教育資料文摘，192，183。

梁志成（民 82）。臺北市高級職業學校學生中途輟學因素及預防策略之調查研究。臺
　　灣師範大學工業教育研究所碩士論文，未出版。

梁尚勇編（民 80）。樹立教師的新形象。臺北：臺灣書店。

移民署 (2012)。外籍配偶人數與大陸（港澳）配偶人數。擷取自 http://www.immigration.
　　gov.tw/public/Attachment/262216283481.xls

莊懷義（民 79）。青少年問題與輔導。臺北：國立空中大學。

許俊雄（民 72）。高雄市公私立高中職校中途離校學生現況之調查分析。輔導月刊，
　　20 (1)，82–88。

許純敏（民 81）。社會變遷中兒童福利理念及措拖之探討。國立臺灣大學社會學研究
　　所碩士論文，未出版。

郭昭佑（民 84）。體罰必要性之論辯－談體罰癥結。研習資訊，12 (2)，10–14。

郭為藩（民 84）。教育改革的共識與歧異。總統府國父紀念月會專題報告。

陳文宗（民 83）。漫談中途輟學改進之路。教與愛，45，13–15。

陳奎憙（民 69）。教育社會學。臺北：三民。

陳奎憙（民 84）。全國教育會議有關「改進師資培育」之建言與評析。臺灣教育，533，

18–22。

陳美惠 (2002)。彰化縣東南亞外籍新娘教養子女經驗之研究。國立嘉義大學家庭教育研究所碩士論文，未出版。

陳英豪 (民 84)。全面提升教育品質、合理分配教育資源。臺灣省議會第十屆第一次定期大會工作報告。

陳訓祥 (民 77)。我國專科進修補習學校成人學生中途退學及其相關因素之研究。國立臺灣師範大學社會教育研究所碩士論文，未出版。

陳雪華、陳如山 (民 77)。空大學生中途輟學原因調查研究。臺北：國立空中大學研究報告。

陳源湖 (2003)。外籍新娘識字教育之探析。載於教育部社教司 (編)，九十二年全國外籍新娘成人教育研討會手冊 (頁 75–85)。臺北：教育部。

陳慧玲 (民 83)。學校公共關係。臺北：師大書苑。

陳麗珠 (民 81)。我國國民教育財政系統公平性之研究。國科會委託研究。

陳麗珠 (民 82)。誰是國民教育財政困境的解鈴人。師友，307，3–5。

彭駕騂 (民 74)。青少年問題探究。臺北：巨流。

曾慧敏 (民 83)。國小教師生涯發展及其工作需求、生涯關注之研究。國立政治大學教育研究所博士論文，未出版。

馮朝霖 (民 84)。「教育學導論」與教育學知識屬性—以德國經驗為例的討論。教育概論教學之省思與展望學術研討會。

黃光雄 (民 79)。教育概論。臺北：師大書苑。

黃光雄 (民 84)。我國師資培育的動向。臺灣教育，533，18–22。

黃光雄編譯 (民 72)。能力本位師範教育。高雄：復文。

黃武鎮 (民 78)。國民中學中途輟學學生形成因素、在校適性行為及輔導策略之調查研究。臺中：臺灣省中等學校教師研習會。

黃政傑 (民 80)。課程設計。臺北：東華。

黃春枝 (民 59)。臺北市五十七學年度國小畢業生未能升學國中原因之調查研究。國立政大教育研究所碩士論文，未出版。

黃春香 (民 82)。學校與社區的教育資源相結合——花蓮縣的學校社區資源整合。社教雙月刊，57，20–21。

黃炳煌 (民 73)。課程理論之基礎。臺北：文景。

黃炳煌 (民 82)。師資培育與專業道德。教師天地，64，14–18。

黃國彥 (民 69)。中途離校學生。刊於胡秉正等人，青年心理學，190–208。臺北：中國行為科學社。

黃國彥（民 78）。學習困難學生之診斷與輔導。臺灣省教育廳國民中小學中途輟學追蹤返校學生復健輔導工作專輯，51–55。

黃國彥、林邦傑（民 71）。臺灣省國民小學所在地區規模大小與教育有關因素之調查研究。政大心理學報，173–180。

黃富順（2003）。外籍新娘的基本教育權。載於教育部社教司（編），九十二年全國外籍新娘成人教育研討會手冊（頁 8–9）。臺北：教育部。

黃德利（民 83）。青少年涉足電動遊樂場的相關因素及其替代性方案之探討。國立政治大學心理研究所碩士論文，未出版。

楊玉惠（2012）。大學繁星計畫學生學業成績表現分析。教育政策論壇，15(4), 63–93。DOI 10.3966/156082982012111504003。

楊明芳（民 72）。臺灣省立北港高級中學七十一學年度學生中途離校原因之研究。臺中：臺灣省教育廳。

楊思偉（民 84）。日本「教育原理」科目之探討。教育概論教學之省思與展望學術研討會。

楊國賜（民 80）。如何促進青少年身心發展。行政院青輔會主辦之全國青年輔導會議，80 年 11 月 24 日。

楊深坑（民 75）。教育學科學性之詮釋學分析。國立臺灣師範大學教育研究所集刊，28，33–73。

楊深坑（民 76）。教育學經驗科學化之歷史評述及其後設理論分析。國立臺灣師範大學教育研究所集刊,29,45–75。

楊深坑（民 77）。意識型態批判與教育學研究。國立臺灣師範大學教育研究所集刊,30,25–56。

楊朝祥（民 73）。技術職業教育辭典。臺北：東華。

楊瑩（民 77）。臺灣地區教育擴展過程中不同家庭背景子女受教機會差異之研究。國立臺灣師範大學教育研究所博士論文，未出版。

楊靜芬（2012）。「網路成癮徵兆」的自我評估與調適。擷取自 http//s2.misa.com.tw/sccvcycu/data/cht/20110311/20110311evuwzg.doc。

溫明麗（民 84）。「教育概論」教學目標探討：應然面省思與實然面分析。教育概論教學之省思與展望學術研討會。

經濟部國際貿易局網站（2002）。世界貿易組織 WTO。2003 年 1 月 20 日，擷取自 http://www.moeaboft.gov.tw/global_org/wto/wto_index.htm。

詹志禹（民 84）。教育學：走向獨立之路。教育概論教學之省思與展望學術研討會。

詹棟樑（民 82）。德國的學制改革。臺灣教育，509，8–12。

鄒瑞良（民 82）。學校與社區的教育資源相結合：善用東部自然資源辦理社會教育。社教雙月刊，57，22–23。

臺北市政府教育局（民 81）。臺北市教育統計，臺北市。

臺灣 PISA 國家研究中心 (2010)。評量結果。擷取自 http://pisa.nutn.edu.tw/taiwan_tw_04.htm〔Taiwan PISA National Center. (2010). Assessment results. Retrieved from http://pisa.nutn.edu.tw/taiwan_tw_04.htm〕

臺灣省政府教育廳（民 80）。臺灣地區國民小學學齡兒童失學原因之調查，臺中市。

臺灣省政府教育廳（民 81a）。臺灣省政府教育廳暨各縣市政府八十一年度——執行遊藝場業、演藝事業成果專輯，臺中市。

臺灣省政府教育廳（民 81b）。臺灣地區國民中學學生失學原因之調查，臺中市。

臺灣省政府教育廳（民 83a）。臺灣省所轄公私立國中學生校外生活概況調查，臺中市。

臺灣省政府教育廳（民 83b）。臺灣省教育統計指標 – 中華民國八十二學年，臺中市。

臺灣省政府教育廳（民 83c）。臺灣省各縣市教育統計指標——中華民國八十二學年度，臺中市。

臺灣省政府教育廳（民 83d）。臺灣省教育統計年報 – 中華民國四十學年至八十二學年，臺中市。

臺灣省政府教育廳統計室（民 82）。臺灣省高級職業學校學生異動資料（79 至 81 年度），臺中市。

臺灣研究基金會編輯部（民 83）。臺灣教育改革。臺北：前衛。

趙富年（民 78）。單親家庭對青少年心理發展的影響。教師天地，12，26–27。

劉信吾（民 76）。空中學校留校與離校學生個人背景及心理因素之比較研究。國立政治大學教育研究所博士論文，未出版。

劉淑惠（民 76）。助人工作者職業倦怠量表之編製與調查研究。國立臺灣教育學院輔導研究所碩士論文，未出版。

劉焜輝（民 78）。中途輟學學生的輔導策略。刊於臺灣省教育廳，國民中小學中途輟學追蹤返校學生復健輔導工作專輯，51–55。臺中：臺灣省教育廳。

劉源俊（民 84）。教育「鬆」「綁」——該放開的放開，該規範的規範。教改通訊，4，4–5。

劉萬來 (2009)。苗栗縣沿海四鄉鎮國民小學新臺灣之子學習態度與學習成就之研究（未出版之碩士論文）。育達商業技術學院，臺北市。

劉蔚之 (2007)。歐盟「關鍵能力」建置之最新現況。教育評鑑與發展研究中心電子報，擷取自 http://epaper.creed.ntnu.edu.tw/index.php?id=16。

歐玉霞（民 83）。潛在輟學個案工作經驗分享。現代教育通訊，32，35–36。

歐用生（民 84）。中小學教師進修教育的盲點與突破。教改通訊，4，14–15。

歐陽教（民 83）。教育的概念分析。刊於黃光雄主編，教育概論，1–27。臺北：師大
　　書苑。

蔡中信（民 80）。中途輟學追蹤返校學生專題研究報告。臺灣教育輔導月刊，41 (1)，
　　4–6。

蔡培村（民 82）。國民中學教師生涯能力發展之研究。教育部中教司委託研究。

蔡培村（民 83c）。高級中學教師生涯能力發展之研究。教育部中教司委託研究。

蔡培村（民 83d）。國民小學教師生涯能力發展之研究。臺灣省教育廳委託研究。

蔡培村、陳伯璋、蔡清華、蘇進財、孫國華（民 83b）。中小學教師生涯進階與等級劃
　　分可行性之研究。教育部中教司委託研究專案。

蔡崇振（民 64）。我國高級中學中途離校學生的經驗背景與人格特質之調查分析。國
　　立臺灣師範大學教育研究所碩士論文，未出版。

蔡清華（民 75）。從法國初等教育及中等教育改革趨勢展望我國初等及中等教育之革
　　新。刊於中華民國比較教育學會編，教育革新的趨勢與展望。臺北：臺灣書店。

蔡雅玉 (2001)。臺越跨國婚姻現象之初探。國立成功大學政治經濟研究所碩士論文，
　　未出版。

蔡瑜馨 (2012)。母親國籍對國小六年級學生學習成就的影響（未出版之碩士論文）。
　　臺灣大學，臺北市。

蔡瑞全 (2006)。臺灣、外籍與大陸配偶子女學校適應之比較研究。國立花蓮教育大學
　　國民教育研究所碩士論文，未出版，花蓮縣。

蔡榮貴、黃月純 (2004)。臺灣外籍配偶子女教育問題與因應策略。臺灣教育，626，
　　32–37。

蔡德輝（民 78）。青少年偏差行為及其相關因素探討。教育部訓育委員專案研究。

鄭崇趁（民 83a）。國民中小學中途輟學學生的成因與對策。教育研究，36，27–31。

鄭崇趁（民 83b）。從教育機會平等的理想談中途輟學學生輔導措施。教與愛，45，9–12。

鄭雅雯 (2000)。南洋過臺灣：東南亞外籍新娘在臺婚姻與生活探究──以臺南市為例。
　　國立東華大學族群關係與文化研究所碩士論文，未出版。

駐法國臺北代表處文化組 (2012)。法國公布小學教職員校園安全調查報告。國家教育
　　研究院各國教育訊息電子報。擷取自 http://fepaper.naer.edu.tw/paper_view.php?
　　edm_no=15&content_no=946&preview。

盧秀芳 (2004)。在臺外籍新娘子女家庭環境與學校生活適應之研究。國立政治大學教
　　育學院學校行政研究所碩士論文，未出版，臺北市。

蕭昭娟 (2000)。國際遷移之調適研究：以彰化縣社頭鄉外籍新娘為例。國立臺灣師範

大學地理研究所碩士論文，未出版。

蕭增塘（民 77）。國中教育與社區發展的關係之研究。社教雙月刊，25，51–53。

賴姿伶 (1999)。關鍵能力與多元智力發展之關聯性研究：以國民中學教師的觀點為例。國立政治大學教育學系碩士學位論文，未出版，臺北市。

賴建達 (2002)。國民小學實施外籍新娘識字教育之研究——以一所山區小學為例。國立臺中師範學院國民教育研究所碩士論文，未出版。

戴玉綺（民 80）。我國高等教育機會公平性之探討。教育研究，22，39–46。

戴玉綺（民 81）。臺灣地區各縣市教育機會公平性之探討。政大教育研究所碩士論文，未出版。

謝高橋（民 80）。社會學。臺北：巨流。

謝麗紅（民 83）。逃學與中途離校——問題成因及輔導策略。輔導季刊，30 (4)，37–41。

鍾文悌 (2005)。外籍配偶子女學業表現與生活適應之相關研究。國立屏東師範學院教育行政研究所，未出版，屏東縣。

瞿立鶴（民 82）。論教師權利種類和教師權利救濟。教師天地，64，19–24。

簡真真譯（民 69）。教師的自我檢核。師友，162，17–19。

顏妙書 (2011)。「新臺灣之子」學習成就比較分析—以雲林縣為例（未出版之碩士論文）。雲林科技大學，雲林。

二、英文部分

Allison, D. J. (1982). *Current attractions of teaching as perceived by preservice students.* (ERIC Document Reproduction Service No. ED 235 582)

Altbach, P. G., Reisberg, L., & Rumbley, L. E. (2009). *Trends in global higher education: tracking an academic revolution.* Paris, France: UNESCO.

Anderson, L. W., & Sosniak, L. A. (1994). *Bloom's taxonomy: A forty-year retrospective.* Chicago: The National Society for the Study of Education.

Anderson, L., & Prawat, R. (1983). A synthesis of research on teaching self-control. *Educational Leadership, 40,* 62–66.

Angell, L. R. (2009). Construct validity of the community college survey of student engagement (CCSSE). *Community College Journal of Research and Practice, 33*(7), 564–570.

Ann, M. L. C., & Michelle., R.(2004). Gender differences, curricula, learning, teaching methods, physics, college students, academic achievement, comparative analysis. *School Science and Mathematics, 104,* 288–300.

Appleton, J. J., Christenson, S. L., & Furlong, M. J. (2008). Student engagement with school: Critical conceptual and methodological issues of the construct. *Psychology in the Schools*, *45*(5), 369–386.

Armbruster, B. B., Stevens, R. J., & Rosenshine, B. (1977). *Analyzing content coverage and emphasis: A study of three curricula and two tests* (Tech. Rep. No. 26). Urbana-Champaign, IL: University of Illinois, Center for the Study of Reading.

Ausubel, D. P. (1959). Viewpoints from related disciplines: Human grouth and development. *Teachers College Record*, 60, 245–254.

Bachman, J. G. (1967). *Dropping out problem or sympotom?*In SRC (Ed.). Youth in Transition (vol. 3, pp. 99–106). Ann Arbor: Survey Research Center, Institute for Social Research.

Banks, O. (1982). Sociology of education. In L. Cohen, J. Thomas and L. Manion (Eds.), *Educational research and development in Britain 1970–1980 (pp. 43–54)*. Windsor: NFER-Nelson.

Barr, R. B. (1987). *An essay on school dropout for the San Diego Unified School District*. (ERIC Document Reproduction Service No. ED 279 733)

Bartos, R., & Souter, F. (1982). What are we teaching in educational foundation?*Journal of Teacher Education*, 33 (2), 45–47.

Beare, H., Caldwell, B. J., & Millikan, R. H. (1989). *Creating an excellent school*. New York: Routledge.

Bennett, N. (1976). *Teaching styles and pupil progress*. London: Open Books.

Biddle, B. J. (1979). *Role theory: Expectations, identities and behaviors*. New York: Academic.

Biddle, B. J., & Thomas, E. J. (1966). *Role theory concepts and research*. New York: John Wiley.

Bledsoe, J. C. (1959). An investigation of six correlates of student withdrawal from high school. *Journal of Educational Research,*

Bloom, B. S. (1953). Tought-process in lectures and discussions. *Journal of General Education*, 7 (3), 160–169.

Borgdon, R., & Tincher, W. A. (1986). *High aptitude high school students' openion of career choice*. (ERIC Document Reproduction Service No. ED 279–632)

Borman, K. M. (1990). *Foundations of education in teacher education*. New York: Basic Books.

Borman, K. M., & Spring, J. H. (1984). *Schools in central cities: Structure and process.* New York: Longman.

Bos, K. T., Ruifters, A. M., & Visscher, A. J. (1990). Truancy, drop-out, class repeation and their relation with school haracteristics. *Educational Research*, 32 (2), 175–185.

Boulard, G. (1994). Retention: Tates and Practices Vary from Campus to Campus. *Black Issues in Higher Education*, 10 (24), 32–35.

Bray, J. (1988). *Children's development during early remarriage* (pp. 279–281). In Maves Hetherington and J. Arasteh (Eds.), Impact of divorce, single parenting and stepparnting on student. NJ: Lawerence Evlbaum.

Brophy, J. E. (1983). Classroom organization and management. *Elementary School Journal*, 83, 265–286.

Brophy, J. (2004). *Motivating students to learn* (2nd ed.). Mahwah, NJ: Lawrence Erlbaum.

Calderhead, J. (Ed.)(1987). *Exploring teachers' thinking.* London: Cassell.

California State Department of Education. (1986). *California dropouts: A Status Report.* CA: The Author.

Carini, R. M., Kuh, G. D., & Klein, S. P. (2006). Student engagement and student learning: Testing the linkages. *Research in Higher Education*, *47*(1), 1–32.

Carranza, E. (1975). The impact of teacher life changes and performance on student dropouts. *Educational Research*, 17 (2), 122–127.

Carroll, J. B. (1963). A model for school learning. *Teachers College Records*, 64 (8), 723–733.

Cervantes, L. F. (1965). Family background, primary relationships, and the high school dropout. *Journal of Marriage and Family*, 5, 218–223.

Chapman, E. (2003). *Assessing student engagement rates.* Retrieved from ERIC database. (ED482269)

Clark, C. M., & Peterson, P. L. (1986). Teachers' thought processes. In M. C. Wittrock (Ed.), *Handbook of research on teaching* (3rd ed.)(pp. 255–296). New York: Macmillan.

Claus, R. N., & Quimper, B. E. (1994). *Dropout Study 1992–93. An approved report of the Department of Evaluation, Testing, and Research.* (ERIC Document Reproduction Service No. ED 369 023)

Commission of the European Communities (2005). Proposal for a Recommendation of the

European Parliament and of the Council, COM (2005) 548 final, Recommendation of the European Parliament and of the Council of 18 December 2006 *on key competence for lifelong learning* (pp. 10–18). Brussels: Commission of the European Communities.

Committee on Increasing High School Students' Engagement and Motivation to Learn. (2004). *Engaging schools: Fostering high school students' motivation to learn.* Washington, DC: The National Academies Press.

Cookson, P. W. Jr. (1995). Goals 2000: Framework for the new educational federalism. *Teachers College Record*, 96 (3), 405–417.

Curtis, J. (1983). *Dropout prediction Arstin independent school disterct, Tex.* (ERIC Document Reproduction Service No. ED 233 282)

Dainel, L. C., & Ferrell, C. M. (1991). *Clarifying reason why people aspire to teach: An application of Q-methodology.* (ERIC Document Reporduction Service No. ED 341 671)

David, M. E. (1993). *Parents, gender, and education reform.* UK: Blackwell.

Dohn, H. (1991)."Drop-out"in the Danish high school. *International Review of Education*, 37 (4), 415–418.

Downer, J. T., Rimm-Kaufman, S. E., & Pianta, R. C. (2007). How do classroom conditions and children's risk for school problems contribute to children's behavioral engagement in learning? *School Psychology Review*, *36*(3), 413–432.

Doyle, W. (1983). Academic work. *Review of Educational Research*, 53 (2), 159–199.

Dunkin, M., & Biddle, B. J. (1974). *The study of teaching.* New York: Holt, Rinehart& Winston.

Easton, D. (1965). *A framework for political analysis.* NJ: Preutice Hall.

Eerri, E. (1984). *Stepchildren: A national study.* Atlantic Highlands, NJ: Humanities.

Ekstrom, R., Goertz, M. E., Pollack, J. M., & Rock, D. A. (1986). Who drops out of high school and why? Findings from a national study. *Teachers College Record*, 87, 356–373.

Elliott, D. S., Voss, H. L., & Wendling, A. (1966). Capable dropouts and the social milieu of the high school. *Journal of Educational Research*, 60, 180–186.

Elliott, J. G., Hufton, N. R., Willis, W., & Illushin, L. (2005). *Motivation, engagement and educational performance: International perspectives on the contexts for learning.* New York, NY: Palgrave Macmillan.

Esland, G. M. (1972). *Pedagogy and the teacher's presentation of self*. London: The Open University.

Eysenck, H. J., Arnold, W., & Meili, R. (1973). *Encyclopedia of psychology.* London: Search.

Felgar, M. A. (1992). Gangs and youth violence. *Journal of Emotional and Behavioral Problems*, 1 (1), 9–12.

Fernandez, R. R., & Velez William. (1989). *Who stay? Who leaves? Finding from the ASPIRA five cities high school dropout study*. (ERIC Document Reproduction Service No. ED 322 247)

Flora P. T. (1989). *Vocational education's role in dropout prevention and recovery.* Columbia: South Carolina State Dept. of Education.

Franklin, C. (1992). Family and individual patterns in a group of middle class dropout youths. *Social Work*, 37 (4), 338–344.

Fredricks, J. A., Phyllis, B., & Parks, A. H. (2004). School engagement: Potential of the concept, state of the evidence. *Review of Educational Research*, *74*(1), 59–109.

Freeman, D. J., Kuhs, T. M., Knappen, L. B., Floden, R. E., Schmidt, W. H., & Schwille, J. R. (1983). Do textbooks and tests define a natural curriculum in elementary school mathematics? *Elementary School Journal*, 83 (5), 501–514.

French, D., & Nellhaus, J. (1989). *Changing schools and communities: A systemic approch to dropout prevention*. Boston: Massachusetts State Dept. of Education.

Fullan, M. G. (1993). *The new meaning of educational change* (2nd ed.). London: Cassell.

Furtwengler, W. J. (1990). Improving school discipline through student-teacher involvement. In O. C. Moles (Ed.) *Student discipline strategies: Research and practice*. Albany, NY: State University of New York.

Furtwengler, W. J., & Konnert, W. (1982). *Improving school discipline*. Boston: Allyn and Bacon.

Gage, N. L. (1989). The paradigm wars and their aftermath: A historical sketch of research on teaching since 1989. *Teachers College Record*, 91 (2), 135–149.

Gage, N. L. (Ed.)(1963). *Handbook of research on teaching*. Chicago: Rand McNally.

Galten, M., Simon, B., & Croll, P. (1980). *Inside the primary classroom*. London: Routledge and Kegan Paul.

Gorton, R. A., Schneider, G. T., & Fisger, J. C. (1988). *Encyclopedia of school administration and supervision*. New York: Oryx.

Greene, T. G., Marti, C. N., & McClenney, K. (2008). The effort-outcome gap: differences for African American and Hispanic community college students in student engagement and academic achievement. *The Journal of Higher Education, 79*(5), 513–539.

Gudmundsdottir, S., & Saabar, N. (1991). *Cultural dimensions on the good teacher*. (ERIC Document Reproduction Service No. ED 343 848)

Hamilton, S. F. (1983). The social side of schooling: Ecological studies of classrooms and schools. *Elementary School Journal*, 83 (4), 313–334.

Harper, S. R., & Quaye, S. J. (2009). Beyond sameness, with engagement and outcomes for all: An introduction. In S. R. Harper & S. J. Quaye (Eds.), *Student engagement in higher education: Theoretical perspectives and practical approaches for diverse populations* (pp. 1–15). New York, NY: Routledge.

Hathway, S. R. (1969). Follow-up of the later careers and lifes of 1000 boys who dropped out of high school. *Journal of Consulting and Clinical Psychology*, 33, 370–379.

Haubrick, V. F. (1960). The motivation of prospective teachers. *Journal of Teacher Education, 11,* 381–386.

Hu, S., Kuh, G. D., & Li, S. (2008). The effects of engagement in inquiry-oriented activities on student learning and personal development. *Innovative Higher Education, 33*(2), 71–81.

Hudley, C., Daoud, A., Polanco, T., Wright-Castro, R., & Hershberg, R. (2003, April). *Student engagement, school climate, and future expectations in high school*. Paper presented at the 2003 Biennial Meeting of the Society for Research in Child Development, Tampa, FL.

Hunt, T. C. (1975, March). Dropouts then and now. *High school Journal*, 236–249.

Jackson, P. W. (1968). *Life in classrooms*. New York: Holt, Rinehart & Winston.

Jerome, B. D. (1987). *Adolescent development and behavior*. New Jersey: Prentice-Hall.

Karol, G., & Shirley, A. G. (1985, September). The school dropout: Implications for counselors. *The School Counselor*, 33 (1), 9–17.

Kaufman, P., & others (1991). *Dropout rates in the united States: 1990. National Center for Education Statistics*. (ERIC Document Reproduction Service No. ED 338 770)

Kentucky State Dept. of Education (1993). *Tracking our schools, 1992: Stratrregies for achieving educational goals*. Kentrcky's Annual Report to The President. (ERIC Document Reproduction Service No. ED 369 131)

Krap, E. (1988). *The drop-out phenomenon in Ontario secondary schools*. A report to the Ontario study of relevance of education and issue of dropouts. Canada.

Kreitzer, A. E., & Madaus, G. F. (1994). Emperical investigations of the hierarchical structure of the taxonomy. In L. W. and L. A. Sosniak (Eds.), *Bloom's taxonomy: A forty-year restropective*. Chicago: The National Society for the Study of Education.

Kuh, G. D. (2003). What we're learning about student engagement from NSSE. *Change, 35*(2), 24–32.

Kuh, G. D. (2009). The national survey of student engagement: Conceptual and empirical foundations. *New Directions for Institutional Research, 2009*(141), 5–20.

Kuh, G. D., Kinzie, J., Schuh, J. H., & Whitt, E. J. (2005). *Assessing conditions to enhance educational effectiveness: The inventory for student engagement and success*. San Francisco: Jossey-Bass.

Lafleur, B. (1992). *Dropping out: The cost to Canada*. Report 83–92. Confdrence Board of Canada, Ottawa. (ERIC Document Reproduction Service No. ED 358 175)

Leithwook, A. K. (1989). The relationship between selected characteristics of effective secondary school and student retention. In B. Creemers (Ed.), *School effectiveness and school effectiveness and school improvement*. Rotterdam: Swets& Zeitlinger Published.

Levin, H. (1972). *The costs to the nation of inadequate education*. Report to the select committee on equal educational opportunity, United States Senate. Washington, DC: U. S. Government Printing Office.

Lewis, H. D. (1985). *The French education systems*. London: Croom Helm.

Lotie, D. C. (1975). *School teacher: A sociological study*. Chicago: University of Chicago.

Lucas, C., & Cockriel, I. (1981). The foundations of education in teacher preparation: A national assessment. *Educational Studies, 11*, 337–363.

Mangieri, F. C., & Kemper, R. E. (1984). *Factors related to high school students' interest in teaching as a profession*. (ERIC Document Reproduction Service No. ED 240 077)

Marshall, C., & Oliva, M. (2010). *Leadership for social justice: Making revolutions in education (2ⁿᵈ ed.)*. New York: Allyn & Bacon.

Mayer Committee (1992). *Key competencies: Report of the Committee to advise the Australian Education Council and Ministers of Vocational Education, Employment and Training on employment-related Key Competencies for postcompulsory education and training*. Retrieved from http://www.dest.gov.au/NR/rdonlyres/F1C645

01–44DF-42C6–9D3C-A61321A63875/3831/92_36.pdf.

Mayer, G. R. (1993). A dropout prevention program for at risk high school students: Emphasizing consulting to promote positive classroom climates. *Education and Treatment of Children*, 16 (2), 135–146.

McLanahan, S., & Bumpass, L. (1983). Intergenerational consquences of family disruption. *American Journal of Sociology*, 94, 130–152.

Mehan, H. (1979). *Learning lessons: Social organization in classroom.*Cambridge, MA: Harvard University.

Millen, M. M. (1993). *Dropout rates in the United States: 1992*. MPR Associates, Berkeley, CA. (ERIC Document Reproduction Service No. ED 363 671)

Miller, A. P. (1991). *An analysis of the persistencel dropout behavior of Hispanic students in a Chicago public high school*. Chicago, IL: The Annual Meeting of the American Educational Research Association.

Minnesota Ptivate Coll. Research Foundation, St. Paul. (1994). *Divided we fall: The declining chance for college among Minnesota youth from low income families and communities of color*. (ERIC Document Reproduction Service No.ED 369 321)

Mitra ,S. K. (2010). Internationalization of education in India: emerging trends and strategies. *Asian Social Science, 6*(6), 105–110.

Mitzel, H. E. (1960). Teacher effectiveness. In C. W. Harris (Ed.), *Encyclopedia of educational research* (pp. 1481–1486). New York: Macmillan.

Moles, O. C. (1990). *Student discipline strategies: Research and practice*. Albany, NY: State University of New York.

Murphy, J. (1993). *Resturing schools*. London: Cassell.

Nancy, P. (1987). *Dropout prevention: What we have learn?* (ERIC Document Reproduction Service No. ED 279 989)

Neufeld, N. S. (1974). Why choose the teaching profession?*Journal of Educational Research and Development, 5,* 1–11.

Okey, T. (1991). Dropping out makes sense: Secondary education today. *Journal of the NASSP, 32*, 37–47.

Organisation for Economic Co-operation and Development. (2010). *PISA 2009 Results: Learning to learn-Student engagement, strategies and practices* (Volume III). Retrieved December 24, 2010, from http://dx.doi.org/10.1787/9789264083943-en

Page, J. A., & others. (1982). *The teaching profession as a career opportunity perceptions of high school seniors, pre-service teachers, and in-service teachers.* (ERIC Document Reproduction Service No. ED 214 924)

Page, J. A., & Page, F. M. (1984). *High school senior perceptions of teaching as a career opportunity.* (ERIC Document Reproduction Service No. ED 241 534)

Partnership for 21st Century Skills (2009). *21st Century skills, education and competitiveness: A resource and policy guide.* Tuscon, AZ: Author.

Pike, G. R., & Kuh, G. D. (2004). A typology of student engagement for American colleges and universities. *Research in Higher Education, 46*(2), 185–209.

Pike, G. R., Smart, J. C., Kuh, G. D., & Hayek, J. C. (2006). Educational expenditures and student engagement: When does money matter? *Research in Higher Education, 47*(7), 847–872.

Postlethwaite, T. N. (1994). Validity vs. uitlity: Personal experiences with the taxonomy. In L. W. and L. A. Sosniak (Eds.), *Bloom's Taxonomy: A forty-year restropective.* Chicago: The National Society for the Study of Education.

Porter, S. R. (2006). Institutional structures and student engagement. *Research in Higher Education, 47*(5), 521–558.

Prater, M. A. (1992). Increasing time-on-task in the classroom. *Intervention in School and Clinic, 28*(1), 22–27.

Prensky, M. (2001). Digital natives, digital immigrants part 2: Do they really think differently? *The Horizon, 9*(6), 1–6.

Price, P. H., Cioci, M., Penner, W., & Trautlein, B. (1993). Webs of influence: School and community programs that enhance adolescent health and education. *Teachers College Record, 94* (3), 487–521.

Reddick, T. L., & Peach, L. E. (1990). *A study of characteristics profiling at risk students and influences impacting rural environment.* (ERIC Document Reproduction Service No. ED 326 355)

Romanik, K. G., & Blazer, C. A. (1990). *Reasons for dropping out of school and assessment of risk factors.* (ERIC Document Reproduction Service No. ED 337 512)

Rosenthal, R., & Jacobson, L. (1968). *Pygmalion in the classroom.* New York: Holt, Rinehart & Winston.

Rowland, S. (1987). Child in control: Towards an interpretive model of teaching and learning. In A. Pollard (Ed.), *Children and their primary schools* (pp. 21–132). London: The Falmer.

Rumberger, R. W., Ghatak, R., Poulos, G., Ritter, P. L., & Dornbrsch, S. M. (1990). Family influences on dropout behavior in one Calilornia high school. *Sociology of Education*, 63, 283–299.

Russell, W. R. (1983). Dropping out of high school: The influence of race, sex, and family background. *American Educational Research Journal*, 20 (20), 199–219.

Russell, W. R. (1987). High school dropouts: A review of issues and evidence. *Review of Educational Research*, 57 (2), 101–121.

Ruth, B. E., Margaret, E. G., & Donald, A. R. (1986). Who drops out of high school and why finding from a national study. *Spring*, 87 (3), 353–373.

Ryan, J. F. (2005). Institutional expenditures and student engagement: A role for financial resources in enhancing student learning and development? *Research in Higher Education*, *46*(2), 235–249.

Santa Clara Count Office of Education San Jose Calif. (1989). *Migrant education dropout prevention project*. Final Report. (ERIC Document Reproduction Service No. ED 321 951)

Sarbin, T. R., & Scheibe, K. E. (1983). *Studies in social identity.*New York: Praeger.

Saxe, R. W. (1969). Motivation for teaching. *Journey*, 70 (4), 313–320.

Scheafer, E. S., & Edgerton, M. (1979). *Parent interview and sociodemographic predictors of adaptation and achievement*. (ERIC Document Reproduction Service No. ED 179 318)

Schreiber, D. (1963). The dropout and the delinquent. *Phi Delta Kappan, 5,* 215–221.

Schreiber, D. (1964). The School dropout a profile. *Educational Digest, 30,* 10–13.

Schumacker, R. E., & Brookshire, W. K. (1992). Defining quality indicators for secondary schools. *Educational Research Quarterly*, 15 (4), 5–10.

Sexton, P. C. (1966). *Education and Income.*NY: Macmillan.

Shulman, L. S. (1986). Paradigms and research programs in the study of teaching: A contemporary perspective. In M. C. Wittrock (Ed.), *Handbook of research on teaching* (3rd ed.)(pp.3–36). New York: Macmillan.

Smith, G., & James, T. (1975). The effects of preschool education: Some American and British Evidence. *Oxford Review of education*, 1 (3), 223–240.

Stern, D. (1986). *Reducing the high school dropout rate in California: Why we should and how we may.* (ERIC Document Reproduction Service No. ED 273 712)

Stradford, C. W. (1993). *Implementation of a rural program to reduce   the dropout rate of 9th and 10th grade at risk students.* (ERIC Document Reproduction Service No. ED 368 527)

Sullivan, P., Mornane, A., Prain, V., Campbell, C., Deed, C., Drane, S., Faulkner, M., McDonough, A., & Smith, C. (2009). Junior secondary students' perceptions of influences on their engagement with schooling. *Australian Journal of Education, 53*(2), 176–191.

Tapscott, D. (1988). *Growing up digital: The rise of the net generation*, New York, NY: McGraw-Hill.

Texas State Council on Vocational Education. (1988). *The dropout dilemma: Searching for formulas the work.* (ERIC Document Reproduction Service No. ED 297 110)

Thiessen, V., & Blasius, J. (2008). Mathematics achievement and mathematics learning strategies: Cognitive competencies and construct differentiation. *International Journal of Educational Research, 47*, 362–371.

Titus, J. J. (1993). Gender messages in education foundations textbooks. *Journal of Teacher Education, 44*, 38–43.

Tseng, M. S. (1972). Comparisons of selected familial, personality, and vocational variables of high school students and dropouts. *Journal of Educational Research, 65* (10), 462–466.

Uekawa, K, Borman, K., & Lee, R. (2007). Student engagement in U.S. urban high school mathematics and science classrooms: Findings on social organization, race and ethnicity. *The Urban Review, 39*(1), 1–43.

UNESCO (1972). *A statistical study of Wastage at school.* Paris: The Author.

UNESCO (1987). *Coping with drop-out: A hand book.* Regional Office for Education in Asia and the Pacific.

Valevie, E. L., & Zimiles, H. (1991). Adolescent family structure and educational progress. *Developmental Psychology, 27* (2), 314–320.

Walker, C. O., & Greene, B. A. (2009). The relations between student motivational beliefs and cognitive engagement in high school. *Journal of Educational Research, 102*(6), 463–472.

West Virginia Department of Education (1987). *West Virginia dropout study 1985–1986.* (ERIC Document Reproduction Service No. ED 279 930)

Willett, J. B., & Singer, J. D. (1991). From whether to when: New methods for strudying student dropout and teacher attrition. *Review of Educational Research, 61* (4),

407–455.

Williams, B. R. (1966). What do we really know school graduates and dropouts. *Journal of Secondary Education*, 41 (6), 277–284.

Williams, T., Williams, K., Kastberg, D. & Jocelyn, L. (2005). Achievement and affect in OECD nations. *Oxford Review of Education*, *31*(4), 517–545.

Willower, D. J., & Jones, R. G. (1963). When pupil control becomes as institutional tehme. *Phi Delta Kappan, XLV*, 107–109.

Willower, D. J., Eidell, T. L., & Hoy, W. K. (1973). The school and pupil control ideology. *The pennsylvania State University Studies*, 24, University Park: Pennsylvania State University.

Wood, K. E. (1978). What motivates students to teach?*Journal of Teacher Education*, 29 (6), 48–50.

Yazzie-Mintz, E. (2010). *Charting the path form engagement to achievement: A report on the 2009 high school survey of student engagement*. Bloomington, IN: Center for Evaluation & Education Policy.

Young, K. S. (1999). Internet addiction: Evaluation and treatment. *Student British Medical Journal*, *7*, 351–393.

Yudin, L. W. (1973). School dropout or college bound: Study in contrast. *The Journal of Educational Research*, 67 (2), 87–93.

Zhao, C.-M., & Kuh, G. D. (2004). Adding value: Learning communities and student engagement. *Research in Higher Education*, *45*(2), 115–138.

Zimiles, H., & Lee, V. E. (1991). Adolescent family structure and educational progress. *Developmental Psychology*, 27 (2), 314–320.

▶ 附錄一、全國教師自律公約

全國教師會 89.02.01 第一屆第二次會員代表大會通過

壹、前　言

　　臺灣社會環境急速變遷，學校教育面臨巨大的挑戰，教師與學校、教師與學生和家長以及教師與社會之關係正在演變中，傳統上對教師的角色期待已無法完全適合現代社會的要求。再加上近幾十年來，教育的目標以升學及就業為導向，教育上其他價值被忽略，造成教師角色功利化，教師專業尊嚴逐漸淪喪，教師專業能力受到質疑，教師形象亟待重建。

　　全國教師會於八十八年二月一日成立，依據教師法第二十七條規定，應訂定全國教師自律公約，為全國教師專業倫理之規準，從引領及規範教師工作守則中，朝維護教師專業尊嚴及專業自主方向，重新形塑教師之形象。

貳、教師專業守則

　　以下事項，教師應引以為念，以建立教師專業形象：

一、教師應以公義、良善為基本信念，傳授學生知識，培養其健全人格、民主素養及獨立思考能力。

二、教師應維護學生學習權益，以公正、平等的態度對待學生，盡自己的專業知能教導每一個學生。

三、教師對其授課課程內容及教材應充分準備妥當，並依教育原理及專業原則指導學生。

四、教師應主動關心學生，並與學生及家長溝通聯繫。

五、教師應時常研討新的教學方法及知能，充實教學內涵。

六、教師應以身作則，遵守法令與學校章則，維護社會公平正義，倡導良善社會風氣，關心校務發展及社會公共事務。

七、教師應為學習者，時時探索新知，圓滿自己的人格，並以愛關懷他人及社會。

參、教師自律守則

以下事項，教師應引以為誡，以維護教師專業之形象：

一、教師對其學校學生有教學輔導及成績評量之權責，基於教育理念不受不當因素干擾及不當利益迴避原則。除以下情形之外，教師不得向其學校學生補習。（本條文自八十九年八月一日起實施）

　㈠教師應聘擔任指導公立機關學校辦理之學生課外社團活動。

　㈡教師應聘擔任指導非營利事業組織向主管教育行政機關報備核准之學生學習活動。

二、教師之言行對學生有重大示範指導及默化作用，基於社會良善價值的建立以及教師的教育目標之達成，除了維護公眾利益或自身安全等特殊情形下，教師不應在言語及行為上對學生有暴力之情形發生。

三、為維持教師在社會的形象，教師不得利用職權教導或要求學生支持特定政黨（候選人）或信奉特定宗教。

四、為維持校園師生倫理，教師與其學校學生不應發展違反倫理之情感愛戀關係。

五、教師不得利用職務媒介、推銷、收取不當利益。

六、教師不應收受學生或家長異常的餽贈；教師對學生或家長金錢禮物之回報，應表達婉謝之意。

▶ 附錄二、教師甄試試題舉例

測驗題

（ C ）　1.在有目的之情境中，別人對自己所期望者，常常在自己以後的行為結果中應驗。這是下列何種心理現象？　(A)月暈效應 (halo effect) (B)霍桑效應 (Hawthron effect)　(C)比馬龍效應 (Pygmalion effect) (D)約翰亨利效應 (John Henry effect)

（ C ）　2.教師共同決定課程授課內容，自編教材，是屬於以下何種的管理理念？　(A)知識管理　(B)品質管理　(C)學校本位管理　(D)績效管理

（ C ）　3.性別角色論者認為，教師應激發學生下列何種特質的發展，以利於他們適應變遷中的社會？　(A)男性化　(B)女性化　(C)中性化　(D)未分化

（ D ）　4.當學生自己知道逃學是種不對的行為，卻又常常逃學，此種情境乃是范士廷 (L. Festinger) 所謂的何種行為？　(A)制約　(B)自發恢復 (C)不自主行為　(D)認知失調

（ A ）　5.學校效能的評量模式中，下列哪一項模式是「以組織成員之利益與滿足來衡量組織效能」？　(A)參與滿意模式　(B)自然系統模式　(C)目標中心模式　(D)後設評鑑模式

（ C ）　6.迦納 (H. Gardner) 提出多元智能理論，其中「透過與他人合作發展同理心、社會技巧等」的智能是屬於：　(A)語文智能　(B)邏輯—數學智能　(C)人際智能　(D)肢體—動作智能

（ D ）　7.憲法增修條文規定，教育、科學、文化之經費，尤其以下列哪一類教育之經費應優先編列？　(A)特殊教育　(B)高等教育　(C)原住民教育　(D)國民教育

（ D ）　8.從女性觀點提出道德教育重要主張的學者吉利根 (C. Gilligan)，她所根據的理論被稱為以下何者？　(A)正義倫理　(B)德行倫理　(C)生命倫理　(D)關懷倫理

（ C ）　9.下述關於測量工具的信度與效度之關係的敘述，何者不正確？　(A)信度高，效度不一定高　(B)效度高，信度一定高　(C)效度低，信度一定低　(D)信度低，效度一定低

（　D　）10.「……國民中學藝能及活動科目之教科圖書，應免費借用予需要之學生；其相關借用辦法，由直轄市、縣（市）政府定之。」此規定於下列何法中？　(A)特殊教育法　(B)教師法　(C)教育基本法　(D)國民教育法

（　C　）11.七〇年代以後，倡導並復興教育行動研究的是下列哪一位學者？　(A)巴比特 (F. Bobbit)　(B)艾波 (M. W. Apple)　(C)艾略特 (J. Elliott)　(D)查特斯 (W. W. Charters)

（　A　）12.依據史賓塞 (H. Spencer) 在〈何種知識最有價值?〉一文中的觀點，下列哪一種知識的價值最高？　(A)公民責任　(B)直接保己　(C)間接保己　(D)閒暇樂趣

（　B　）13.效標參照測驗大多使用下列何種方式來呈現成績？　(A)百分等級　(B)標準分數　(C)百分位數　(D)及格與不及格

（　B　）14.下列哪一項是「質性研究」(qualitative research) 的特徵？　(A)探究法則　(B)深度描述　(C)發現真相　(D)驗證理論

（　C　）15.培養學生創造力的方法很多，若將二種沒有相關的事務合在一起，成為一新事務，此法為何？　(A)腦力激盪法　(B)檢索表法　(C)強迫聯想法　(D)屬性列舉法

（　C　）16.孟母三遷的故事可用以說明哪一種教育方法的效果？　(A)身教法　(B)言教法　(C)境教法　(D)啟發法

（　D　）17.主張「由作中學」的學者是何人？　(A)盧梭　(B)洛克　(C)羅素　(D)杜威

（　B　）18.行為目標分析所構成的三領域為何？　(A)主學習、副學習、附學習　(B)認知、情意、技能　(C)知識、理解、應用　(D)思考、欣賞、發表

（　A　）19.下面各種教育意義的說法，哪一種是實驗主義所主張？　(A)教育即生活，即生長　(B)教育是謀求社會文化的傳遞　(C)教育是變化氣質，改變人類的行為　(D)教育是發展人類的潛能

（　A　）20.下列何者為處理學生不當行為的預防方法？　(A)審慎安排教學活動　(B)建立教師的權威　(C)對學生採取放任式的領導　(D)只注意少數愛搞怪的學生

（　C　）21.多元文化教育最主要的精神在於：　(A)認同文化　(B)學習溝通　(C)尊重差異　(D)相互合作

簡答題或問答

1. 試簡述「潛在課程」的涵義。

2. 我國推動中小學教師專業發展評鑑，其評鑑內容主要為何？

3. 伯恩斯坦 (B. Bernstein) 將課程分為聚集型課程 (collection code) 與統合型課程 (integrated code) 兩種，其主要特徵分別為何？

4. 班杜拉 (A. Bandura) 認為觀察學習有四個階段，請問其順序為何？並說明之。

5. Fiedler 認為有三個情境因素足以影響領導者的行為，請問是哪三個因素？並說明之。

6. 激勵保健理論 (motivation-hygiene theory) 是誰提出的？其主要內涵為何？

7. 請說明以下之專有名詞其代表意義為何？
　⒜比馬龍效應 (Pygmalion effect)　⒝蝴蝶效應 (butterfly effect)　⒞月暈效應 (halo effect)

8. 何謂中央集權？何謂地方分權？各舉一國家說明其教育行政運作之情形。

9. 十二年國民教育方案主要內容為何？請說明您對此方案的看法。

10. 請說明皮亞傑 (J. Piaget) 和維果斯基 (L. Vygotsky) 對於發展的看法，並提出自己的看法。

11. 為實現「有教無類，因材施教」之理想，在我國教育資源的分配上宜採何種措施為妥？請簡要說明。

12. 美國「提早教育」(Head Start) 制度，主要是針對下列哪一種兒童所做的補償教育？請加以說明之。

13. 請說明康美紐斯 (J. A. Comenius) 對教育的主張為何？並提出您的看法。

14. 請說明艾瑞克遜 (E. Erikson) 的心理社會論其內容為何？

15. 教育無目的論是誰提出的？其意義為何？

16. 評鑑中所謂的 PDCA 模式為何？

17. 皮德思 (R. S. Peters) 所指的三大教育規準為何？

18. 布魯姆的教育目標分類為何？

19. 迦納 (H. Gardner) 提出的多元智慧 (multiple intelligences) 內涵為何？

20. 簡述「教育愛」的特質。

輔導原理與實務

劉焜輝／主編

　　輔導的原理是一貫的，有其恆久性，輔導的技巧卻是不斷充實的，應具有彈性。本書在協助讀者瞭解輔導的內涵，啟發讀者思考輔導的本質。本書的特點包括：⑴內容的完整性：全書十四章，涵蓋輔導學領域的理論與實務。⑵資料的精確性：撰稿者均為教育心理與輔導研究所科班出身，長年從事輔導理論的研究和輔導實務的探討。⑶立足於國情：改進國內相關書籍大多偏重輔導理論而忽略實務的介紹，並特別針對國內輔導現況進行探討。本書可作為有志於輔導工作者之入門書籍，亦能補足現代教師和從事輔導工作者不可缺少之知識。

西洋教育史新論──西洋教育的特質及其形成與發展

許智偉／編著

　　本書係依循社會變遷、文化發展與哲學思潮等脈絡，深入淺出地探討西洋教育之特質及其形成原因，並運用詮釋學方法理解其意義與價值；內容上溯希臘、羅馬，下迄廿一世紀多元社會，卷帙浩繁、時空綿延。本書力求簡約，以創造歷史的教育家為核心，描述不同時代的教育特色、教學內容及相關學制內蘊的精神，不僅可作為改革教育的借鏡，更可幫助有志從事教育工作的青年學子找到自己所喜愛的教育家榜樣。

西洋教育思想史

林玉体／編著

　　教育興革，應以教育思想為基礎，在這方面，西洋教育思想的廣度與深度皆凌駕東方之上。本書作者從西元前約六世紀時的「辯者」開始，一直到二十世紀的當代教育思想家為止，一一研讀他們的教育著作，剖析其內容，整理分類成系統，評鑑其價值，並以簡單流暢的文字予以陳述，企盼讀者能對西洋教育思想之演變有個輪廓顯明的深刻印象，並從中獲取借鏡，構思出醫治我國教育思想沉痾之藥方。

比較教育與國際教改

周祝瑛／著

　　本書嘗試跳脫傳統的比較教育範疇，透過「時間歷史縱軸」與「國家地區橫軸」的方式，鋪陳五大洲、二十多個國家與地區的教育現況與改革挑戰。書中除了包括比較教育學科的歷史發展、主要理論、研究方法、分析單位與研究主題外，也針對當前重要的研究範例、國際組織與各國教改逐一討論，並探討許多重要學者的論述，以及全球化過程中若干新興國家與衝突地區的教育狀況。作者希望透過本書，能為比較教育初學者、關心國際教改人士或公共政策制訂者，略盡棉薄之力。

教育測驗與評量

涂金堂／著

本書特點包括：⑴提供完整且詳實的測驗編製歷程，讓教師在自編成就測驗時，可以參考本書的相關章節，深入瞭解教育測驗的精髓。⑵教育測驗與評量中的核心概念，例如難度、鑑別度、效度、信度、標準分數等，都涉及到數字的運算，本書提供實際的計算方式，讓學習者更清楚每個概念的意涵。⑶近年來教學評量強調多元評量，本書亦針對其中的實作評量、檔案評量與情意評量，提供豐富的實際範例，協助讀者創發出屬於自己的多元評量。

輔導原理與個人成長

林維能／著

本書的目的是帶領大家來思考「人」的問題，其內容包括：⑴對於心理輔導基本概念的瞭解。⑵從不同治療學派的觀照面，來思考人的問題及其可能的意義。⑶有關心理輔導的落實與瞭解輔導工作在學校或社會的定位與角色。個人成長應該是心理輔導中重要的議題，卻常常在心理輔導工作中被忽略；本書除了從心理治療理論的架構來思考輔導原理外，更從發展心理學的角度來剖析個人的發展。作者期待透過本書，能讓更多人對心理輔導有更完整的瞭解。

諮商理論與技術

陳婉真／著

本書的目的在於寫給剛踏入助人工作行列的伙伴們，以及初學諮商理論與技術的學生們。內容包括：心理諮商的定義與本質、主要的諮商理論學派與技術、如何對當事人的問題進行衡鑑與分析、諮商歷程中心理諮商者與當事人之間諮商關係的變化、進行諮商時應該考量的相關倫理議題，以及心理諮商者如何透過持續地自我探索與自我省思，成為一名優秀的專業人員。書中穿插許多由臨床案例所改寫的小故事或會談對話錄，期待透過這樣的書寫方式，能夠讓讀者更清晰地瞭解諮商工作進行的輪廓與風貌。

教育哲學——本土教育哲學的建構

溫明麗／著

本書扣緊「主體性」與「簡約性」，呈顯「知即德」的傳統教育精神，探究傳統教育哲學、存在主義、現象學、詮釋學、批判理論及後現代等教育哲學觀，並呼喚教師專業倫理素養的風華再現。既涵蓋理論，也融合實踐；既具思想啟蒙和禪思，又具生活化趣味，是本深入淺出的教育哲學讀本。舉凡對教育哲學心生畏懼，或有心鑽研教育理論或擬進行教育行動研究者，本書均能發揮奠定基礎、激發思想、並強化理論建構之效，也期能有助於建構與推動臺灣本土教育哲學。

教育心理學

温世頌／著

　　教育心理學目的在研究「教與學」的行為本身，以及影響教學的主要因素，以協助教學者與學習者作最有效的教導與學習。本書探討架構分為(1)學生身心發展的特徵；(2)學習與記憶的歷程；(3)教學策略與教學效果的增進、評鑑與溝通。作者除介紹該領域中相關的研究成果與發現，並針對一些習以為常、錯謬的教育舉措，提出具體的建議與符合現實需求的修正方案。透過作者對教育的全人關懷與真知灼見，將帶領所有關心教育者，重新審視與反思自身的教育觀點與做法。

心理與教育統計學

余民寧／著

　　「心理與教育統計學」是心理學門與教育學門研究領域中，基礎方法學的課程之一，亦是一門「學習如何以簡馭繁」的科學。本書作者藉由深入淺出的文字、難易適中的範例，詳細介紹本書的三大系統知識：描述統計、推論統計和實驗設計，並透過重點提示、範例說明、電腦習作與報表解讀、摘要整理、自我測驗等單元設計，讓讀者對各種常用的統計工具，都有完整而明確的概念。本書除能有效奠定量化研究能力的基礎外，更可作為日後學習進階統計學的準備。

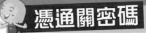